Achim Bönninghaus **BGB Allgemeiner Teil II**

JURIQ Erfolgstraining

Herausgegeben von JURIQ® Juristisches Repetitorium, Köln

BGB Allgemeiner Teil II

Stellvertretung; Nichtigkeitsgründe für Rechtsgeschäfte

von
Achim Bönninghaus

4., neu bearbeitete Auflage

Bibliografische Information der Deutschen Nationalbibliothek
Die Deutsche Nationalbibliothek verzeichnet diese Publikation in der Deutschen Nationalbibliografie; detaillierte bibliografische Daten sind im Internet über <http://dnb.d-nb.de> abrufbar.

ISBN 978-3-8114-4910-7

E-Mail: kundenservice@cfmueller.de
Telefon: +49 89/2183-7923
Telefax: +49 89/2183-7620

www.cfmueller.de
www.cfmueller-campus.de

Satz: TypoScript, München
Illustrationen: Mattfeldt & Sänger, München
Druck: Westermann Druck, Zwickau

Liebe Leserinnen und Leser,

die Reihe „JURIQ Erfolgstraining" zur Klausur- und Prüfungsvorbereitung verbindet sowohl für Studienanfänger als auch für höhere Semester die Vorzüge des klassischen Lehrbuchs mit meiner Unterrichtserfahrung zu einem umfassenden Lernkonzept aus Skript und Online-Training.

In einem ersten Schritt geht es um das **Erlernen** der nach Prüfungsrelevanz ausgewählten und gewichteten Inhalte und Themenstellungen. Einleitende Prüfungsschemata sorgen für eine klare Struktur und weisen auf die typischen Problemkreise hin, die Sie in einer Klausur kennen und beherrschen müssen. Neu ist die **visuelle Lernunterstützung** durch

- ein nach didaktischen Gesichtspunkten ausgewähltes Farblayout
- optische Verstärkung durch einprägsame Graphiken und
- wiederkehrende Symbole am Rand

= Definition zum Auswendiglernen und Wiederholen

= Problempunkt

= Online-Wissens-Check

Illustrationen als „Lernanker" für schwierige Beispiele und Fallkonstellationen steigern die Merk- und Erinnerungsleistung Ihres Langzeitgedächtnisses.

Auf die Phase des Lernens folgt das **Wiederholen und Überprüfen** des Erlernten im **Online-Wissens-Check**: Wenn Sie im Internet unter **www.juracademy.de/skripte/login** das speziell auf das Skript abgestimmte Wissens-, Definitions- und Aufbautraining absolvieren, erhalten Sie ein direktes Feedback zum eigenen Wissensstand und kontrollieren Ihren individuellen Lernfortschritt. Durch dieses aktive Lernen vertiefen Sie zudem nachhaltig und damit erfolgreich Ihre zivilrechtlichen Kenntnisse!

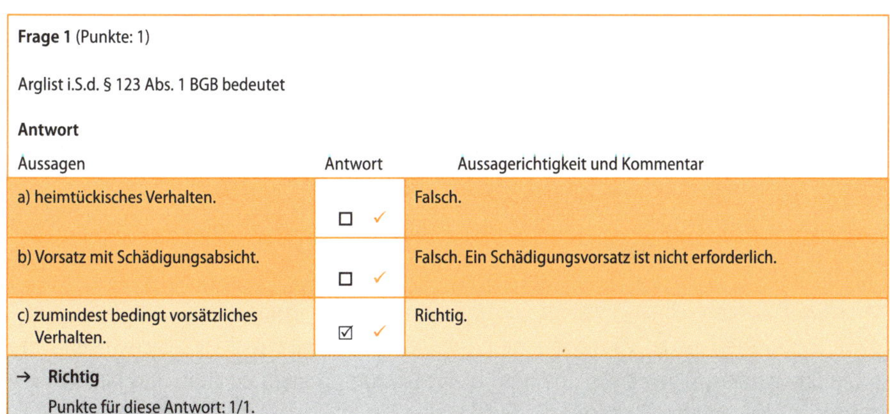

Frage 1 (Punkte: 1)

Arglist i.S.d. § 123 Abs. 1 BGB bedeutet

Antwort

Aussagen	Antwort	Aussagerichtigkeit und Kommentar
a) heimtückisches Verhalten.	☐ ✓	Falsch.
b) Vorsatz mit Schädigungsabsicht.	☐ ✓	Falsch. Ein Schädigungsvorsatz ist nicht erforderlich.
c) zumindest bedingt vorsätzliches Verhalten.	☑ ✓	Richtig.

→ **Richtig**
Punkte für diese Antwort: 1/1.

Schließlich geht es um das **Anwenden und Einüben** des Lernstoffes anhand von Übungsfällen verschiedener Schwierigkeitsstufen, die im Gutachtenstil gelöst werden. Die JURIQ **Klausurtipps** zu gängigen Fallkonstellationen und häufigen Fehlerquellen weisen Ihnen dabei den Weg durch den Problemdschungel in der Prüfungssituation.

Das **Lerncoaching** jenseits der rein juristischen Inhalte ist als zusätzlicher Service zum Informieren und Sammeln gedacht: Ein erfahrener Psychologe stellt u.a. Themen wie Motivation, Leistungsfähigkeit und Zeitmanagement anschaulich dar, zeigt Wege zur Analyse und Verbesserung des eigenen Lernstils auf und gibt Tipps für eine optimale Nutzung der Lernzeit und zur Überwindung evtl. Lernblockaden.

Dieses Skript ist der zweite Teil von zwei Bänden, die dem Allgemeinen Teil des BGB gewidmet sind. Der Allgemeine Teil des BGB beschäftigt sich mit einer Fülle zivilrechtlicher Grundfragen, denen im Examen wie in der Praxis überragende Bedeutung zukommt. Allerdings hat der Gesetzgeber den Stoff nicht unter Examensgesichtspunkten geordnet, sondern andere Gliederungsprinzipien walten lassen. Aber welche Vorschrift des Allgemeinen Teils muss denn nun in einer Klausur wo angesprochen und geprüft werden? Aufbaufragen bei der Bearbeitung und Darstellung von Themen des Allgemeinen Teils bereiten nicht nur den Anfängern – mit Recht! – großes Kopfzerbrechen. Das Anliegen dieser Skriptenreihe besteht deshalb darin, den Stoff möglichst so aufzubereiten, wie er in einer Klausur, deren Lösung sich an der Begutachtung von Anspruchsbeziehungen orientiert, gedanklich abzuarbeiten ist. Die Darstellung folgt daher den gedanklichen Schritten im Rahmen einer Klausurprüfung und nicht der Gliederung des Gesetzgebers. Das Skript will kein Lehrbuch sein: Die einzelnen Rechtsinstitute werden stets von den Tatbeständen aus behandelt, die in der Klausur den Einstieg bilden. Erläuternde Einführungen erleichtern naturgemäß das Verständnis, doch sind sie auf das notwendige Mindestmaß beschränkt. Zu diesem Ansatz gehört es auch, viele Regeln des Allgemeinen Teils anderen Sachzusammenhängen zuzuordnen, in denen sie sich besser erfassen lassen und in der Klausur behandelt werden. So werden zum Beispiel die Bestimmungen zu Verbrauchern und Unternehmern (§§ 13, 14) im Allgemeinen Schuldrecht im Zusammenhang mit den Regelungen über Verbraucherverträge behandelt, die Regeln über Verein und Stiftung in den §§ 21 ff. BGB gehören in die Darstellung des Gesellschaftsrechts und die Regeln über Sachen und Tiere in den §§ 90–103 BGB sowie die §§ 135–137 BGB in die Skripte zum Sachenrecht. Während wir uns im ersten Band ausführlich mit der Willenserklärung, dem Vertragsschluss und der Geschäftsfähigkeit beschäftigt haben, widmen wir uns in diesem Skript den übrigen Tatbeständen des Allgemeinen Teils zur Wirksamkeit von Rechtsgeschäften.

Viele dieser Normen sind aufgrund ihrer abstrakten Darstellung offenbar nicht so fest im Gedächtnis verwurzelt, so dass sie häufig übersehen werden. Deshalb werde ich die Nichtigkeit nach §§ 134, 138 in diesem Band im Überblick behandeln und in den anderen Bänden – immer wieder – bei der Darstellung der Rechtsgeschäfte erörtern, bei denen die Themen im Examen typischerweise auftauchen (z. B. Missbrauch der Vertretungsmacht, Kauf, Miete, Darlehen, Bürgschaft, verlängerter Eigentumsvorbehalt und kollidierende Globalzession sowie im Bereicherungsrecht).

Dieses Skript richtet sich an Anfänger, Fortgeschrittene und Examenskandidaten. Dies liegt in der Natur des Themas, das vom ersten Semester an Bestandteil des zivilrechtlichen Lehrstoffs ist. Die Brisanz der „Allgemeinen Themen" bleibt bis zum Examen erhalten und hat sich keineswegs in den unteren Semestern „erledigt".

Zu den Fußnoten: Sie werden feststellen, dass Literaturverzeichnis und Fußnotenapparat „übersichtlich" gehalten sind. Das Skript will gar nicht den Anspruch erheben, das Schrifttum auch nur annähernd vollständig zu belegen. Das kann ein Skript auch gar nicht leisten. Betrachten Sie die Literaturangaben eher als persönliche Leseempfehlungen. Oft wird auf

„den Palandt" verwiesen, da er in Referendariat und Praxis eine überragende Bedeutung hat. Ich empfehle Ihnen daher, dieses Werk frühzeitig zu nutzen und sich an die abgekürzte Schreibweise zu gewöhnen. Das gilt übrigens auch für die zitierte *BGH*-Rechtsprechung.[1] Ich würde mich freuen, wenn Sie möglichst viele der zitierten Entscheidungen durcharbeiten. Urteile gehören in vielen Bereich faktisch zu den Primärquellen unserer Rechtsordnung, so dass Sie sich möglichst frühzeitig an Stil und Aufbereitung des Stoffes im Urteil gewöhnen sollten. Außerdem sind die Darstellungen meistens so gut aufbereitet, dass sie zugleich der Wiederholung von bestimmten Themen dienen können.

Bei der Neuauflage habe ich viele Zuschriften verarbeiten können, für die ich mich herzlich bei allen Leserinnen und Lesern bedanken möchte. Weitere Anregungen sind immer willkommen.

Auf geht's – ich wünsche Ihnen viel Freude und Erfolg beim Erarbeiten des Stoffs!

Und noch etwas: Das Examen kann jeder schaffen, der sein juristisches Handwerkszeug beherrscht und kontinuierlich anwendet. Jura ist kein „Hexenwerk". Setzen Sie nie ausschließlich auf auswendig gelerntes Wissen, sondern auf Ihr Systemverständnis und ein solides methodisches Handwerk. Wenn Sie Hilfe brauchen, Anregungen haben oder sonst etwas loswerden möchten, sind wir für Sie da. Wenden Sie sich gerne an C.F. Müller GmbH, Waldhofer Straße 100, 69123 Heidelberg, E-Mail: kundenservice@cfmueller.de. Dort werden auch Hinweise auf Druckfehler sehr dankbar entgegen genommen, die sich leider nie ganz ausschließen lassen. Oder Sie wenden sich direkt an den Verfasser unter ra@boenninghaus.de.

Frankfurt am Main, im Juli 2019 *Achim Bönninghaus*

1 Die in den Fußnoten mit Aktenzeichen zitierten Entscheidungen des *BGH* können Sie kostenlos auf der Homepage des *BGH* unter www.bundesgerichtshof.de (Rubrik: „Entscheidungen") abrufen.

JURIQ Erfolgstraining – die Skriptenreihe von C.F. Müller mit Online-Wissens-Check

Mit dem Kauf dieses Skripts aus der Reihe **„JURIQ Erfolgstraining"** haben Sie gleichzeitig eine Zugangsberechtigung für den Online-Wissens-Check erworben – ohne weiteres Entgelt. Die Nutzung ist freiwillig und unverbindlich.

Was bieten wir Ihnen im Online-Wissens-Check an?

- Sie erhalten einen individuellen Zugriff auf **Testfragen zur Wiederholung und Überprüfung des vermittelten Stoffs**, passend zu jedem Kapitel Ihres Skripts.
- Eine individuelle **Lernfortschrittskontrolle** zeigt Ihren eigenen Wissensstand durch Auswertung Ihrer persönlichen Testergebnisse.

Wie nutzen Sie diese Möglichkeit?

Online-Wissens-Check

Registrieren Sie sich einfach für Ihren kostenfreien Zugang auf **www.juracademy.de/skripte/login** und schalten sich dann mit Hilfe des Codes für Ihren persönlichen Online-Wissens-Check frei.

Ihr persönlicher User-Code: 917500381

Der Online-Wissens-Check und die Lernfortschrittskontrolle stehen Ihnen für die **Dauer von 24 Monaten** zur Verfügung. Die Frist beginnt erst, wenn Sie sich mit Hilfe des Zugangscodes in den Online-Wissens-Check zu diesem Skript eingeloggt haben. Den Starttermin haben Sie also selbst in der Hand.

Für den technischen Betrieb des Online-Wissens-Checks ist die JURIQ GmbH, Unter den Ulmen 31, 50968 Köln zuständig. Bei Fragen oder Problemen können Sie sich jederzeit an das JURIQ-Team wenden, und zwar per E-Mail an: info@juriq.de.

Inhaltsverzeichnis

Literaturverzeichnis

Brox, Hans/Walker, Wolf-Dietrich	Allgemeiner Teil des BGB, 42. Aufl. 2018
Faust, Florian	Bürgerliches Gesetzbuch Allgemeiner Teil, 6. Aufl. 2018
Leenen, Detlef	BGB Allgemeiner Teil: Rechtsgeschäftslehre, 2. Aufl. 2015
Medicus, Dieter/Petersen, Jens	Allgemeiner Teil des BGB, 11. Aufl. 2016
Medicus, Dieter/Petersen, Jens	Bürgerliches Recht, 26. Aufl. 2017
Münchener Kommentar zum Bürgerlichen Gesetzbuch	Band 1 (Allgemeiner Teil), 8. Aufl. 2018 (zitiert: MüKo-*Bearbeiter*)
Palandt, Otto	Bürgerliches Gesetzbuch, 78. Aufl. 2019 (zitiert: Palandt-*Bearbeiter*)

Tipps vom Lerncoach

Warum Lerntipps in einem Jura-Skript?

Es gibt in Deutschland ca. 1,6 Millionen Studierende, deren tägliche Beschäftigung das Lernen ist. Lernende, die stets ohne Anstrengung erfolgreich sind, die nie kleinere oder größere Lernprobleme hatten, sind eher selten. Besonders juristische Lerninhalte sind komplex und anspruchsvoll. Unsere Skripte sind deshalb fachlich und didaktisch sinnvoll aufgebaut, um das Lernen zu erleichtern.

Über fundierte Lerntipps wollen wir darüber hinaus all diejenigen ansprechen, die ihr Lern- und Arbeitsverhalten verbessern und unangenehme Lernphasen schneller überwinden wollen.

Diese Tipps stammen von *Frank Wenderoth*, der als Diplom-Psychologe seit vielen Jahren in der Personal- und Organisationsentwicklung als Berater und Personal Coach tätig ist und außerdem Jurastudierende in der Prüfungsvorbereitung und bei beruflichen Weichenstellungen berät.

Wie lernen Menschen?

Die Wunschvorstellung ist häufig, ohne Anstrengung oder ohne eigene Aktivität „à la Nürnberger Trichter" lernen zu können. Die modernen Neurowissenschaften und auch die Psychologie zeigen jedoch, dass Lernen ein aktiver Aufnahme- und Verarbeitungsprozess ist, der auch nur durch aktive Methoden verbessert werden kann. Sie müssen sich also für sich selbst einsetzen, um Ihre Lernprozesse zu fördern. Sie verbuchen die Erfolge dann auch stets für sich.

Gibt es wichtigere und weniger wichtige Lerntipps?

Auch das bestimmen Sie selbst. Die Lerntipps sind als Anregungen zu verstehen, die Sie aktiv einsetzen, erproben und ganz individuell auf Ihre Lernsituation anpassen können. Die Tipps sind pro Rechtsgebiet thematisch aufeinander abgestimmt und ergänzen sich von Skript zu Skript, können aber auch unabhängig voneinander genutzt werden.

Verstehen Sie die Lerntipps „à la carte"! Sie wählen das aus, was Ihnen nützlich erscheint, um Ihre Lernprozesse noch effektiver und ökonomischer gestalten zu können!

Lernthema 2
Arbeitsplatz und Arbeitsbedingungen

In jedem Beruf ist der Arbeitsplatz ein sehr wichtiger Einflussfaktor auf unsere Leistung, natürlich auch während des Studiums. Günstige oder ungünstige Arbeitsbedingungen entscheiden mit darüber, wie wohl wir uns fühlen, ob wir uns gut konzentrieren können oder schnell ermüden. Vielleicht wird es jetzt etwas unbequem für Sie, weil Sie sich an bestimmte Grundregeln gewöhnen müssen, Ihren Schreibtisch aufräumen, Ihre Arbeitsplatzergonomie verändern. Alle Tipps und Hinweise werden Ihnen aber das Lernleben erleichtern.

Lerntipps

Arbeiten Sie immer an einem festen Arbeitsplatz!

Wenn Sie einmal am Schreibtisch, dann auf dem Sofa und später im Bett lernen, dann ist das zwar bequem und abwechslungsreich, nur es wird Ihnen schwer fallen, die richtigen Funktionen zu erkennen. Was ist Arbeit, was ist Freizeit, was lenkt mich ab etc.? Bei Pausen- und Freizeittätigkeiten wird der Schreibtisch verlassen. Dies sollten Sie konsequent auch beim Essen, Telefonieren mit Freunden, Musik hören, Computer spielen einhalten. Der Freizeitbereich wird dadurch für Sie attraktiver.

Machen Sie einen Arbeitsplatz-Check bevor Sie loslegen!

Der Schreibtisch ist nur für die Arbeit bestimmt. Überprüfen Sie Ihren Arbeitsplatz vor Arbeitsbeginn auf sachfremde Gegenstände – die können ablenken, Sie an Ihr Hobby erinnern. Sie möchten dann am liebsten das tun, was mehr Spaß macht und Sie von den vermeintlich unangenehmen Dingen abhält. Suchen Sie erst alle arbeitsrelevanten Unterlagen zusammen, damit Sie Ihre Arbeit nicht immer wieder unterbrechen. Sie fangen sonst die Arbeit stets wieder neu an. Das hört sich alles sehr diszipliniert an. Es verbessert aber Ihre Arbeitsmoral und damit gleichzeitig Ihren raren Freizeitausgleich.

Unterscheiden Sie konsequent Arbeit und Freizeit!

Der Freizeitbereich sollte so abgeschirmt sein, dass Sie dort nur die angenehmen, entspannenden und ausgleichenden Dinge tun – und das mit gutem Gewissen. Sie haben es sich ja mit Disziplin verdient. Auch hier bitte konsequent bleiben.

Falls Ihnen z. B. ein Fachbuch in die Hände fällt, so sollten Sie es von dort entfernen. Entscheiden Sie sich bewusst – entweder weiter auf dem Sofa entspannen oder an den Schreibtisch gehen und es dort lesen. Ein Fachbuch im Bett zu lesen, führt nicht selten zu schlechterem Behalten oder sogar Schlafstörungen.

„Ergonomisieren" Sie Schreibtisch und Schreibtischstuhl!

Richten Sie Ihre Büromöbel so ein, dass Sie gesundheitliche Schäden vermeiden und vorzeitige Ermüdungen verhindern. Dazu folgende Hinweise:

- Arbeitsplatte ca. 75 cm hoch einstellen, so dass Unterarme im aufrechten Sitz locker aufliegen können.
- Sitzhöhe so einstellen, dass bei aufgestellten Füßen, die Oberschenkel waagerecht ausgerichtet sind und ohne Druck aufliegen.
- Wählen Sie einen Stuhl mit fester Rückenlehne, damit Sie sich häufig anlehnen können, das Gesäß weit nach hinten.
- Licht von vorne oder seitlich, d. h. bei Rechtshändern von links.
- Arbeitsmittel wie Schreibgeräte liegen für den direkten Zugriff bereit.
- Gleiches gilt für Gesetzestexte, Lehrbücher und Nachschlagewerke.
- Am besten in Reichweite eine Pin-Wand für Merkzettel mit Regeln, Terminen, Notizen.

Optimieren Sie auch den PC-Arbeitsplatz!

- Monitor so aufstellen, dass sich weder Licht noch Fenster darin spiegeln.
- Möglichst wenig Helligkeitsunterschiede zwischen Raumlicht und Monitorhelligkeit.
- Höhe des Monitors: Mittelachse des Monitors knapp unter Augenhöhe des Betrachters.
- Entfernung zwischen Monitor und Auge mindestens 30 cm, Schriftgröße auf 120 bis 150% anpassen
- Brillenträger benötigen eventuell eine sog. „Computerbrille", also eine Lesebrille für eine etwas größere Distanz.

Multimedia kann das Lernen beeinträchtigen!

PC oder Notebook sind aus Lernsituationen kaum wegzudenken und stellen eine große Hilfe dar. Bitte beachten Sie aber auch folgende Hinweise:

- Aus (heruntergeladenen) Texten am Bildschirm zu lernen, ist ungünstig, da die jeweils vorherigen Seiten und die folgenden nicht sichtbar sind. Damit fehlt uns eine Gesamtorientierung zum Beispiel zum schnellen Vor- und Zurückblättern wie in einem Skript oder Buch.
- Wenn z. B. bei einer Lernsoftware stets neue Seiten aufgerufen werden, dann ist das zwar interessant und animierend, das Kurzzeitgedächtnis wird aber zu stark beansprucht. Uns fehlt die manchmal zwar langweilige, aber lerntechnisch wichtige Redundanz der Inhalte.
- Die Augenermüdung am Bildschirm ist insgesamt größer als beim Buchlesen, deshalb sind spezielle sehr einfache Augenentspannungsübungen (z. B. mit Akupressur) sinnvoll.
- Viele nutzen den PC dazu, um sich in einer Pause abzulenken oder sich zu belohnen. Problematisch ist, dass sich das frisch gelernte Material noch im Kurzzeitspeicher des Gehirns befindet und noch nicht verankert ist. Für ein PC-Spiel wird jetzt dort sehr viel Arbeitsspeicher in Anspruch genommen und das „alte" Lernmaterial rausgeworfen. Schade, oder? Aber etwa 30 Minuten nach der Lerneinheit geht es wieder, die Lerndaten sind dann auf der „Lernfestplatte gespeichert".
- Auch Hintergrundmusik belegt den Arbeitsspeicher. Werden unterschiedliche Sinneskanäle bedient, konkurrieren sie miteinander. Lesen erfolgt zum Beispiel über inneres Mitsprechen und Musik hindert an diesem Mitsprechen.
- Also schalten Sie ab, auch wenn Musik angenehme Emotionen auslöst und grundsätzlich motivierend und lernförderlich wirken kann. Am besten hören Sie Musik in Ihrer Erholungspause.

Die Bibliothek: Eine weitere Möglichkeit zwischen Arbeit und Freizeit zu differenzieren!

Es gibt natürlich Ausnahmen, wenn der Wohnbereich beengt ist und eine Differenzierung durch verschiedene Räume schwer möglich ist. Denken Sie daran, dass das Lernen nicht auf Ihren Wohnbereich beschränkt sein muss. In einem Lesesaal oder einer Bibliothek lässt es sich vielleicht sogar besser lernen, wenn man dazu neigt, sich von der Arbeit abzulenken – hier herrscht eher „Arbeitsatmosphäre".

Auch in der Bibliothek abschirmen!

Die Universitätsbibliothek verfügt meist über stille Arbeitsbereiche, Sie können auch in öffentliche Bibliotheken gehen. Meist sind dort auch Getränkeautomaten, Kopierer etc. vorhanden. Falls Sie viele Freunde und Bekannte haben, sollten Sie die Institutsbibliothek vielleicht meiden. Ein Schwätzchen ist gut, zu viel Ablenkung addiert sich aber schnell zu einem Nachmittag ohne Lernen – und das kann frustrieren. Suchen Sie sich einen entlegenen und schwer einsehbaren Bereich. Setzen Sie sich mit dem Rücken zum Zugangsbereich.

Lernen Sie, arbeitshemmende Kontaktmöglichkeiten zu vermeiden. Man kann sich für einen gemeinsamen Kaffee, ein gemeinsames Essen verabreden. Das hat die angenehme Nebenwirkung, dass Sie eine schöne Perspektive für die anstehende Arbeitspause haben. Also fleißig arbeiten und sich dann für sein Lernverhalten belohnen.

Das „Kleinbüro" in die Bibliothek mitnehmen und einrichten!

Wählen Sie möglichst stets den gleichen Arbeitsplatz, damit Sie sich nicht immer wieder eingewöhnen müssen und Sie das Gefühl bekommen „das ist mein Arbeitsplatz". Richten Sie sich ein transportables „Kleinbüro" ein, das in Ihre Aktentasche oder einen Rucksack passt. In diesem mobilen Büro sollten enthalten sein: Schreibbuch oder Ringbuch mit diversen Einlagen, Schreibgeräte nebst Ersatz, diverse Karteikarten, Schnellhefter mit Unterlagen, Schmierzettel für Zwischennotizen, falls zulässig und vorhanden, ein Notebook. Auch Kleingeld für Automaten, Schließfächer, Snacks.

1. Teil
Einführung

A. Funktion und Struktur von Rechtsgeschäften

Hinweis

Mit der Funktion und dem Zustandekommen von Rechtsgeschäften haben wir uns bereits im ersten Band zum Allgemeinen Teil des BGB ausführlich beschäftigt. Die nachfolgenden Ausführungen dienen einer kurzen Wiederholung der wesentlichen Prinzipien.

Lesen Sie bei der Durcharbeitung dieses Skripts unbedingt die einschlägigen Normen in einem aktuellen Gesetzbuch parallel mit!

Mit dem Rechtsgeschäft kann eine Person nach ihrem Willen rechtlich verbindliche „Wirkungen" (vgl. § 158[1] BGB) schaffen, also zum Beispiel Ansprüche begründen, aufheben, abtreten, Verträge anfechten, kündigen oder durch Rücktritt auflösen, Eigentum übertragen, etc. Mit dem Rechtsgeschäft macht eine Person von ihrer **Privatautonomie** Gebrauch. Es besteht aus mindestens einer Willenserklärung; je nach Rechtsgeschäft können noch weitere Elemente notwendig sein, um den gewünschten Erfolg herbeizuführen. 1

Das **Rechtsgeschäft** ist ein Tatbestand aus einer oder mehrerer Willenserklärungen, die allein oder in Verbindung mit anderen Tatbestandsmerkmalen eine Rechtsfolge herbeiführen, weil sie gewollt ist.

Die Wirkungen eines Rechtsgeschäfts werden in unserer Rechtsordnung als verbindlich anerkannt, **weil sie gewollt sind** – oder anders gesagt: weil sie das Ergebnis einer privatautonomen Selbstbestimmung sind.

Wirkungen löst ein Rechtsgeschäft regelmäßig nur aus, wenn verschiedene Voraussetzungen erfüllt sind, die je nach Art und Inhalt des konkreten Rechtsgeschäfts variieren können. Bei der Prüfung eines konkreten Rechtsgeschäfts ordnen wir die verschiedenen Voraussetzungen bestimmten Prüfungskategorien zu, die wir in eine logische Reihenfolge bringen. Wir unterscheiden gedanklich zwischen drei Kategorien: das **Zustandekommen** eines Rechtsgeschäfts, seine besonderen **Wirksamkeitserfordernisse** sowie besondere **Wirksamkeitshindernisse**. Diese Kategorien werden in dieser Reihenfolge gedanklich geprüft. 2

Hinweis

Zwischen dem Zustandekommen und der Wirksamkeit eines Rechtsgeschäfts ist streng zu unterscheiden. Wir beginnen mit dem Zustandekommen eines Rechtsgeschäfts. Erst wenn das Rechtsgeschäft zustande gekommen ist, steht fest, was gewollt ist. Erst wenn feststeht, was inhaltlich gewollt ist, wissen wir, ob und welche besonderen Wirksamkeitserfordernisse und -hindernisse für dieses Rechtsgeschäft bestehen.

1 §§ ohne Gesetzesangabe sind solche des BGB.

Das Zustandekommen des Rechtsgeschäfts ist logisch daher an erster Stelle zu prüfen. Sodann folgen die Wirksamkeitserfordernisse und -hindernisse.[2]

In der Klausur müssen Sie selbstverständlich nur solche Wirksamkeitserfordernisse und -hindernisse erörtern, zu deren Erwähnung der Fall Anlass gibt. Keinesfalls sind alle erdenklichen Tatbestände aufzuführen. Außerdem macht die Erörterung von Wirksamkeitserfordernissen nur Sinn, wenn das Rechtsgeschäft überhaupt noch wirksam werden könnte. Steht die Nichtigkeit eines Rechtsgeschäfts (etwa wegen unheilbaren Formmangels) von Anfang an fest, müssen Sie auf etwaige Wirksamkeitserfordernisse (z.B. Genehmigung nach § 177 Abs. 1) nicht eingehen.

Prüfungsstruktur von Rechtsgeschäften

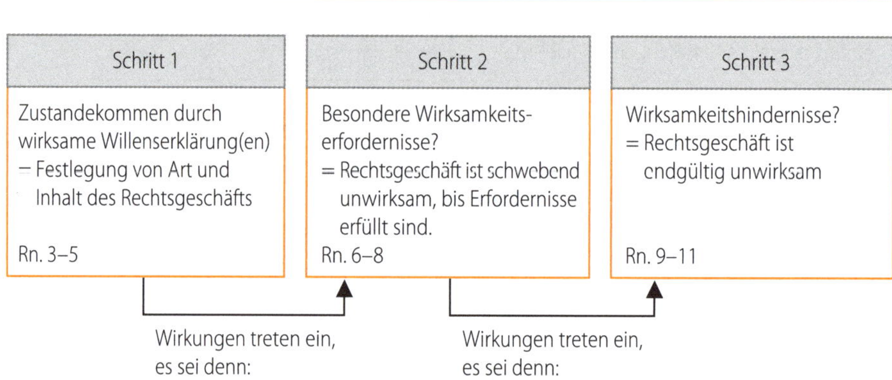

B. Das Zustandekommen von Rechtsgeschäften

3 Zunächst ist zu fragen, **ob** und **welches konkrete Rechtsgeschäft** überhaupt **zustande gekommen** ist. Ein Rechtsgeschäft existiert als rechtserheblicher Tatbestand in dem Moment, in dem es zustande gekommen ist.[3] Ein einmal zustande gekommenes Rechtsgeschäft bezeichnen wir auch dann als ein Rechtsgeschäft, wenn es unwirksam ist.[4]

4 Bei **einseitigen Rechtsgeschäften** bedarf es zur Festlegung von Art und Inhalt dieses Rechtsgeschäfts **nur einer Willenserklärung** (z.B. Anfechtung, Kündigung, Rücktritt, Widerruf, Aufrechnung, Auslobung gem. § 657, die Eigentumsaufgabe nach § 959 oder das Testament).

2 Dem Gesetz lässt sich die systematische (Prüfungs-)Struktur von Willenserklärung und Rechtsgeschäft nicht eindeutig entnehmen, so dass verschiedene Aufbauvorschläge existieren, die allesamt vertretbar sind. Bei der Prüfung von Willenserklärung und Rechtsgeschäft folgt dieses Skript wie auch der erste Band dem z.B. von *Leenen* in seinem Lehrbuch zum BGB AT vertretenen Aufbau. Dieser hat sich in meiner langjährigen Praxis als Repetitor als der günstigste Weg erwiesen, um alle Prüfungsschritte gedanklich sauber abzuschichten und möglichst nahe und widerspruchsfrei (!) am Gesetzestext zu arbeiten.

3 So bereits das *RG* in RGZ 68, 322, 324, wonach das „äußere Zustandekommen" eines Rechtsgeschäfts von seiner „inneren" Wirksamkeit zu trennen ist.

4 Palandt-*Ellenberger* Überbl. v. § 104 Rn. 3.

Ein einseitiges Rechtsgeschäft kommt durch eine darauf gerichtete und als solche wirksame Willenserklärung zustande. Eine Willenserklärung ist **wirksam**, wenn sie **abgegeben** wurde, wenn sie **bei Empfangsbedürftigkeit auch zugegangen ist** und wenn keine Gründe vorliegen, **die eine Willenserklärung nichtig machen**.[5]

Hinweis

In hier vorgestellten Aufbau[6] wird daher gedanklich zwischen der Wirksamkeit einer Willenserklärung und der Wirksamkeit eines Rechtsgeschäfts unterschieden.

Diese in den gesetzlichen Tatbeständen angelegte (feine) Unterscheidung wird von Vielen aber häufig auch gedanklich und sprachlich zusammengefasst, indem Fragen der Wirksamkeit einer Willenserklärung zugleich als Fragen der Wirksamkeit des Rechtsgeschäfts bezeichnet werden.[7]

Beide Darstellungsweisen sind vertretbar und werden nie zu unterschiedlichen Ergebnissen führen. Es ist eher eine Frage, welche gedankliche Prüfungsreihenfolge dem Gesetzeswortlaut am nächsten kommt und zu einer möglichst einfachen und klaren Abschichtung der Themen führt. Deswegen wurde dem hier vorgestellten Ansatz der Vorzug gegeben.

Beispiel Das Rechtsgeschäft „Kündigung des zwischen V und M bestehenden Mietvertrages durch den Mieter M" kommt durch eine **Kündigungserklärung** zustande, also eine Erklärung, die den Willen erkennen lässt, dass das Mietverhältnis durch den Mieter M für die Zukunft beendet werden soll. Das Rechtsgeschäft „Kündigung" ist – ob wirksam oder unwirksam – mit der Kündigungserklärung zustande gekommen. Die Kündigungsbefugnis des Erklärenden hat mit dem Zustandekommen dieses Rechtsgeschäfts nichts zu tun, sondern betrifft die Frage seiner Wirksamkeit.[8] ■

JURIQ-Klausurtipp

Sie beginnen die Prüfung eines einseitigen Rechtsgeschäfts mit seinem Zustandekommen, also mit der entsprechenden Willenserklärung. So startet beispielsweise die Prüfung des einseitigen Rechtsgeschäfts „Kündigung" oder „Anfechtung" mit dem Punkt „Kündigungserklärung" bzw. „Anfechtungserklärung".

Geht es um ein **Rechtsgeschäft in Form eines Vertrages** (z.B. Kauf, Übereignung, Abtretung), gilt die aus §§ 147, 151 S. 1 Hs. 1 folgende Grundregel: Der Vertrag kommt erst durch Annahme des Antrags zustande. 5

Erst wenn **Antrag (Angebot) und Annahme wirksam vorliegen** und den inhaltlichen sowie zeitlichen Anforderungen genügen, ist der Vertrag zustande gekommen. Erst die so erzielte Einigung legt Art und Inhalt des vertraglichen Rechtsgeschäfts fest.[9]

---

5 Zur Wirksamkeit von Willenserklärungen siehe die Darstellung im Skript „„BGB AT I" unter Rn. 97 ff.

6 Siehe Fußnote 2.

7 Vgl. etwa Palandt-*Ellenberger* Überbl. v. § 104 Rn. 3, wo sämtliche Aspekte, die die Wirksamkeit von Willenserklärung und Rechtsgeschäft betreffen, unter dem Begriff „Wirksamkeitsvoraussetzungen" zusammengefasst werden.

8 Palandt-*Ellenberger* Überbl. v. § 104 Rn. 27, 28.

9 Ausführlich zum Zustandekommen von Verträgen siehe Skript „BGB AT I" Rn. 238 ff.

Beispiel Aus dem Kaufangebot alleine können sich die Vertragspartner, der Kaufgegenstand und der Kaufpreis noch nicht verbindlich ergeben. Denn der Adressat des Angebots könnte das vorgeschlagene Geschäft ja gänzlich ablehnen (kein Vertragsschluss, vgl. § 146 Var. 1) oder aber Änderungswünsche haben (noch kein Vertragsschluss, vgl. § 150 Abs. 2). Was gelten soll, entscheidet erst die verbindliche Einigung über alle erheblichen Punkte. ■

C. Die Wirksamkeitserfordernisse

6 Obwohl das Rechtsgeschäft zustande gekommen ist und damit existiert, werden die mit ihm verfolgten Rechtsfolgen („Wirkungen") noch nicht unbedingt ausgelöst. Das Rechtsgeschäft kann wirkungslos, d.h. unwirksam sein. **Wir unterscheiden streng zwischen dem Zustandekommen eines Rechtsgeschäfts und seiner Wirksamkeit.**[10]

Je nach Art des Rechtsgeschäfts und der an ihm beteiligten Personen kennt das Gesetz zunächst besondere **Wirksamkeitserfordernisse**.

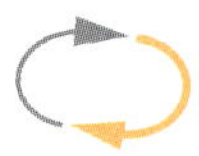

Wirksamkeitserfordernisse werden durch solche Normen begründet, die die Wirksamkeit eines konkret zustande gekommenen Rechtsgeschäfts von weiteren Voraussetzungen abhängig machen.

7 Das Fehlen eines Wirksamkeitserfordernisses führt nicht zur Nichtigkeit des Rechtsgeschäfts, sondern **zu seiner schwebenden Unwirksamkeit.**[11] Das Rechtsgeschäft kann noch keine Wirkungen entfalten, weil es noch nicht wirksam ist. Es kann aber noch wirksam werden.

Beispiele
- Fehlende Einwilligung des gesetzlichen Vertreters im Fall von § 107;
- Fehlende Vertretungsmacht bei Vertretergeschäft in Fällen der §§ 177, 180 S. 2, 3;
- Fehlende Realakte wie die Übergabe i.S.d. § 929 S. 1, die Eintragung im Grundbuch i.S.d. § 873 Abs. 1. ■

8 Diese gesetzlichen Wirksamkeitserfordernisse („Rechtsbedingungen") sind von **den rechtsgeschäftlichen Bedingungen i.S.d. § 158 zu unterscheiden.**

Die durch ein Rechtsgeschäft geschaffene Bedingung i.S.d. § 158 setzt die Wirksamkeit dieses Rechtsgeschäfts logisch voraus. Ansonsten würde diese Bedingung noch nicht gelten. Die Geltung der Bedingung gehört zum Inhalt des Rechtsgeschäfts und ist sozusagen seine erste Rechtsfolge. Das Rechtsgeschäft ist im Fall des § 158 Abs. 1 also notwendigerweise wirksam – das Rechtsgeschäft entfaltet aber vor Bedingungseintritt noch keine weiteren inhaltlichen Wirkungen.[12]

---

10 Palandt-*Ellenberger* Überbl. v. § 104 Rn. 3, 27 f.

11 Palandt-*Ellenberger* Überbl. v. § 104 Rn. 31 f.

12 Palandt-*Ellenberger* Überbl. v. § 104 Rn. 32, Einf. v. § 158 Rn. 8; *Leenen* „Willenserklärung und Rechtsgeschäft", JURA 2007, 721, 722 f. unter Ziff. II 3.

D. Die Wirksamkeitshindernisse

Je nach Art und Inhalt des Rechtsgeschäfts und der an ihm beteiligten Personen können außerdem besondere **Wirksamkeitshindernisse** bestehen. 9

Wirksamkeitshindernisse werden durch solche Normen begründet, die zur Nichtigkeit eines konkret zustande gekommenen Rechtsgeschäfts führen.

Anders als die Wirksamkeitserfordernisse fällen die Wirksamkeitshindernisse das endgültige Urteil über die Wirksamkeit des Rechtsgeschäfts, indem sie es für **nichtig (= endgültig unwirksam)** erklären. Das Rechtsgeschäft ist von Anfang an dauerhaft gegenüber jedermann unwirksam.[13] Wirksamkeitshindernisse können sich auch aus Gesetz oder einem vorher (wirksam!) geschlossenen Vertrag ergeben.

Beispiele

- Gesetzliche Nichtigkeitsanordnungen in §§ 111 S. 2, 3, 125 S. 1, 134, 138, 142 Abs. 1, 174 S. 1, 180 S. 1, 248 Abs. 1, 388 S. 2, 494 Abs. 1, 925 Abs. 2;
- fehlende Gestaltungsbefugnis bei Ausübung eines Gestaltungsrechts, also Anfechtung ohne Anfechtungsrecht, Kündigung ohne Kündigungsgrund, Rücktritt ohne Rücktrittsrecht;
- Verstoß gegen vertraglich vereinbartes Formerfordernis (vgl. Auslegungsregel in § 125 S. 2). ■

Bestimmte Vorschriften sehen eine abgeschwächte Form der Unwirksamkeit vor, nämlich eine **„relative Unwirksamkeit"**. Die Besonderheit besteht hier darin, dass das Geschäft nur gegenüber bestimmten Personen unwirksam ist, gegenüber allen anderen Personen aber wirksam.[14] 10

Beispiele

- Veräußerungsverbote nach §§ 135, 136,
- vormerkungswidrige Verfügung, § 883 Abs. 2. ■

Die Anwendungsfälle gehören thematisch ins Sachenrecht und werden dort behandelt.

Wir werden uns in diesem Skript mit den allgemeinen Wirksamkeitserfordernissen und -hindernissen von Rechtsgeschäften beschäftigen, die im ersten Band noch nicht behandelt wurde. Es geht um folgende Themen: Stellvertretung (§§ 164 ff.), Formvorschriften (§ 125), Verbots- oder Sittenwidrigkeit (§§ 134, 138) und Anfechtung (§§ 119 ff.). Abschließend betrachten wir die Reichweite der Nichtigkeit (§ 139), die Umdeutung nach § 140 und die Bestätigung nach § 141. 11

Die Wirksamkeitshindernisse des Allgemeinen Teils werden aus Gründen der besseren Verständlichkeit und zur Verdeutlichung ihrer Examensrelevanz nicht nur hier im Allgemeinen, sondern auch in den anderen Skripten bei den konkreten Rechtsgeschäften, wo sie im Examen typischerweise auftauchen, kurz wiederholt.[15]

13 *Schreiber* „Die Nichtigkeit von Verträgen", JURA 2007, 25 ff. unter Ziff. I.

14 *Medicus/Petersen* Allgemeiner Teil des BGB, Rn. 493; *Schreiber* JURA 2007, 25 ff. unter Ziff. I.

15 So werden beispielsweise Formfragen beim Kauf (§ 311b Abs. 1), Miete (§§ 550, 568), Bürgschaft (§ 766) oder Auflassung (§ 925) angesprochen und dadurch wiederholt.

2. Teil
Die Stellvertretung

A. Einführung

I. Aktive und passive Vertretung

12 Nach **§ 164 Abs. 1 S. 1** „wirkt eine **Willenserklärung**, die jemand **innerhalb der ihm zustehenden Vertretungsmacht im Namen des Vertretenen** abgibt, **unmittelbar** für und gegen den Vertretenen." Dies beschreibt den Fall der „aktiven" Stellvertretung. Da das BGB auch den „Vertreter" ohne Vertretungsmacht kennt (vgl. §§ 177 ff.), spielt die Vertretungsmacht als solche für den Definition des „Vertreters" keine Rolle.[1]

(Aktiver) Vertreter ist, wer eine eigene Willenserklärung im fremden Namen abgibt.[2]

Hinter dem Definitionsmerkmal der **„eigenen" Willenserklärung** steckt die Abgrenzung zum **Erklärungsboten**. Dieser überbringt lediglich eine fremde Erklärung und fungiert sozusagen als Transportmittel. Aus diesem Grunde kommt es beim Boten im Hinblick auf § 105 Abs. 1 nicht auf dessen Geschäftsfähigkeit an[3], sondern nur auf die Geschäftsfähigkeit der Person, deren Erklärung der Bote übermittelt. Im Fall der (aktiven) Stellvertretung stammt die Willenserklärung hingegen vom Vertreter, die Wirkungen des Rechtsgeschäfts sollen nach der Erklärung des Vertreters aber den Vertretenen treffen, in dessen Namen gehandelt wird. **Der Vertreter ist diejenige Person, die beim Rechtsgeschäft selbständig tätig wird.** Der Vertretene handelt selbst nicht. Ihn treffen aber unter den weiteren Voraussetzungen des Vertretungsrechts unmittelbar die Wirkungen des Vertreterhandelns. Man nennt diese **Selbstständigkeit des Vertreters** auch **Repräsentationsprinzip.**[4]

Daher sind beim Vertretergeschäft die Geschäftsfähigkeit und die sonstigen Wirksamkeitsfragen seiner Willenserklärung gem. §§ 116 ff. in Bezug auf die Person des Vertreters zu prüfen. So kommt es beispielsweise bei der Frage der Geschäftsfähigkeit auf die Geschäftsfähigkeit des Vertreters an und nicht auf die Geschäftsfähigkeit des Vertretenen.

13 § 164 Abs. 3 beschreibt den Fall der „passiven" Stellvertretung oder auch „Empfangsvertretung". Danach soll die vorstehende Wirkung des § 164 Abs. 1 „entsprechend" gelten, wenn eine **gegenüber einem anderen abzugebende Willenserklärung dessen Vertreter gegenüber erfolgt**. Mit der „passiven" Empfangsvertretung haben wir uns bereits im 1. Band im Zusammenhang mit dem Zugang einer Willenserklärung beschäftigt.[5]

---

1 *Leenen* BGB AT § 4 Rn. 75 ff.; *Häublein* JURA 2007, 728 ff.

2 *Leenen* BGB AT § 4 Rn. 68.

3 Diese spielt indirekt nur bei der Abgrenzung von Erklärungs- und Empfangsboten eine Rolle, vgl. Skript „BGB AT I" unter Rn. 165 ff.

4 Palandt-*Ellenberger* Einf. v. § 164 Rn. 2.

5 Skript „BGB AT I" Rn. 156 ff.

Entscheidend ist, ob die Hilfsperson die fremde Willenserklärung als selbständiger Repräsentant entgegennimmt (dann Empfangsvertreter) oder nur zur Weiterleitung an den Adressaten (dann Bote)[6].

Eine Person ist dann als **Empfangsvertreter** anzusehen, wenn sie ausdrücklich zu verstehen gibt oder nach den sonstigen Begleitumständen (§ 164 Abs. 3 i.V.m. Abs. 1 S. 2) davon auszugehen ist, die Person nehme die inhaltlich an den Vertretenen gerichtete Willenserklärung als Repräsentant für diesen wie in eigenen Angelegenheiten entgegen und nicht nur zur Weiterleitung an diesen.[7]

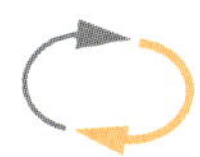

JURIQ-Klausurtipp

Im Falle eines Vertragsschlusses durch einen Vertreter handelt dieser im Hinblick auf die eigene Erklärung als aktiver Vertreter und im Hinblick auf die Gegenerklärung als passiver Vertreter. Hier genügt es, wenn Sie die Voraussetzungen der Vertretung anhand der eigenen Erklärung des Vertreters herausarbeiten. Liegt danach ein Vertretergeschäft vor (und kein Botenhandeln), müssen Sie auf die passive Stellvertretung nicht mehr gesondert eingehen. Wer als Vertreter einen Vertrag schließt, ist immer auch als Empfangsvertreter in Bezug auf die Gegenerklärung des Vertragspartners anzusehen.[8]

Bei der Empfangsvertretung sind die Abgrenzungsfragen daher vor allem beim einseitigen Rechtsgeschäft zu behandeln. Und hier gilt: Hatte die beim Empfang der fremden Willenserklärung tätige Hilfsperson nach dem Sachverhalt Vertretungsmacht, können Sie sich kurz fassen und die Empfangsvertretung ohne Weiteres bejahen.[9] Problematisch sind also allein die Fälle, wo eine Hilfsperson ohne Vertretungsmacht aufgetreten ist. Hier kommt es auf eine saubere Abgrenzung anhand der oben aufgeführten Definition an.

Verfügt der Vertreter **nicht über die erforderliche Vertretungsmacht**, gilt **§ 177 Abs. 1** bzw. **14**
§ 180. §§ 177, 180 sprechen jedoch nicht mehr von der „Wirksamkeit der Willenserklärung". Vielmehr hängt nach § 177 Abs. 1 **„die Wirksamkeit eines Vertrages"**, den jemand **ohne Vertretungsmacht im Namen eines anderen schließt**, von der Genehmigung des Vertretenen ab. Und § 180 S. 1 spricht davon, dass bei einem **„einseitigen Rechtsgeschäft"** die Vertretung ohne Vertretungsmacht **„unzulässig"** ist.

Warum stellt das Gesetz in § 164 auf „die Willenserklärung", in § 177 hingegen auf „den Vertrag" bzw. in § 180 auf das „einseitige Rechtsgeschäft" ab?

Der Grund dafür besteht darin, dass § 164 Abs. 1 die Voraussetzungen für ein wirksames Vertretergeschäft abstrakt beschreibt und die Wirksamkeitsfragen in den folgenden Vorschriften näher präzisiert werden, und zwar je nachdem, ob der Vertreter einen Vertrag schließt (vgl. §§ 177 – 179) oder an einem einseitigen Rechtsgeschäft beteiligt ist (vgl. §§ 174, 180).[10] Die Unvollständigkeit des § 164 Abs. 1 zeigt folgendes simples

6 Siehe im Skript „BGB AT I" unter Rn. 158 ff.
7 *Häublein* „Entbehrlichkeit von Vertretungsmacht für das Zustandekommen von Verträgen bei Beteiligung eines Vertreters", JURA 2007 728, 729 unter Ziff. II 1 („kurzer und knackiger" Aufsatz – sehr lesenswert!).
8 Siehe im Skript „BGB AT I" unter Rn. 160.
9 Siehe im Skript „BGB AT I" a.a.O.
10 Lesenswert dazu *Leenen* BGB AT § 9 Rn. 66 ff. und *Häublein* JURA 2007, 728 ff.

Beispiel Der mit ausreichender Vertretungsmacht ausgestattete V gibt im Namen des A gegenüber dem abwesenden B ein schriftliches Angebot zum Abschluss eines Kaufvertrages über einen PKW zum Preis von 5000 € ab. Das Angebotsschreiben geht dem B aber nicht zu.

Hier wird das Angebot mangels Zugangs gar nicht wirksam (§ 130 Abs. 1 S. 1), obwohl V die Erklärung getreu dem Wortlaut des § 164 Abs. 1 S. 1 innerhalb der ihm zustehenden Vertretungsmacht im Namen des A abgegeben hat. Das Angebot kann mangels Zugangs gar nicht „unmittelbar für und gegen den Vertretenen (A) wirken", wie es § 164 Abs. 1 S. 1 beschreibt.

Nehmen wir noch folgendes weiteres Beispiel hinzu:

Der mit ausreichender Vertretungsmacht ausgestattete V erklärt im Namen des Arbeitgebers A dem Arbeitnehmer B per eMail die Kündigung des Arbeitsvertrages. Auch hier entfaltet die Kündigungserklärung keine unmittelbaren Wirkungen, da die Kündigung wegen Formmangels nach §§ 125 S. 1, 623, 126 Abs. 1 von Anfang an unheilbar nichtig ist.

Die beiden Beispiele zeigen, dass die Regelung des § 164 Abs. 1 S. 1 nicht isoliert gesehen werden kann, sondern die Vorschrift ihren Sinn und Zweck erst im Zusammenspiel mit anderen Vorschriften über Willenserklärungen im Speziellen (z.B. § 130 Abs. 1 S. 1) und Rechtsgeschäfte im Allgemeinen (z.B. § 125 S. 1) erreicht. ■

II. Prüfungsreihenfolge und Aufbau in der Klausur

1. Unterscheidung zwischen Vertretung und Vertretungsmacht

15 Aus der Unvollständigkeit des § 164 Abs. 1 S. 1 und der im Gutachten notwendigen Zusammenschau mit anderen Regeln sind wichtige Rückschlüsse für den Aufbau zu ziehen.

Zunächst ist **bei der jeweiligen Willenserklärung** zu prüfen, **ob überhaupt ein Rechtsgeschäft mit Beteiligung eines Vertreters vorliegt. Die Vertretungsmacht spielt dabei noch keine Rolle. Erst auf der weiteren Ebene der Wirksamkeit des Rechtsgeschäfts ist der Frage nachzugehen, ob der handelnde Vertreter über die erforderliche Vertretungsmacht verfügte.**

16 Für den Vertragsschluss folgt dies aus §§ 177, 178, der § 164 ergänzt. Das Gesetz bringt in § 177 Abs. 1 zum Ausdruck, dass ein Vertrag sogar durch das Handeln eines **vollmachtlosen Vertreters geschlossen werden kann**, und zwar zwischen dem **Vertretenen und dem Geschäftspartner**. Der Vertrag ist dann allerdings **noch nicht wirksam**, sondern bedarf gem. § 177 Abs. 1 zu seiner Wirksamkeit noch der Genehmigung des Vertretenen. Das ist auch unmittelbar einsichtig, da es der Privatautonomie widerspricht, wenn man unbefugt Verträge mit unmittelbarer Wirkung für und gegen Dritte schließen könnte. Aber: Der Vertrag ist auch bei der Vertretung ohne Vertretungsmacht bereits als äußerlicher Regelungstatbestand zwischen dem Vertretenen (nicht Vertreter!) und dem anderen Geschäftspartner zustande gekommen. Der Vertretene – und nicht die Person des Vertreters – stehen nach dem Inhalt der Vereinbarung als Vertragspartner fest. Nur weil der Vertrag bereits derart zustande gekommen ist, kann „der Vertrag" – und damit die in der Vereinbarung getroffenen Regelungen – Gegenstand einer rückwirkenden Genehmigung i.S.d. §§ 177, 182, 184 sein. Deshalb scheitern weder Abgabe noch Zugang von Angebot und Annahmeerklärung daran, dass ein

eingeschalteter Vertreter keine Vertretungsmacht hat.[11] Der *BGH* hat das einmal sehr anschaulich am Beispiel eines mündlichen Vertragsschlusses durch einen Vertreter ohne Vertretungsmacht wie folgt formuliert (Hervorhebungen nur hier)[12]:

„Auch das einem vollmachtlosen Vertreter mündlich oder fernmündlich unterbreitete Angebot ist unter Anwesenden abgegeben. Für die Abgabe unter Anwesenden ist entscheidend, dass das Angebot an jemanden gerichtet ist, der es vernehmen und – entsprechend dem Erfordernis des § 147 Abs. 1 S. 1 BGB – sofort annehmen kann. Nicht anders als der berechtigte ***vernimmt auch der vollmachtlose Vertreter das Angebot und kann sogleich die Annahme erklären. Der Vertrag ist damit geschlossen.*** *Beim Abschluß durch einen vollmachtlosen Vertreter ist er allerdings bis zur Genehmigung durch den Vertretenen schwebend unwirksam (§ 177 Abs. 1 BGB). Verweigert dieser die Genehmigung, ist die Unwirksamkeit endgültig.* ***Die Genehmigung des Vertrages gehört jedoch – wie insbesondere § 182 Abs. 2 BGB zeigt – nicht mehr zum Tatbestand des Abschlusses, setzt diesen vielmehr voraus. Ein noch nicht abgeschlossener Vertrag könnte nicht genehmigt werden.*** *Wäre bei Einschaltung eines vollmachtlosen Vertreters die Offerte stets an den (abwesenden) Vertretenen und nicht an den (anwesenden) Vertreter gerichtet, würde § 177 Abs. 1 BGB nur für den Fall der Aktivvertretung gelten. Eine derartige Einschränkung ist dem Gesetz nicht zu entnehmen. Sie wäre auch mit den Bedürfnissen der Praxis nicht zu vereinbaren. Könnte der (abwesende) Vertretene den (durch die Annahmeerklärung des vollmachtlosen Vertreters abgeschlossenen) Vertrag nicht durch formlose (vgl. BGHZ 125, 218, 222 ff) Genehmigung in Kraft setzen, müßte er ihn vielmehr erst durch eine – von ihm selbst oder einem bevollmächtigten Vertreter abzugebende, unter Umständen formbedürftige – Annahmeerklärung zustande bringen, würde das Verfahren in vielen Fällen umständlicher, zeitaufwendiger und teurer. Allerdings geht mit dem Zugang der Willenserklärung bei dem vollmachtlosen Vertreter das Übermittlungsrisiko auf den Vertretenen über. Das ist indessen unbedenklich, weil es der Vertretene in der Hand hat, etwaigen Mißbräuchen dadurch den Boden zu entziehen, dass er die Genehmigung des Geschäfts verweigert."*

Aus §§ 164, 177 Abs. 1 ergeben sich **beim Vertragsschluss durch einen Vertreter** folglich 17
zwei alternative Wirksamkeitserfordernisse: Entweder verfügt der Vertreter über die erforderliche Vertretungsmacht. Dann wirkt der Vertragsschluss – so wie es § 164 Abs. 1 beschreibt – unmittelbar für und gegen den vertretenen Vertragspartner.[13] Verfügt der Vertreter jedoch nicht über ausreichende Vertretungsmacht, ist der Vertrag zwar geschlossen, er kann aber erst unter den Voraussetzungen der §§ 177, 178 durch die Genehmigung des Vertretenen wirksam werden (ausführlich unter Rn. 147 ff.).

Beim **einseitigen Rechtsgeschäft** gibt es folgende Varianten: Der Vertreter nimmt das 18
Rechtsgeschäft im fremden Namen vor (aktive Vertretung) oder ist an ihm nur als Empfangsvertreter beteiligt (passive Vertretung). Für beide Varianten gilt, dass das einseitige Rechtsgeschäft in Bezug auf den Vertretenen zustande kommt. Auch hier ist die Wirksamkeit dieses Rechtsgeschäfts davon gedanklich zu trennen:

Verfügte der Vertreter über die erforderliche Vertretungsmacht wirkt das Rechtsgeschäft unmittelbar für und gegen die vertretene Person, sofern alle sonstigen Voraussetzungen für die Wirksamkeit erfüllt sind.

Fehlt die erforderliche Vertretungsmacht, ist das Rechtsgeschäft nach § 180 S. 1 grundsätzlich nichtig. Ausnahmsweise kann es aber unter den Voraussetzungen des § 180 S. 2 und 3 schwebend unwirksam sein und entsprechend §§ 177, 178 durch Genehmigung wirksam werden (ausführlich unter Rn. 158 ff.).

11 Siehe dazu ausführlich im Skript „BGB AT I" unter Rn. 162 ff.

12 *BGH* NJW 1996, 1062 ff. unter Ziff. B II 2 a.

13 Vorausgesetzt, dass keine anderen Wirksamkeitsdefizite bestehen (z.B. §§ 125, 134 oder 138).

2. Aufbaufragen

19 Ob ein Vertretergeschäft vorliegt, ob jemand also eine Willenserklärung **„im Namen eines anderen"** (vgl. § 164 Abs. 1 S. 1) abgeben hat, ist nach dem eben Gesagten zwingend **bei der Bestimmung des Inhalts der Willenserklärung** zu untersuchen. **Ob jemand als Vertreter handelt, richtet sich nach dem erkennbaren Auftreten und ist im Zweifel durch Auslegung der Willenserklärung zu bestimmen.** Mit diesem sogenannten **„Offenkundigkeitsprinzip"** beschäftigen wir uns unter Rn. 22 ff.

Beim einseitigen Rechtsgeschäft, bei dem ein Vertreter nur als Empfangsvertreter beteiligt ist, wird die Offenkundigkeit zunächst beim Zugang der vom ihm entgegengenommenen Willenserklärung bearbeitet.

20 Die Behandlung der Offenkundigkeit ist grundsätzlich von der Frage der Vertretungsmacht zu trennen. Denn die Vertretungsmacht betrifft ja die nachgelagerte Frage der Wirksamkeit des Rechtsgeschäftes (§ 177 Abs. 1 bzw. § 180!). Beim Vertragsschluss hat die Prüfung der Vertretungsmacht bereits bei dem Angebot bzw. der Annahme eines Vertreters **also eigentlich nichts zu suchen**. Entsprechendes gilt beim einseitigen Rechtsgeschäft eines Vertreters.

Trotzdem wird die Vertretungsmacht häufig bei der jeweiligen Willenserklärung des Vertreters mitgeprüft, indem **die Voraussetzungen des § 164 Abs. 1 S. 1 einschließlich der Vertretungsmacht „am Stück heruntergebetet" werden**. Die kompakte Formulierung des § 164 Abs. 1 verleitet dazu. Dieser Ansatz hat insbesondere beim Vertragsschluss durch einen Vertreter so seine Tücken.[14] Denn meistens gelingt den Bearbeitern bei fehlender Vertretungsmacht der Übergang zu § 177 BGB nicht. Dieser setzt ja einen Vertragsschluss voraus. Und um den zu bejahen, muss man nicht nur die eine Willenserklärung des Vertreters, sondern sowohl Angebot als auch Annahme fertig geprüft haben.

21 Es empfiehlt sich folgender **Mittelweg**:

Verfügt der Vertreter nach dem Sachverhalt unproblematisch über die für das Rechtsgeschäft erforderliche Vertretungsmacht, macht es wenig Sinn, hierauf in einem gesonderten Prüfungspunkt „Wirksamkeit" einzugehen. Sie können dann bei der Vertretererklärung direkt alle Voraussetzungen des § 164 Abs. 1 „am Stück" prüfen und damit auch die Frage der Vertretungsmacht erledigen.

Im Falle des Vertragsschlusses durch einen Vertreter könnten Sie auch nach Prüfung der Einigung kurz darauf hinweisen, dass die Einigung keiner Genehmigung nach § 177 bedarf, da der bzw. die beteiligten Vertreter innerhalb der ihm/ihnen zustehenden Vertretungsmacht handelten und die Vertretungsmacht kurz begründen.

Besteht hingegen die Möglichkeit, dass die Vertretungsmacht bei Abschluss des Vertrages bzw. bei Vornahme des einseitigen Rechtsgeschäftes überschritten wurde oder sogar jegliche Vertretungsmacht fehlte, empfehle ich Ihnen dringend, das Thema Vertretungsmacht – so wie es § 177 bzw. § 180 vorschreibt – getrennt erst nach dem Vertragsschluss bzw. beim einseitigen Rechtsgeschäft nach der Willenserklärung als Wirksamkeitsfrage zu erörtern und auf diesen separaten Punkt am Anfang kurz hinzuweisen. Dazu folgendes

14 Ausführlich und sehr lesenswert dazu *Häublein* JURA 2007, 728 ff. und *Leenen* JURA 2007, 721 ff., dort unter Ziff. V.

Beispiel K erteilt dem S den Auftrag und die Vollmacht, in seinem Namen beim Händler V eine Waschmaschine für maximal 500 € zu erwerben. S erscheint bei V und legt seine Vertretung offen. V ist rhetorisch derart begabt, dass er den S für Maschinen eines höheren Preisniveaus begeistert. V bietet den Abschluss eines Vertrages über eine Maschine des Modells „LavoStar 999" zu einem tatsächlich günstigen Sonderpreis von 700 € an. S meint, dass er sich dies noch überlegen und kurz Rücksprache mit K halten müsse. V sagt, er reserviere die Maschine für den Rest des Tages. S verlässt den Laden. Da S den K nicht erreichen kann, meldet er sich am selben Tag nicht mehr. Obwohl S mit K immer noch nicht gesprochen hat, teilt er dem V nach zwei Tagen durch Nachricht auf dessen Mailbox mit, er sei mit dessen Angebot einverstanden. S befürchtete, dass dem K das Schnäppchen sonst entgehen werde. K meldet sich endlich am folgenden Tag bei S. Er ist trotz des höheren Preises begeistert und stimmt dem Geschäft durch Erklärung gegenüber S zu. S meldet sich telefonisch bei V.

V lässt den S wissen, er habe mit seinem Anruf nicht mehr gerechnet und die Maschine anderweitig verkauft. Zu dem Sonderpreis könne er das Modell „LavoStar 999"nicht noch einmal anbieten.

Kann K von V trotzdem Übereignung und Übergabe einer Maschine des Modells „LavoStar 999" zum Preis von 700 € verlangen?

Bei Wahl des hier vorgeschlagenen Lösungsansatzes könnte die Lösung folgendermaßen lauten:

Als Anspruchsgrundlage kommt hier einzig ein Kaufvertrag zwischen K und V in Betracht. Zwischen K und V müsste also ein Kaufvertrag zustande gekommen sein, der den V zur Übereignung und Übergabe einer Waschmaschine des Modells „LavoStar 999" gegen Zahlung eines Kaufpreises von 700 € gem. § 433 Abs. 1 verpflichtet.

Der Abschluss eines solchen Kaufvertrages erfordert zwei übereinstimmende, fristgerecht mit Bezug aufeinander abgegebene Willenserklärungen, Angebot und Annahme.

Hier hat zunächst der V ein Angebot auf Abschluss eines Kaufvertrages über eine Waschmaschine zum Preis von 700 € abgegeben. Aus den Umständen ergab sich von Anfang an, dass sein Gegenüber S das Geschäft nicht im eigenen Namen, sondern als Vertreter des K vornehmen wollte. Wegen der Offenlegung des Vertreterhandelns war die Erklärung des V aus Sicht des S so zu verstehen, dass das Angebot inhaltlich auf einen Vertragsschluss mit K und nicht mit S selber gerichtet war. Die Erklärung ist durch Vernehmung des anwesenden S zugegangen, der hier als Abschlussvertreter und damit auch als Empfangsvertreter des K aufgetreten ist.

Ob S dabei auch zur Vertretung des K berechtigt war, ist nach § 177 eine Frage der Wirksamkeit des von S möglicherweise im Namen des K geschlossenen Vertrages. § 177 setzt damit den Vertragsschluss voraus und bringt zum Ausdruck, dass der Zugang der dabei ausgetauschten Erklärung nicht an Mängeln der Vertretungsmacht scheitert.

S seinerseits hatte gegenüber V im Namen des K die Annahme dieses Angebots erklärt. Diese Annahmeerklärung ging dem V auch ohne dessen Vernehmung zu, da die Erklärung im Machtbereich des V auf dessen Mailbox gespeichert wurde und unter normalen Umständen spätestens am nächsten Tag die Möglichkeit der Kenntnisnahme bestand. Die Annahme deckte sich vollständig mit dem Angebot, so dass kein Dissens besteht.

Möglicherweise ist das Angebot des V aber durch Ablauf der Annahmefrist nach § 146 Var. 2 erloschen, so dass die von S verspätet erklärte Annahme den Vertrag nicht zustande gebracht hätte, sondern gem. § 150 Abs. 1 als neues Angebot anzusehen wäre. Nach § 147 Abs. 1 S. 1 kann der einem Anwesenden gemachte Antrag nur sofort angenommen werden. Da auch ein vollmachtloser Vertreter einen Vertrag schließen kann, ist bei den Annahmefristen des § 147 auf den Vertreter abzustellen, auch wenn er ohne Vertretungsmacht handelt. Das dem anwesenden V gegenüber erklärte Angebot des H konnte also nur sofort angenommen werden. „Sofort" bedeutet im Unterschied zu „unverzüglich" i.S.d. § 121 Abs. 1, dass auch schuldlose Verzögerungen den Antrag erlöschen lassen. Dem wird die erst nach zwei Tagen erklärte Annahme nicht gerecht. Zwar kann man hier durchaus annehmen, dass der V dem S eine Fristverlängerung i.S.d. § 148 gewährt hat, indem er dessen Wunsch nach einer Überlegungsfrist nicht widersprochen, sondern die Maschine für den Rest des Besuchstags „reserviert" hat. Das Angebot war damit bei Ablauf des Besuchstages erloschen und konnte durch die Erklärung des S nicht mehr angenommen werden. Ein Vertrag ist damit nicht zustande gekommen."

Die Lösung ist schlank und führt zum eigentlichen Punkt: Der Vertragsschluss scheitert an der verspäteten Annahmeerklärung. Auf die fehlende Vertretungsmacht kommt es für die Lösung gar nicht an. Es gibt keinen Vertrag, den K nach § 177 Abs. 1 hätte genehmigen können. ■

B. Offenkundigkeitsprinzip

22

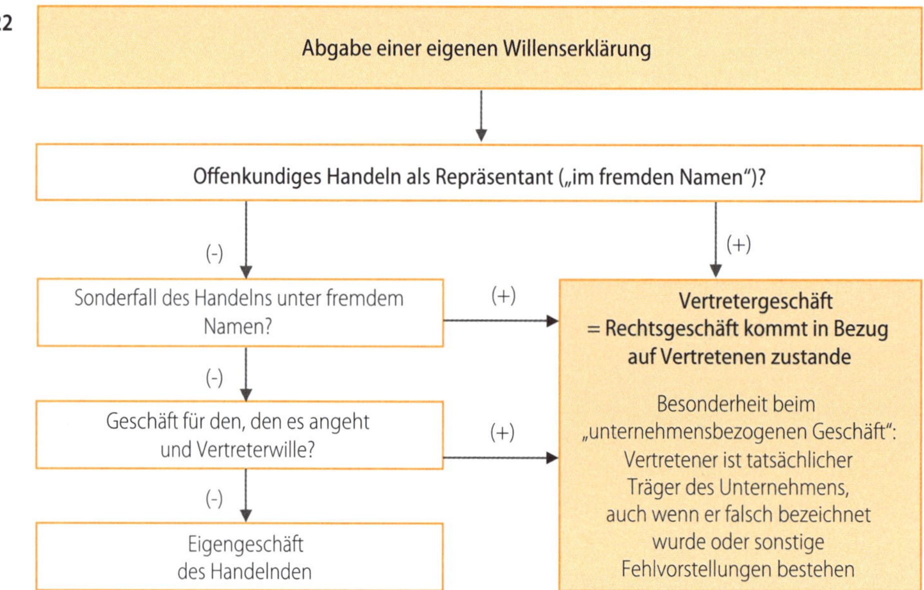

I. Grundregel beim Vertretergeschäft

23 Will jemand als Vertreter im Namen eines anderen einen Vertrag oder ein einseitiges Rechtsgeschäft vornehmen, muss sich aus seiner Willenserklärung ergeben, dass nicht er, sondern ein anderer Vertragspartner sein soll. Es geht um die **Offenkundigkeit des Vertreterhandelns, also des Handelns „im fremden Namen" i.S.d. § 164 Abs. 1**. Die Offenlegung des Vertreterhandelns kann einmal ausdrücklich geschehen oder sich aus den Umständen ergeben, § 164 Abs. 1 S. 2. **Ob ein Eigengeschäft des Handelnden oder ein Vertretergeschäft vorliegt, ist also nach allgemeinen Auslegungsregeln gemäß §§ 133, 157 zu ermitteln.**[15]

15 Palandt-*Ellenberger* § 164 Rn. 4.

Beispiel S soll im Namen seines Freundes A dessen Oldtimer beim Spezialisten B zur Überholung bringen. S kennt sich mit derartigen Sachen bestens aus und tut dem A den Gefallen gerne. S glaubt, der A habe dem B sein Erscheinen als Vertreter angekündigt, was in Wirklichkeit nicht der Fall war. S fährt mit dem Oldtimer zur Werkstatt des B. Auf dem Gelände des B sagt S: „Dieser Wagen soll komplett überholt werden. Sie wissen ja Bescheid. Wenn was ist, können Sie mich gerne anrufen. Ich kenne mich ein bisschen aus. Hier sind mein Name und meine Telefonnummer. Wann kann der Wagen wieder abgeholt werden?" B sagt die Überholung zu und kündigt die Fertigstellung zum Ende der nächsten Woche an. S fährt mit dem Taxi nach Hause. Nachdem S dem A den Fertigstellungstermin genannt hat, kümmert er sich nicht mehr darum. Er ist sehr überrascht, als B nach einem Monat wütend bei ihm anruft und die Abholung des Wagens Zug-um-Zug gegen Zahlung von 15 000 € verlangt. Ist zwischen S und B überhaupt ein Vertrag zustande gekommen?

S und B haben sich auf eine Überholung des abgegebenen Oldtimers durch den B geeinigt. Fraglich ist aber, wer nach den Erklärungen Vertragspartner des B werden sollte. Die Formulierung „Der Wagen soll überholt werden." spricht dafür, dass S aus der Sicht des B selbst Auftraggeber werden wollte. Schließlich war er in dem Moment Besitzer des Wagens gewesen und danach als Eigentümer zu vermuten (§ 1006). Außerdem hatte er dem B seinen Namen und seine Telefonnummer für Rückfragen hinterlassen. Etwas anderes hätte sich dann ergeben können, wenn A dem B die Vertreterstellung des S angekündigt hätte. Dies ist hier jedoch nicht geschehen. Nach allem musste B die Erklärung des S so verstehen, dass dieser selbst Vertragspartner werden wollte. Damit ist zwischen S und B ein Vertrag geschlossen worden. ■

Gelingt es einer Person nicht, ihr Handeln in fremdem Namen deutlich zu machen, ist ihr Geschäftswille nicht richtig zum Ausdruck gekommen. Im Falle einer derart „verunglückten" Stellvertretung stünde dem Vertreter eigentlich ein **Anfechtungsrecht nach § 119 Abs. 1 Var. 1wegen Inhaltsirrtums** zu. Schließlich hat er versehentlich eine Erklärung abgegeben, die er so nicht wollte und bei verständiger Würdigung (§ 119 Abs. 1 Hs. 2) auch so nicht abgegeben hätte. **§ 164 Abs. 2 schließt jedoch ein Anfechtungsrecht in diesen Fällen aus,** so dass es aus Gründen der Rechtssicherheit bei dem Vertragsschluss zwischen dem Vertreter und dem Geschäftspartner verbleibt. Der Vertreter muss also für den von ihm **geschaffenen Rechtsschein,** er sei selbst der Vertragspartner, einstehen, und haftet auf die Erfüllung des Vertrages und eben nicht bloß auf den Ersatz des Vertrauensinteresses nach Anfechtung gemäß § 122. Im vorstehenden *Beispiel* kann V den mit B geschlossenen Werkvertrag somit auch nicht nach § 119 Abs. 1 Var. 1 anfechten. 24

II. Handeln unter fremdem Namen

Wenn der Stellvertreter bei Abgabe seiner Erklärung einen fremden Namen benutzt, muss zunächst wieder **im Wege der Auslegung gem. §§ 133, 157** genau untersucht werden, wer nach seiner Erklärung Beteiligter des Rechtsgeschäfts sein soll: **er selber als Handelnder oder der wahre Namensträger.**[16] Entscheidend ist, welche Rolle der Name für das konkrete 25

16 *BGH* Urteil vom 1.3.2013 (Az: V ZR 92/12) unter Tz. 7 ff. = NJW 2013, 1946 ff. (Gebrauchtwagenkauf vom angeblichen Eigentümer) und Urteil vom 11.5.2011 (Az: VIII ZR 289/09) unter Tz. 10 = BGHZ 189, 346 ff. = NJW 2011, 2421 ff. (Verkauf über „eBay" unter fremden Nutzerkonto, beide Entscheidungen unbedingt nachlesen – Klausurfälle!); Palandt-*Ellenberger* § 164 Rn. 10.

Rechtsgeschäft spielt und ob es dem Erklärungsempfänger vernünftigerweise darauf ankommt, unbedingt mit der Person des Namensträgers und nicht mit der handelnden Person das Rechtsgeschäft vorzunehmen. Bei Bargeschäften unter Anwesenden ist im Zweifel davon auszugehen, dass ein Geschäft der handelnden Person gewollt ist. Anders hingegen, wenn bei einem Vertrag kein sofortiger Leistungsaustausch stattfindet oder wenn das Rechtsgeschäft unter Abwesenden vorgenommen wird, da der Name für die spätere Abwicklung zur Identifizierung des Vertragspartners entscheidend ist.[17] Außerdem kann der Name eine entscheidende Rolle spielen, wenn etwa Fertigkeiten des Namensträgers oder dessen Berühmtheit ausschlaggebend für das Rechtsgeschäft sind.[18]

1. Eigengeschäft

26 Führt die Auslegung dazu, dass Geschäftspartner die handelnde Person und nicht der wahre Namensträger sein soll, liegt ein Eigengeschäft der handelnden Person unter falscher Namensangabe vor. Auf die Vertretungsmacht kommt es nicht mehr an.

Beispiel A möchte einen Kongress besuchen und seine Geliebte mitnehmen. Damit seine Frau von der Affäre nichts erfährt, geht er in Absprache mit seinem ledigen Kollegen K, der den Kongress ebenfalls besuchen wird, folgendermaßen vor: A bucht beim Hotelier H ein Doppelzimmer unter Angabe des Namens „K", K bucht hingegen ein Einzelzimmer unter Angabe des Namens „A". H weiß von dem „Namenstausch" nichts. Von wem kann der H die Zahlung des Doppelzimmers beanspruchen?

Ein Anspruch des H auf Bezahlung des Doppelzimmers gegen A aus Vertrag setzt notwendig voraus, dass zwischen A und H ein Beherbergungsvertrag über das Doppelzimmer zustande gekommen ist. Beide Parteien haben sich auf die Buchung eines Doppelzimmers geeinigt. Fraglich ist allein, wer nach den Erklärungen Vertragspartner des H sein sollte. Insoweit kommen nach den wechselseitigen Erklärungen einmal der A als persönlich handelnde Person selbst und zum anderen der K als Namensträger in Betracht. Wer Vertragspartner werden soll, ist hier durch Auslegung gemäß §§ 133, 157 zu ermitteln. Ein besonderes Interesse des H, den Vertrag gerade mit dem wahren Namensträger schließen zu wollen, ist nicht ersichtlich. Die Eigenschaft als Namensträger spielt bei der Durchführung dieses Vertrages keine Rolle. Im Gegenteil hat der Hotelier ein besonderes Interesse daran, dass der Vertragspartner auch die tatsächlich handelnde Person ist. Zum einen mag er den Abschluss eines Beherbergungsvertrages auch von dem persönlichen Erscheinen und Auftreten des Gastes abhängig machen wollen („Gesichtskontrolle"). Zum

17 *BGH* Urteil vom 1.3.2013 (Az: V ZR 92/12) unter Tz. 7 ff. = NJW 2013, 1946 ff. (Gebrauchtwagenkauf vom angeblichen Eigentümer) und Urteil vom 11.5.2011 (Az: VIII ZR 289/09) unter Tz. 10 = BGHZ 189, 346 ff. = NJW 2011, 2421 ff. (Verkauf über „eBay" unter fremden Nutzerkonto, beide Entscheidungen unbedingt nachlesen – Klausurfälle!); Palandt-*Ellenberger* § 164 Rn. 10.

18 *BGH* Urteil vom 1.3.2013 (Az: V ZR 92/12) unter Tz. 9.

anderen erleichtert ihm die persönliche Kenntnisnahme seines Vertragspartners später auch die Durchsetzung seiner Ansprüche, etwa wenn der Gast wieder abreisen will und die Rechnung noch nicht bezahlt hat. Da A umgekehrt nicht deutlich gemacht hat, dass Vertragspartner eine andere Person werden solle, führt die Auslegung im Ergebnis zu einem Vertragsschluss zwischen A und dem H. A ist folglich aus dem mit H geschlossenen Vertrag zur Zahlung des Doppelzimmers verpflichtet. ■

2. Vertretergeschäft

Ergibt die Auslegung der Erklärungen, dass das Rechtsgeschäft mit dem wahren Namensträger zustande kommen sollte, die handelnde Person aber eben nicht der tatsächliche Namensträger ist, sind nach allgemeiner Auffassung **die Vorschriften über die Stellvertretung analog anzuwenden**, obwohl der handelnden Person der Vertretungswille fehlte.[19] Hatte der Handelnde Vertretungsmacht[20] für den Namensträger, ist der Vertrag unmittelbar wirksam (§ 164 Abs. 1 analog). Ansonsten gelten §§ 177, 179 analog.[21] 27

Beispiel K hat bei V im Internet ein Sofa gekauft und bezahlt. K soll das Sofa abholen. Betrüger B erscheint bei V und gibt sich als K aus und nimmt das Sofa mit. Hier ergibt die Auslegung der Einigung nach § 929 S. 1, dass V das Eigentum am Sofa an den Namensträger K übertragen möchte und nicht an den B. Nur bei Übereignung an K könnte V sicher sein, seine Verpflichtung aus dem Kaufvertrag gem. § 433 Abs. 1 S. 1 zu erfüllen (vgl. § 362 Abs. 1). ■

III. Unternehmensbezogenes Rechtsgeschäft

Beispiel K geht in einem „TOP"-Supermarkt in Düsseldorf einkaufen, der von der „TOP Region West GmbH & Co KG" betrieben wird. Er entnimmt aus den Regalen die Waren, die er erwerben möchte und legt sie an der Kasse auf das Band der Kassiererin. Die Kassiererin A nimmt die Waren und zieht sie über den „Scanner" und verlangt sodann den Kaufpreis von K. Wer ist Vertragspartner des K? ■

Im Alltag haben wir sehr häufig keine Vorstellung, wer eigentlich unser Vertragspartner ist. Das liegt daran, dass viele Unternehmen ihre rechtliche Struktur im Alltag nicht immer exakt offenlegen oder wir uns darüber gar keine Gedanken machen (wollen). Dies scheint aber mit 29

19 St. Rspr., z.B. *BGH* Urteil vom 11.5.2011 (Az: VIII ZR 289/09) unter Tz. 12 = BGHZ 189, 346 ff. = NJW 2011, 2421 ff. (Verkauf über „eBay" unter fremden Nutzerkonto); Palandt-*Ellenberger* § 164 Rn. 11; *Medicus/Petersen* Allgemeiner Teil des BGB Rn. 908.

20 Die Vertretungsmacht kann sich auch hier nicht nur aus Gesetz oder Vollmacht, sondern auch aus den Grundsätzen der Duldungs- und Anscheinsvollmacht ergeben.

21 *BGH* a.a.O.; *Medicus/Petersen* a.a.O.

dem Grundsatz zu kollidieren, dass sich aus den bei Abschluss eines Vertrages abgegebenen Willenserklärungen die Vertragspartner ergeben müssen. Allerdings müssen die Vertragspartner nicht namentlich bezeichnet werden, sondern es genügt, wenn sie anhand der Erklärung zumindest bestimmbar sind.

30 Bei Rechtsgeschäften mit Unternehmern (§ 14) hat sich die **„Lehre vom unternehmensbezogenen Geschäft"** herausgebildet, die den Unsicherheiten über die Bestimmbarkeit des hinter dem Unternehmen stehenden Rechtssubjektes Rechnung trägt.

Wenn der Vertreter immerhin deutlich gemacht hat, **für ein bestimmtes Unternehmen auftreten zu wollen,** gilt eine besondere **Auslegungsregel.** Nach dieser geht der Wille der Beteiligten im Zweifel dahin, dass Vertragspartner **der tatsächliche Träger des Unternehmens** werden soll.[22] Dieser ist schließlich eindeutig bestimmbar. Die Auslegungsregel gilt im Zweifel auch dann, wenn der Inhaber falsch bezeichnet wird oder über ihn sonst Fehlvorstellungen bestehen.[23]

Lösung Im *Beispiel* unter Rn. 28 ergibt sich aus den Umständen, § 164 Abs. 1 S. 2, dass die Kassiererin nicht im eigenen Namen, sondern für das Unternehmen „TOP" auftritt.

Die Erklärungen von K und A sind deshalb so auszulegen, dass Vertragspartner des K diejenige Person sein soll, die tatsächlich Inhaber des konkreten Filialbetriebs ist. Wen sich der K dabei vorgestellt hat (etwa „die TOP-AG" oder „die TOP-GmbH") ist dabei unbeachtlich, sofern er nicht deutlich gemacht hat, den Vertrag unbedingt mit einer bestimmten Person schließen zu wollen. Dies ist hier jedoch nicht der Fall. Der Vertrag ist daher zwischen dem K und der TOP Region West GmbH & Co KG zustande gekommen. ■

Hinweis

Diese Regel gilt nur dann, wenn der Vertreter deutlich gemacht hat, überhaupt für ein Unternehmen auftreten zu wollen. Es ist lediglich nicht erforderlich, dass das vertretene Unternehmen richtig bezeichnet bzw. beschrieben wurde.

IV. Geschäft für den, den es angeht

31 Der Offenkundigkeitsgrundsatz dient dem Interesse des Geschäftspartners. Nun gibt es aber Fälle, **wo es dem Geschäftspartner vollkommen gleichgültig ist, wer eigentlich sein Vertragspartner sein soll.** Bei den sog. **„Bargeschäften des täglichen Lebens"** besteht keinerlei Interesse an der konkreten Identität des Vertragspartners, da die wechselseitigen Primäransprüche sofort erfüllt werden. Hinzu kommt, dass bei derartigen Geschäften auch im Falle von Sekundäransprüchen in der Regel die Vorlage eines entsprechenden Kaufbeleges ausreicht, um sich als Inhaber des Anspruchs zu legitimieren. Diesem **tatsächlichen Verzicht auf eine Identifizierung des Vertragspartners beim Vertragsschluss** trägt unsere Rechtsordnung Rechnung, indem der Grundsatz der Offenkundigkeit entsprechend eingeschränkt wird. Man spricht hier vom sog. **„Geschäft für den, den es angeht"**.[24] Die im Rahmen eines sol-

22 St. Rspr. des *BGH*, z.B. NJW 1998, 2897; Palandt-*Ellenberger* § 164 Rn. 2; *Brox/Walker* Allgemeiner Teil des BGB Rn. 562a.

23 Wie zuvor.

24 *Medicus/Petersen* Allgemeiner Teil des BGB Rn. 920.

chen Geschäftes abgegebene Erklärung berechtigt unmittelbar denjenigen, der nach dem Willen des unerkannt aufgetretenen Vertreters berechtigt werden soll.[25]

Beispiel[26] A wohnt mit seiner Freundin B zusammen in einer gemeinsamen Wohnung. A und B wollen für das Wohnzimmer einen Teppich anschaffen und beauftragen den C, einen Teppich für sie zu erwerben. Da sie bereits einen bestimmten Teppich im Auge haben, nennen sie dem C das Modell und das Geschäft, wo er ihn erwerben kann. Die B händigt dem C die für die Bezahlung des Teppichs erforderlichen Barmittel in Höhe von 300 € aus. C erwirbt den Teppich beim Teppichhändler H ohne darauf aufmerksam zu machen, dass er das Geschäft für A und B tätigen will. C erwirbt den Teppich und händigt ihn absprachegemäß A und B aus. Ein Jahr später kommt es zum Streit zwischen A und B. A zieht in der Folge aus und nimmt den Teppich mit. B verlangt sodann von A die Herausgabe des Teppichs. Mit Recht?

Ein Herausgabeanspruch der B gegen den A könnte sich aus § 985 ergeben. Dieser Anspruch setzt zunächst voraus, dass die B Alleineigentümerin des Teppichs ist.[27] B könnte das alleinige Eigentum am Teppich von H gemäß §§ 929, 930 erworben haben. Dies erfordert zunächst eine Einigung zwischen B und H über den Übergang des alleinigen Eigentums auf B. B hat unmittelbar mit dem H keinerlei Kontakt gehabt. Vielmehr hat C sich mit H zum Zwecke des Vollzugs des Kaufvertrages über die Übertragung des Eigentums geeinigt. Allerdings ergibt sich aus dem Sachverhalt nicht, dass C die B ausdrücklich als neue Eigentümerin angegeben und damit zu erkennen gegeben hat, dass er selbst nur als Vertreter handeln wolle. Sein Verhalten lässt daher nur den Schluss zu, dass er selbst Eigentümer werden wollte. Möglicherweise kommt eine unmittelbare Berechtigung der B aber dennoch in Betracht. Das ist dann der Fall, wenn die Erklärung des H nur so verstanden werden konnte, dass das Geschäft denjenigen berechtigen und verpflichten soll, den es angeht. Die Parteien hätten dann auf eine exakte Individualisierung des Vertragspartners verzichtet. Ob ein solcher Verzicht auf die Identität des Vertragspartners anzunehmen ist, ergibt sich aus den Umständen des Einzelfalls. Der H selbst

25 Palandt-*Ellenberger* § 164 Rn. 8.

26 Nach *OLG Düsseldorf* NJW 1992, 1707, 1708.

27 Wäre B nur Miteigentümerin zusammen mit A, könnte sie nicht die Herausgabe alleinigen Besitzes, sondern nur die Einräumung von Mitbesitz verlangen.

hatte im vorliegenden Fall keinerlei Interesse an der Identität seines Vertragspartners, da die Bezahlung des Teppichs sofort erfolgte und mit besonderen Auseinandersetzungen über Gewährleistungsansprüche bei einem Verkauf eines Teppichs zumindest in diesem Preissegment nicht zu rechnen ist. Es handelt sich vielmehr um ein Bargeschäft, wie es alltäglich vorkommen kann. Aus diesem Grunde kommt es entscheidend darauf an, wen das Geschäft angehen sollte. Das ist alleine nach dem Willen des Vertreters zu entscheiden.[28] Da der Wille des C nicht dahin ging, nur die B zu berechtigen, sondern A und B, scheidet der Erwerb von alleinigem Eigentum der B aus. Ein Anspruch aus § 985 auf Herausgabe des Teppichs zu Alleinbesitz ist daher nicht gegeben. ■

28 *OLG Düsseldorf* NJW 1992, 1707, 1708; Palandt-*Ellenberger* § 164 Rn. 8.

V. Übungsfall Nr. 1

„Nutzernamen"[29] 32

Thomas Vogel (V) ist Nutzer der Internetplattform von eBay. Die Plattform nutzt er unter dem ihm zugewiesenen Teilnehmernamen „Tommy". Da er aufgrund gehäufter Lieferverzögerungen als Verkäufer inzwischen ein schlechtes Feedback der anderen eBay-Teilnehmer bekommen hat, beschließt er, das nächste Mal den gut beleumundeten Nutzernamen seiner Freundin (F) zu verwenden. Er wusste, wo diese ihre Zugangsdaten verwahrt hatte. Unter dem Benutzernamen „Susi77" der F meldet sich V sodann auf der eBay-Plattform an und stellt unter diesem Namen einen Porsche zu einem günstigen „Sofort-Kaufpreis" von 74 000 € ein. Klaus Kerpener (K) sendet unter seinem Nutzernamen „Schumi666" eine Annahmeerklärung. Nachdem ihm die Identität der F offengelegt wurde, zahlt er den Kaufpreis auf das Konto der F.

F wusste wegen einer längeren Dienstreise von dem Vorgang zunächst nichts und sagt dem K, sie wolle mit diesem Geschäft nichts zu tun haben. K fordert die F schließlich schriftlich zur Übereignung und Übergabe des Pkw auf. Kann K von F die Übereignung und Übergabe des Pkw verlangen?

Lösung 33

Ein solcher Anspruch könnte sich aus einem zwischen K und F geschlossenen Kaufvertrag gemäß § 433 Abs. 1 ergeben.

1. Zustandekommen eines Kaufvertrages zwischen K und F

a) Angebot

F selber hat keine auf Abschluss eines solchen Vertrages gerichtete Willenserklärung abgegeben. Möglicherweise ist aber durch das Verhalten des V ein Kaufvertrag zwischen K und F zustande gekommen.

V hat unter dem Benutzernamen der F ein Angebot zum Abschluss eines Kaufvertrages über einen Porsche zu einem Preis von 74 000 € abgegeben. Fraglich ist aber, wer nach diesem Angebot auf Verkäuferseite Vertragspartner sein sollte. V handelte unter dem Benutzernamen der F und hat seine wahre Identität nicht offen gelegt. Ob nun F oder V tatsächlich Vertragspartner werden sollten, ist im Wege der Auslegung gemäß §§ 133, 157 aus der Sicht eines redlichen Empfängers in der Position des K zu bestimmen. Im Rahmen einer eBay-Auktion weist der Nutzername ausschließlich auf die Person hin, die von eBay nach Auktionsende als Inhaber dieses registrierten Namens auch namentlich identifiziert wird. Ein anonymer Dritter, der unter einem fremden Nutzernamen auftritt, ist als Vertragspartner später überhaupt nicht identifizierbar. Die Tatsache, ob ein anonymer Dritter das Höchstgebot tatsächlich abgegeben hat, kann der Verkäufer nicht mehr verifizieren. Außerdem ist aufgrund des bei eBay geführten Bewertungssystems davon auszugehen, dass die bietenden Teilnehmer auf einen Vertragsschluss mit dem wahren Inhaber des Benutzernamens Wert legen. Andernfalls würden fremde Personen vom „guten Ruf" des wahren Trägers des Benutzernamens profitieren können. Aus diesem Grunde ergibt sich aus dem Angebot des V, dass der wahre Träger des Nutzernamens „Susi77", also die F, als Verkäuferin aus dem Vertrag berechtigt und verpflichtet werden sollte.

Wird bei der Nutzung eines fremden Namens beim Geschäftspartner der Anschein erweckt, der Vertrag komme mit dem Namensträger zustande, finden die Regeln über die Stellvertretung entsprechende Anwendung, obwohl dem Handelnden ein Vertretungswille fehlte. Ob V berechtigt war, mit seinem Handeln einen Vertrag zwischen K und F herbeizuführen, ist analog § 177 Abs. 1 keine Frage der Einigung, sondern der Wirksamkeit des Vertra-

29 Nach *BGH* Urteil vom 11.5.2011 (Az: VIII ZR 289/09) = BGHZ 189, 346 ff. = NJW 2011, 2421 ff.

ges. Die Berechtigung des V ist daher sogleich im Anschluss an die Prüfung des Vertragsschlusses zu untersuchen.

b) Annahme

Das von V unter dem Nutzernamen des F abgegebene Angebot hat der K auch inhaltsgleich und fristgerecht angenommen, so dass nach der Einigung ein Kaufvertrag zwischen K und F zustande kommen soll.

2. Wirksamkeit des Vertrages, §§ 164, 177 Abs. 1 (analog)

Ob der von V unter dem Namen der F mit K geschlossene Vertrag wirksam ist, entscheidet sich wegen der hier vergleichbaren Situation zur offenkundigen Stellvertretung analog §§ 164, 177 danach, ob V bei Abgabe des Angebots kraft einer ihm zustehenden Vertretungsmacht für die F handeln durfte oder ob F dem Geschäft wenigstens nachträglich zugestimmt hat.

a) Vollmacht

Eine Vollmacht hat F dem V nicht erteilt. Es käme also allenfalls eine Vertretungsmacht nach den Grundsätzen der Duldungs- und Anscheinsvollmacht in Betracht.

b) Duldungsvollmacht

Eine Duldungsvollmacht liegt vor, wenn der Vertretene es willentlich geschehen lässt, dass ein anderer für ihn wie ein Vertreter auftritt, und der Geschäftspartner dieses Dulden nach Treu und Glauben darin versteht und auch verstehen darf, dass der als Vertreter Handelnde zu den vorgenommenen Erklärungen bevollmächtigt ist. Im vorliegenden Fall des Handelns unter fremden Namen ist dabei auf das Dulden des Namensträgers abzustellen.[30]

Einen solchen Duldungstatbestand hat die F jedoch nicht begründet, da sie dem V ihre Zugangsdaten nicht zur Verfügung gestellt hatte und von seinem Vorgehen auch keine Kenntnis hatte. V hatte sich vielmehr die Zugangsdaten der F während deren Abwesenheit verschafft.

Eine Duldungsvollmacht scheidet damit aus.

c) Anscheinsvollmacht

Eine Anscheinsvollmacht ist gegeben, wenn der Vertretene das Handeln des scheinbaren Vertreters zwar nicht kennt, er es aber bei pflichtgemäßer Sorgfalt hätte erkennen und verhindern können, und wenn der Geschäftspartner annehmen durfte, der Vertretene kenne und billige das Handeln des Vertreters.

Ob die F die Verwendung ihrer Zugangsdaten durch V hätte erkennen und verhindern können, ist bereits fraglich. Dies kann aber dahingestellt bleiben, weil es jedenfalls an einer anderen Voraussetzung fehlt. Damit der Geschäftspartner annehmen darf, der Vertretene bzw. der Namensträger kenne und billige das Handeln des Vertreters, ist ein Verhalten von einer gewissen Dauer und Häufigkeit notwendig. Anderenfalls fehlt es am erforderlichen Vertrauenstatbestand. Im vorliegenden Fall der Identitätstäuschung aufgrund Handelns unter fremden Namen ist dabei auf das Verhalten des Namensträgers abzustellen.[31] Hier trat V jedoch zum ersten Mal unter dem Namen der F auf. Ein schutzwürdiger Vertrauenstatbestand hatte sich so noch gar nicht bilden können.

d) Genehmigung

Der Vertrag war damit analog § 177 zunächst schwebend unwirksam. Da F den Vertragsschluss nicht genehmigt, sondern die Genehmigung verweigert hat, ist der Kaufvertrag endgültig unwirksam.

3. Ergebnis

Ein Anspruch des K gegen F gem. § 433 Abs. 1 ist mangels wirksamen Kaufvertrages nicht entstanden.

30 *BGH* a.a.O. unter Tz. 15.

31 *BGH* a.a.O. unter Tz. 16.

C. Vertretungsmacht

Wir haben festgestellt, dass nach dem hier vorgeschlagenen Aufbau die Vertretungsmacht als Wirksamkeitserfordernis eines Rechtsgeschäfts zu prüfen ist.[32] Wir untergliedern diesen Prüfungspunkt gedanklich in **zwei Schritte**. § 164 Abs. 1 macht diese Untergliederung sprachlich deutlich, indem er davon spricht dass jemand „innerhalb der ihm zustehenden" Vertretungsmacht gehandelt hat. Sie prüfen also **zuerst**, ob jemand bei Vornahme des Rechtsgeschäfts **überhaupt Vertretungsmacht** hatte und **dann**, ob das **konkret zustande gekommene** Rechtsgeschäft von dieser Vertretungsmacht **gedeckt ist,** also „innerhalb" der Vertretungsmacht liegt. 34

Die Vertretungsmacht kann sich aus dem Gesetz ergeben, durch Rechtsgeschäft begründet werden[33] oder sich als Folge eines Rechtsscheinstatbestandes ergeben.

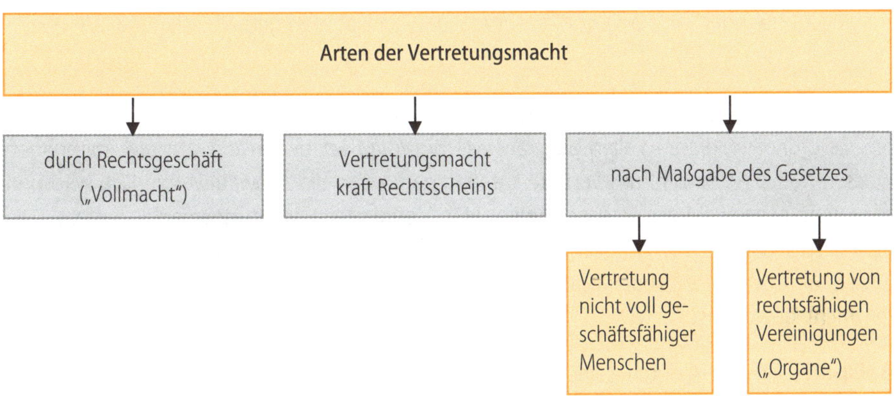

I. Gesetzliche Vertretungsmacht/Organstellung des Vertreters

Gesetzliche Vertretungsmacht /Vertretungsmacht des Organs 35

PRÜFUNGSSCHEMA

[Anknüpfungspunkt im Gutachten: entweder direkt bei Willenserklärung des Vertreters oder – bei Verträgen - gesondert nach Prüfung des Vertragsschlusses durch Vertreter]

I. Bestehen einer gesetzlichen Vertretungsmacht/Organstellung
z.B. §§ 714, 1626, 1629; § 125 Abs. 1 HGB; § 35 GmbHG

II. (Kein) Erlöschen vor Zustandekommen des Rechtsgeschäfts

III. (Kein) Ausschluss in Bezug auf konkretes Rechtsgeschäft

1. Ausschluss der Vertretungsmacht nach § 181
   - Analoge Anwendung des § 181 Rn. 74 ff.
   - Vertretungsverbot bei Verfügungsgeschäften Rn. 80 f.
   - Teleologische Reduktion des § 181 Rn. 82
2. Ausschluss aufgrund besonderer Tatbestände
   z.B. §§ 1629 Abs. 2 S. 1, 1795 Abs. 1

IV. (Kein) Missbrauch der Vertretungsmacht
- (Kein) Vorsatzerfordernis beim Vertreter Rn. 87 ff.

32 Siehe Rn. 15 ff. Wenn die Vertretungsmacht unproblematisch gegeben ist, kann sie natürlich auch direkt bei der jeweiligen Willenserklärung angesprochen und bejaht werden.

33 Die rechtsgeschäftlich begründete Vertretungsmacht nennt das Gesetz „Vollmacht", § 166 Abs. 2 S. 1.

1. Funktion der gesetzlich angeordneten Stellvertretung

36 Wenn ein Rechtsträger selbst gar nicht handeln kann (juristische Person, rechtsfähige Personenvereinigung) oder kraft Gesetzes keine bzw. nur bestimmte Rechtsgeschäfte vornehmen darf (nicht voll geschäftsfähige Menschen), braucht er einen Vertreter, der seine volle Handlungsfähigkeit herstellt und damit die gleichberechtigte Teilnahme am privatautonomen Rechtsverkehr eröffnet.

37 Das Gesetz stellt dem Minderjährigen „automatisch" Stellvertreter zur Verfügung. Der Automatismus ist notwendig, damit jeder Mensch gleich zu Beginn seiner Rechtsfähigkeit ab Vollendung der Geburt (§ 1) mit einem Vertreter „versorgt" ist. Dies sind entweder die bei Geburt verheirateten Eltern gemeinschaftlich nach §§ 1626 Abs. 1, 1629 Abs. 1, die unverheirateten Eltern gemeinschaftlich nach §§ 1626a Abs. 1, 1629, die unverheiratete Mutter alleine nach § 1626a Abs. 3 oder im Übrigen die Mutter oder der Vater wegen Übertragung der Alleinsorge nach den §§ 1671 ff.[34]

38 Im Übrigen überlässt das Gesetz die Auswahl der zur Vertretung berufenen Personen anderen. Es ordnet in diesen Fällen aber an, welche Voraussetzungen die Vertreter mitbringen müssen, wer die Auswahl des Vertreters treffen darf, wann die Auswahl verbindlich wird und dass den ausgewählten Personen **eine klar definierte Vertretungsmacht** zusteht. Die gesetzlichen Vertreter zeichnen sich dadurch aus, dass die Vertretungsmacht kraft Gesetzes in dem dort definierten Umfang **auch dann besteht,** wenn sie im Einzelfall von den Beteiligten **nicht gewollt ist.**[35]

Beispiel Ein nicht durch seine Eltern vertretener Minderjähriger erhält einen Vormund durch Anordnung des Familiengerichts, §§ 1773, 1774. Erst dadurch wird er „bevormundet". Die an einen Vormund gestellten Voraussetzungen finden sich in §§ 1780 ff. Das Auswahlrecht steht in erster Linie den Eltern, ansonsten dem (nach dem Gesetz zuständigen) Richter am Familiengericht zu, §§ 1776 ff. Der Umfang der Vertretungsmacht ist dann im Einzelnen in den §§ 1793 ff. geregelt. Ob der Vormund mit den dort enthaltenen Beschränkungen einverstanden ist, spielt keine Rolle. ■

39 Wenn das Gesetz die Vertretungsmacht in Einzelfällen einschränkt (z.B. durch §§ 181, 1629 Abs. 2, 1795), muss es schließlich auch anordnen, welcher Vertreter diese Lücke schließt. Im Ergebnis schafft das Gesetz **ein lückenloses Stellvertretungssystem**. Nur so kann sichergestellt werden, dass jedem Rechtsträger zumindest über andere Personen volle privatautonome Handlungsfreiheit zukommt.

2. Gesetzliche Vertretung nicht voll geschäftsfähiger Personen

40 Mit den gesetzlich vorgesehenen Vertretern der nicht voll geschäftsfähigen Personen haben wir uns im ersten Band unter Rn. 305 ff. ausführlich beschäftigt. Deshalb fassen wir an dieser Stelle nur ganz kurz zusammen: Es handeln für die Minderjährigen entweder die Eltern gemeinschaftlich, ein Elternteil alleine, ein Vormund oder ein Ergänzungspfleger (§ 1909). Volljährige ohne volle Geschäftsfähigkeit werden durch einen Betreuer (§§ 1896 ff.) vertreten.

34 Siehe im Skript „BGB AT I" unter Rn. 304 ff.

35 *Medicus/Petersen* Allgemeiner Teil des BGB Rn. 925 a.E.

3. Organe

Aus dem Gesetz ergibt sich auch, wer die juristischen Personen oder rechtsfähigen Personen- 41
vereinigungen vertritt.[36]

Beispiel Der Vorstand eines Vereins ist nach § 26 Abs. 2 S. 1 kraft Gesetzes mit Vertretungsmacht ausgestattet. Die Personen des Vorstandes werden aber nicht kraft Gesetzes bestimmt, sondern müssen erst noch durch Beschluss der Mitgliederversammlung bestellt werden, § 27 Abs. 1. ■

Das Gesetz nennt diese Vertreter „Organe", vgl. § 31. Es sind gesetzliche Vertreter, das Gesetz 42
nennt sie aber nicht so, weil sie sich von den gesetzlichen Vertretern der nicht voll geschäftsfähigen Menschen in einem wichtigen Punkt unterscheiden.

Hinweis

Der Gesetzgeber macht in § 26 Abs. 2 S. 1 Hs. 2 beim Vereinsvorstand bereits sprachlich auf eine Besonderheit der Organe aufmerksam. Dort heißt es: „(...); er hat die Stellung eines gesetzlichen Vertreters". Der Vorstand als Organ des Vereins ist also nicht normaler gesetzlicher Vertreter, sondern hat **nur dessen Stellung**. Es handelt sich hier keineswegs um unsinnige Sprachspielchen, wie man auf den ersten Blick vielleicht glauben mag.

Der Unterschied zum „normalen" gesetzlichen Vertreter besteht nämlich im Folgenden:

Der gesetzliche Vertreter vertritt einen nicht voll geschäftsfähigen Menschen, also jemanden, 43
der als solcher alleine zwar nicht rechtsgeschäftlich, aber selbst im realen Leben handeln kann. Dazu sind die durch Organe vertretenen juristischen Personen bzw. rechtsfähigen Personenvereinigungen als „leblose juristische Kunstgeschöpfe" nicht in der Lage.

Organe sind diejenigen Personen, durch die eine juristische Person oder rechtsfähige Personenvereinigung erst im Außenverhältnis handeln kann.

Durch Organe wird die reale Handlungsfähigkeit der juristischen Personen bzw. 44
rechtsfähigen Personenvereinigungen in der Lebenswirklichkeit **erst hergestellt. Diese Rechtsträger handeln durch ihre Organe. Organhandeln ist Eigenhandeln** des jeweiligen Rechtsträgers, dem das Organ angehört.[37]

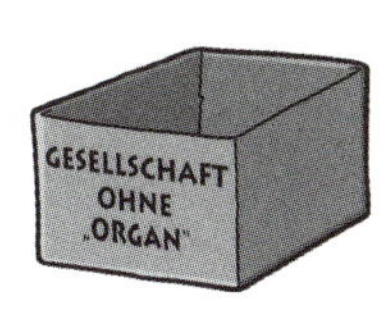

36 *Medicus/Petersen* Allgemeiner Teil des BGB Rn. 926.
37 Palandt-*Ellenberger* § 31 Rn. 1.

Demzufolge ordnet § 31 auch an, dass der Verein automatisch für die „zum Schadensersatz verpflichtenden Handlungen" seiner Vorstandsmitglieder haften muss. Er begeht diese Handlung durch sein Organ sozusagen selbst. Die Regel des § 31 wird außerhalb des Vereinsrechts auf jedes Organhandeln angewendet.[38]

Hinweis

Aus § 31 folgt übrigens nicht, dass die Organe selbst keiner persönlichen Haftung unterworfen sind, wenn sie eine zum Schadensersatz verpflichtende Handlung begehen. Die in § 31 angeordnete Haftung begründet vielmehr eine zusätzliche Haftung!

Mit den „gesetzlichen Vertretern" i.S.d. § 278 S. 1 Var. 1 sind nicht die Organe, sondern die gesetzlichen Vertreter der nicht voll geschäftsfähigen Menschen gemeint.[39] Warum? Im Sprachgebrauch des BGB sind Organe ja nicht „gesetzliche Vertreter", sondern haben (nur) „die Stellung eines gesetzlichen Vertreters".

» Schlagen Sie jetzt die im Beispiel genannten Vorschriften nach und achten Sie genau auf den Wortlaut. «

Beispiele Vorstand eines Vereins (§§ 26 ff.), einer Aktiengesellschaft (§§ 76 ff. AktG) und einer Genossenschaft (§ 24 ff. GenG); der Geschäftsführer einer GmbH (§§ 35 ff. GmbHG); die Gesellschafter einer OHG (§§ 125 ff. HGB); die Komplementäre einer KG (nicht die Kommanditisten, vgl. §§ 125 ff., 161 Abs. 2, 170 HGB); die Partner einer Partnerschaftsgesellschaft (§ 7 Abs. 3 PartGG i.V.m. § 125 HGB). ■

45 Die Organe können nicht alles selbst machen. Der Vorstand einer Bank AG steht nicht am Schalter, der Geschäftsführer einer Einzelhandels GmbH sitzt nicht an der Kasse. Die Organe können ihrerseits im Namen der juristischen Person bzw. im Namen der rechtsfähigen Personengesellschaft Vollmachten erteilen und damit Dritten durch Rechtsgeschäft Vertretungsmacht verleihen. Diese Dritten sind dann aber keine Organe mehr, da die rechtsgeschäftliche Handlungsfähigkeit durch die Organe bereits hergestellt ist. Eben durch ihre Organe kann die juristische Person bzw. Personengesellschaft Vollmachten erteilen.

46 Die Vertretungsmacht der Organe ist nach dem Gesetz **grundsätzlich umfassend ausgestaltet**, um eine volle Handlungsfähigkeit der durch sie handelnden Rechtsträger zu erreichen. Sie vertreten den Rechtsträger **gerichtlich und außergerichtlich**. Beschränkungen können sich aus dem Gesellschaftsvertrag oder der Satzung ergeben, insbesondere der Ausschluss von Alleinvertretungsmacht.

47 Wie dies geschieht und wer dafür dann zuständig ist, ist Gegenstand des Gesellschaftsrechts und soll dort vertieft werden.[40]

Beispiel Derartige Beschränkungsmöglichkeiten finden Sie zum Beispiel in § 125 Abs. 2, 3 HGB, § 78 Abs. 2, 3 AktG, § 35 Abs. 2 GmbHG. ■

---

38 Für die Stiftung und die juristischen Personen des öffentlichen Rechts finden sich ausdrückliche Verweise in §§ 86, 89 BGB. Im Übrigen wird § 31 BGB analog angewendet.

39 Hinzu kommen noch die sog. „Parteien kraft Amtes" (z.B. Insolvenzverwalter), Palandt-*Ellenberger* § 278 Rn. 5, 6.

40 Siehe dazu im Skript „Handels- und Gesellschaftsrecht".

II. Vertretungsmacht durch Vollmacht

Vertretungsmacht durch Vollmacht 48

PRÜFUNGSSCHEMA

[Anknüpfungspunkt im Gutachten: entweder direkt bei Willenserklärung des Vertreters oder – bei Verträgen - gesondert nach Prüfung des Vertragsschlusses durch Vertreter]

I. Erteilung einer inhaltlich ausreichenden Vollmacht (§ 167)
- Vollmacht bei nichtigem Grundverhältnis Rn. 55

II. (Kein) Erlöschen der Vollmacht vor Zustandekommen des Rechtsgeschäfts
- Erlöschen der Vollmacht bei Erlöschen des Grundverhältnisses Rn. 56 ff.
- Anfechtung einer ausgeübten Innenvollmacht Rn. 64 ff.

III. (Kein) Ausschluss der Vertretungsmacht nach § 181
- Analoge Anwendung des § 181 Rn. 74 ff.
- Vertretungsverbot bei Verfügungsgeschäften Rn. 80 ff.
- Teleologische Reduktion des § 181 Rn. 82

IV. (Kein) Missbrauch der Vertretungsmacht
- (Kein) Vorsatzerfordernis beim Vertreter Rn. 87 ff.

Die nicht durch Gesetz, sondern **allein durch Rechtsgeschäft geschaffene Vertretungsmacht** nennt das Gesetz in **§ 166 Abs. 2 S. 1 „Vollmacht"**. 49

Wir betrachten im Folgenden die Vollmachtserteilung nach den allgemeinen Regeln des BGB. Die Besonderheiten der handelsrechtlichen Vollmachten (Prokura und Handlungsvollmacht) gehören in die Darstellung des Handelsrechts.[41]

1. Erteilung der Vollmacht (§ 167)

50

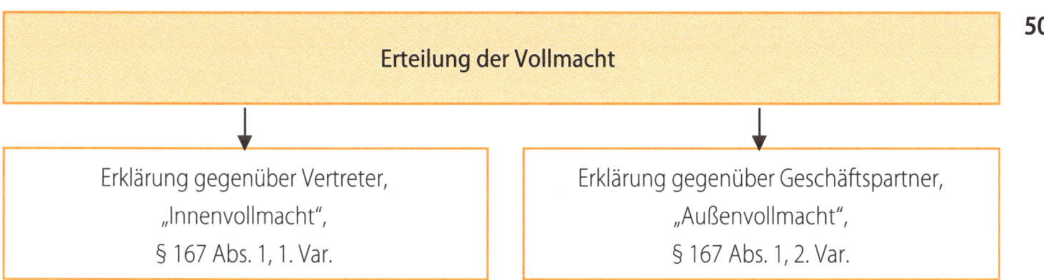

Die Erteilung der Vollmacht regelt § 167. Sie ist ein **einseitiges Rechtsgeschäft**, das durch eine **wirksame empfangsbedürftige Willenserklärung** zustande kommt. Die Erklärung kann sowohl **gegenüber dem Vertreter (Innenvollmacht)** als auch gegenüber dem außenstehenden Partner des Vertretergeschäfts **(Außenvollmacht)** erfolgen.

Für die Wirksamkeit der auf Erteilung einer Vollmacht gerichteten Willenserklärung gelten die allgemeinen Regeln.[42] 51

41 Siehe dazu im Skript „Handels- und Gesellschaftsrecht".
42 Ausführlich dazu das Skript „BGB AT I" unter Rn. 97 ff.

Auch in Bezug auf Wirksamkeitserfordernisse und -hindernisse für das einseitige Rechtsgeschäft „Vollmachtserteilung" gelten die allgemeinen Vorschriften über einseitige Rechtsgeschäfte, also etwa §§ 111, 125, 180.

Eine **besondere Form** ist für die Vollmacht nach § 167 Abs. 2 **nicht erforderlich**. Sie kann also auch konkludent erteilt werden. Insbesondere liegt in der Zuweisung von Aufgaben, deren ordnungsgemäße Erfüllung eine Vollmacht erfordert, regelmäßig auch die konkludente Erteilung einer Innenvollmacht.[43]

Beispiel Die A GmbH betreibt mehrere Läden, in denen Kleider verkauft werden. A stellt die V als Verkäuferin ein und weist ihr eine entsprechende Stelle in einem ihrer Läden zu. A erteilt der V mit der Zuweisung der Stelle als Verkäuferin zugleich eine Innenvollmacht, in ihrem Namen Kaufverträge mit Kunden über die angebotene Ware abzuschließen. Auf die Vermutung nach § 56 HGB kommt es insoweit nicht an. Die Vorschrift bleibt aber für die Bestimmung des Umfangs der Innenvollmacht bedeutsam.[44] ■

Hinweis

Eine Ausnahme vom Grundsatz der Formfreiheit nach § 167 Abs. 2 wird dann gemacht, wenn ansonsten die Zwecke derjenigen Formvorschrift ausgehöhlt würden, die auf das später vom Vertreter im Namen des Vertretenen vorgenommene Rechtsgeschäft Anwendung findet. Wir werden darauf beim Thema „Form des Rechtsgeschäfts" unter Rn. 200 ff. zurückkommen.

2. Erlöschen der Vollmacht

a) Erlöschen nach Maßgabe des Grundverhältnisses (§ 168 S. 1)

52

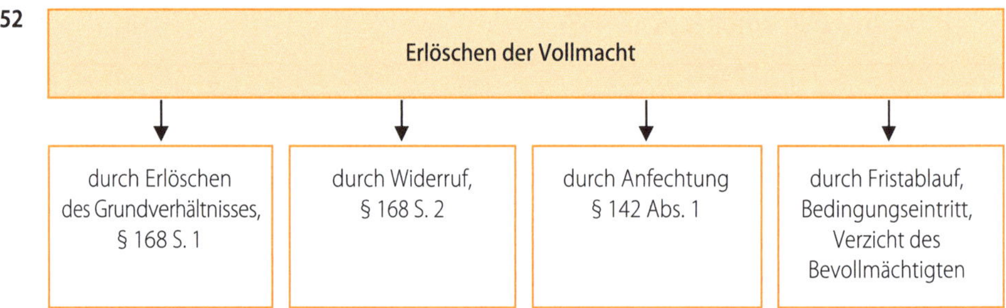

Nach § 168 S. 1 bestimmt sich das Erlöschen der Vollmacht „nach dem ihrer Erteilung zugrunde liegenden Rechtsverhältnis".

aa) Vollmacht und Grundverhältnis

53 Das Gesetz unterscheidet in § 168 S. 1 zwischen der Vollmacht einerseits und dem Grundverhältnis andererseits. Die Vollmacht betrifft die Frage der Rechtsmacht des Vertreters, mit Wirkung für und gegen den Vertretenen Rechtsgeschäfte mit Dritten vorzunehmen. Die **Vollmacht** regelt, was der Vertreter rechtsgeschäftlich **im Namen des Vollmachtgebers mit unmittelbarer Wirksamkeit für und gegen diesen machen kann**.

43 Palandt-*Ellenberger* § 167 Rn. 1.

44 Baumbach/Hopt-*Hopt* § 56 Rn. 2.

Davon zu unterscheiden ist das „Grundverhältnis" (oder „Innenverhältnis") zwischen Vertretenem und Vertreter. Der Erteilung der Vollmacht liegt regelmäßig ein Rechtsverhältnis – meist ein Auftrag, Dienst- oder Arbeitsvertrag – zwischen dem Vollmachtgeber und dem Bevollmächtigten zugrunde. Das **Grundverhältnis** entscheidet, ob und in welcher Weise **der Vertreter von der Vollmacht Gebrauch machen darf oder sogar machen muss.**[45] **54**

Bei der oben erörterten Erteilung der Vollmacht war von einem solchen „Grundverhältnis" noch keine Rede. Anders als § 168 interessiert sich § 167 Abs. 1 nicht für das Bestehen oder gleichzeitige Entstehen eines Grundverhältnisses. Auch im Rahmen von (unverbindlichen) Gefälligkeitsverhältnissen könnten Vollmachten also wirksam erteilt werden. Außerdem haben anfängliche Nichtigkeitsgründe des Grundverhältnisses nicht zwangsläufig die Nichtigkeit der Vollmacht zur Folge. Eine Vollmacht kann als eigenständiges Rechtsgeschäft nach § 167 Abs. 1 folglich auch **isoliert** ohne (wirksames) Grundgeschäft wirksam erteilt werden.[46] Man spricht wegen dieser Unabhängigkeit in der Entstehung auch von der **„Abstraktheit"** der Vollmacht. Der Sinn besteht darin, den Vertreter vor einer Haftung aus § 179 zu bewahren, da die anfänglichen Nichtigkeitsgründe gerade für einen Laien häufig nur sehr schwer zu erfassen sind. **55**

JURIQ-Klausurtipp

Ist das Grundverhältnis von Anfang an nichtig, müssen Sie sehr sorgfältig prüfen, ob der Nichtigkeitsgrund (z.B. §§ 134, 138) wirklich nur das Grundverhältnis betrifft oder ob er nach seinem Sinn und Zweck zugleich auch die Vollmachtserteilung erfassen soll.[47]

Beispiel K beauftragt den 17 Jahre alten M, für ihn und in seinem Namen einen bestimmten Motorroller bei V zu kaufen. M führt den Auftrag aus und kauft im Namen des K bei V den Motorroller. Im Anschluss verlangt V von K den vereinbarten Kaufpreis. Mit Recht?

V könnte gegen K ein Anspruch auf Kaufpreiszahlung gem. § 433 Abs. 2 zustehen. K hat selbst keinen Vertrag mit V geschlossen. Allerdings hat M in dessen Namen mit V einen Kaufvertrag über den Motorroller geschlossen.

Ob K durch den von M in seinem Namen geschlossenen Vertrag unmittelbar berechtigt und verpflichtet wird, bestimmt sich nach §§ 164, 177. Zu prüfen ist danach zunächst, ob M bei Abschluss des Vertrages innerhalb einer ihm zustehenden Vertretungsmacht gehandelt hat. In Betracht kommt hier eine Vertretungsmacht aufgrund einer Vollmacht i.S.d. § 166 Abs. 2 S. 1.

K hatte den M durch Erklärung im Innenverhältnis gem. § 167 Abs. 1 Var. 1 zur Vertretung beim Kauf des Motorrollers bevollmächtigt. Einer besonderen Form bedurfte es hierzu nicht. Der Vollmachtserteilung steht nicht entgegen, dass die Vollmachtserklärung den gesetzlichen Vertretern des M nicht gem. § 131 Abs. 2 S. 1 zugegangen ist. Wie sich aus

45 *Medicus/Petersen* Allgemeiner Teil des BGB Rn. 937.

46 *BGH* NJW 1988, 2603 unter Ziff. 1b; Palandt-*Ellenberger* § 167 Rn. 4; *Brox/Walker* Allgemeiner Teil des BGB Rn. 551; anderer Ansicht *Medicus/Petersen* Allgemeiner Teil des BGB Rn. 949 für den Fall anfänglicher Nichtigkeit des Grundgeschäfts.

47 So ist beispielsweise eine Vollmacht, die aufgrund eines wegen Verstoßes gegen das Rechtsberatungsgesetz nach § 134 nichtigen Geschäftsbesorgungsvertrages erteilt wurde, ebenfalls nach § 134 nichtig, vgl. *BGH* Urt. v 21.6.2005 (Az: XI ZR 88/04) unter Ziff. II 1a m.w.N. = NJW 2005, 2985 ff.; Palandt-*Ellenberger* § 167 Rn. 4.

§ 165 ergibt, kann ein Minderjähriger auch ohne Zustimmung seiner gesetzlichen Vertreter ein Vertretergeschäft vornehmen. Nichts anderes muss dann für die Entgegennahme einer Vollmachtserklärung gelten, durch die der Minderjährige rechtlich keinen Nachteil erleidet. Für die Wirksamkeit des Zugangs ist daher nur auf den Zugang bei M abzustellen, § 131 Abs. 2 S. 2.

Fraglich ist aber, ob der Wirksamkeit der Vollmacht entgegen steht, dass die ihr zugrunde liegende Beauftragung des M von Anfang an unwirksam gewesen ist. Der Auftrag belastet den M unmittelbar mit Pflichten nach §§ 667 ff. und konnte deshalb gem. §§ 107, 108 Abs. 1 nur mit Zustimmung seiner gesetzlichen Vertreter wirksam werden, an der es hier fehlt.[48]

Wie sich aus § 167 Abs. 1 ergibt, hängt die wirksame Erteilung einer Vollmacht aber nicht zusätzlich vom Bestehen eines wirksamen Grundverhältnisses ab. Die Vollmacht ist vielmehr in dem Sinne abstrakt, dass sie auch ohne (wirksames) Grundverhältnis wirksam erteilt werden kann. Die Tatsache, dass die Vollmacht gem. § 168 S. 1 nach den Bedingungen eines Grundverhältnisses erlischt, steht dem nicht entgegen. Diese Vorschrift besagt nur, dass in einem wirksamen Grundverhältnis Regelungen auch mit unmittelbarer Wirkung für die Vollmacht getroffen werden können.

Der Vertragsschluss mit V wirkt daher unmittelbar für und gegen den K, so dass V von K gem. § 433 Abs. 2 den vereinbarten Kaufpreis verlangen kann. ■

bb) Erlöschensgründe aus dem Grundverhältnis

56 Aus § 168 S. 1 folgt weiter, dass ein Grundverhältnis zwischen Vertreter und Vollmachtgeber die Erlöschensgründe **regeln kann**, aber nicht muss. Die vorstehend erwähnte „Abstraktheit" der Vollmacht gilt also nur außerhalb dieser „Verzahnung" mit dem Inhalt des Grundgeschäfts.

Beispiel In einem Vertrag des Vollmachtgebers mit dem Vertreter kann bestimmt sein, dass die Vollmacht nur für eine bestimmte Zeit erteilt wird, also befristet ist, vgl. §§ 158, 163. Nach Fristablauf erlischt die Vollmacht dann automatisch, §§ 158 Abs. 2, 163. Sie muss nicht eigens nach § 168 S. 2, 3 widerrufen werden. ■

57 Außerdem versteht man die Regelung des § 168 S. 1 allgemein so, dass die Vollmacht im Zweifel erlischt, wenn das **Grundverhältnis erloschen** ist.[49] Der Vollmachtgeber muss die Vollmacht also nicht eigens widerrufen, wenn das ihr zugrunde liegende Rechtsgeschäft erloschen ist.

Hinweis

Besonderes gilt für die Prozessvollmacht i.S.d. § 80 ZPO. Sie bleibt nach Maßgabe des § 87 ZPO auch nach Beendigung des Grundverhältnisses im Verhältnis zur anderen Partei und (über den Wortlauts hinaus) auch gegenüber dem Gericht zunächst wirksam.[50]

---

48 Vgl. zu den Tatbeständen der §§ 107, 108 BGB die Darstellung im Skript „BGB AT I" unter Rn. 342 ff.

49 Palandt-*Ellenberger* § 168 Rn. 1 f.; *Brox/Walker* Allgemeiner Teil des BGB Rn. 552.

50 Zöller-*Vollkommer* § 87 Rn. 3–5.

Als Gründe für das Erlöschen des Grundverhältnisses kommen insbesondere Widerruf, Anfechtung oder Kündigung in Betracht. 58

Beispiel V ist beim Händler H als Verkäufer angestellt. Da er ein besseres Jobangebot hat, kündigt V – wirksam – das Arbeitsverhältnis mit H. Die dem V durch Zuweisung der Verkäuferposition durch H zumindest konkludent erteilte Innenvollmacht erlischt nun automatisch, ohne dass H sie eigens widerrufen müsste. ■

Besonderheiten gelten, wenn ein Auftrag (vgl. § 662) oder Geschäftsbesorgungsvertrag (vgl. 59
§ 675) in anderer Weise als durch Widerruf bzw. Kündigung erlöschen.

Beispiel Rechtsanwalt R sollte für seinen Mandanten M eine neue Mietwohnung aussuchen, den Mietvertrag mit dem Vermieter verhandeln und ggf. im Namen des M abschließen. Vor Abschluss des Mietvertrages stirbt M. Das Ziel der Geschäftsbesorgung ist nun sinnlos, so dass man den Tod des Auftraggebers entgegen der Vermutung des § 672 S. 1 redlicherweise nach §§ 133, 157 als auflösende Bedingung verstehen musste. Der zwischen M und R geschlossene Geschäftsbesorgungsvertrag ist folglich mit dem Tod des M gem. § 158 Abs. 2 erloschen.

Hätte der R hingegen das Mandat gehabt, für den M den Verkauf einer Segelyacht zu verhandeln, wäre der Geschäftsbesorgungsvertrag wegen der fehlenden inhaltlichen Höchstpersönlichkeit nach §§ 675 Abs. 1, 672 S. 1 im Zweifel nicht erloschen. ■

In diesen Fällen fingiert das Gesetz das **Fortbestehen des Auftrags (nur) zugunsten des** 60
Beauftragten, bis der Beauftragte von dem Erlöschen Kenntnis erlangt oder fahrlässig nicht erlangt (§ 674, ggf. i.V.m. § 675 Abs. 1). Diese Fiktion wirkt sich auch auf die Vollmacht aus: Sie gilt gem. §§ 168, 169 ebenfalls als fortbestehend. Dieselbe Regelung treffen §§ 729, 168, 169 für den Geschäftsführer einer BGB-Gesellschaft.[51] Auf diese Fiktion kann sich allerdings ein Geschäftsgegner, der das Erlöschen des Grundgeschäfts kannte oder kennen musste, nicht berufen (§ 169).

Hinweis

Beachten Sie, dass die Fiktion des § 674 nur zugunsten des Beauftragten, nicht aber zugunsten des Auftraggebers oder seiner Rechtsnachfolger besteht. Der Beauftragte steht nach dem tatsächlichen Erlöschen also nicht mehr in einer vertraglichen Verpflichtung diesen Personen gegenüber.

b) Bedingung, Befristung

Trotz seines missverständlichen Wortlauts bringt § 168 S. 1 nicht zum Ausdruck, dass sich das 61
Erlöschen der Vollmacht stets nur nach dem Grundverhältnis richten kann. Dies kann schon deshalb nicht richtig sein, weil die Erteilung der Vollmacht ja gar nicht vom Bestehen eines Grundverhältnisses abhängt.

51 Ein ähnliches Regelungssystem gilt außerdem nach Eröffnung des Insolvenzverfahrens über das Vermögen des Vollmachtgebers nach §§ 115 ff. InsO.

Die Vollmacht kann also selbst befristet oder unter einer auflösenden Bedingung erteilt werden und erlischt dann unabhängig vom Grundverhältnis nach Fristablauf bzw. Bedingungseintritt gem. §§ 158 Abs. 2, 163.[52]

c) Tod des Bevollmächtigten

62 Was passiert eigentlich, wenn der Bevollmächtigte stirbt? Ist die Vollmacht vererblich und geht dann gem. § 1922 auf die Erben über?

Das hängt zunächst von den Vereinbarungen ab. Fehlt es daran oder bleiben Zweifel, ergibt sich die Lösung wiederum aus § 168 S. 1. Beim Tod des Bevollmächtigten **erlischt nämlich im Zweifel auch das Grundverhältnis**: Auftrag und Geschäftsbesorgungsverträge enden (im Zweifel) beim Tod des Geschäftsbesorgers nach § 673 S. 1 (ggf. i.V.m. § 675 Abs. 1). Für reine Dienst- und Arbeitsverträge folgt das Erlöschen des Vertrages aus § 613. Damit erlischt zugleich auch die Vollmacht.[53]

d) Widerruf (§ 168 S. 2, 3)

63 Soweit die Parteien im Innenverhältnis nichts anderes bestimmt haben, ist die Vollmacht – unabhängig von dem ihr zugrunde liegenden Innenverhältnis – **jederzeit widerruflich** (§ 168 S. 2). Der Widerruf kann, wie sich aus § 168 S. 3 ergibt, wie die Vollmachtserteilung entsprechend § 167 Abs. 1 sowohl **im Innenverhältnis** gegenüber dem Bevollmächtigten als auch **im Außenverhältnis** gegenüber dem Geschäftspartner erklärt werden.

Hinweis

Dabei kommt es nicht darauf an, wem gegenüber die Vollmachtserteilung erklärt worden war! Die im Außenverhältnis erklärte (Außen-) Vollmacht, kann daher auch im Innenverhältnis durch Erklärung gegenüber dem Bevollmächtigten widerrufen werden. Zum Schutz des gutgläubig auf den Bestand der Außenvollmacht vertrauenden Geschäftspartners gilt § 170.

e) Anfechtung, § 142 Abs. 1

64 Die Anfechtungsregeln gelten wie bei jedem anderen Rechtsgeschäft grundsätzlich auch für die Vollmachtserteilung. Sie gilt bei wirksamer Anfechtung als von Anfang an nichtig, § 142 Abs. 1.

65 Besonderheiten werden aber bei der Anfechtung **einer bereits ausgeübten Innenvollmacht** erwogen.

Beispiel A bevollmächtigt den V, für ihn einen Pkw zu erwerben. A will für das Fahrzeug maximal 1000 € investieren. Er händigt dem V eine schriftliche Vollmachtsurkunde aus. Bei Anfertigung dieser Urkunde hat er sich aber verschrieben. Nach dem Wortlaut der Urkunde wird V – der von den abweichenden Vorstellungen des A nichts weiß – bevollmächtigt, einen Pkw für maximal 2000 € im Namen des A zu erwerben. V schließt daraufhin im Namen des A einen Kaufvertrag mit B über einen Pkw zum Preis von 1800 €.

52 Palandt-*Ellenberger* § 168 Rn. 1; *Faust* BGB AT § 26 Rn. 9.

53 Palandt-*Weidenkaff* § 613 Rn. 2.

Dabei legt V dem B die Vollmachtsurkunde nicht vor. A erklärt gegenüber V die Anfechtung der Vollmacht wegen des Schreibfehlers, sofort nachdem er von seinem Fehler Kenntnis erlangt hat.

Kann B trotzdem von A Zahlung des Kaufpreises verlangen? ■

Ließe man eine Anfechtung des A im *Beispiel* zu, so käme man zu folgenden Ergebnissen: Die Anfechtung müsste gem. § 143 Abs. 3 S. 1 gegenüber V erklärt werden und wäre nach §§ 119 Abs. 1 Var. 2, 121 Abs. 1 wirksam. V hätte wegen der rückwirkenden Nichtigkeit der Vollmacht nach § 142 Abs. 1 als Vertreter ohne Vertretungsmacht gehandelt. Der Kaufvertrag ist daher nach § 177 Abs. 1 unwirksam. B hätte einen Anspruch gegen V aus § 179 Abs. 2 auf Ersatz etwaiger Schäden aus Vertrauen in die Wirksamkeit des Vertrages. V kann sich nach § 122 seinerseits an den A halten und seine Schäden aus der Vornahme des Rechtsgeschäfts, insbesondere seine Haftung aus § 179 Abs. 2, auf den A abwälzen.

Man mag sich angesichts des geschlossenen „Regresskarussells" fragen: Wo ist denn hier **66**
eigentlich das Problem?

Die Probleme zeigen sich, wenn A oder V vermögenslos sind und daher die gegen sie gerichteten Ansprüche gar nicht oder nicht vollständig bedienen können. V, der als Vertreter an dem Vertragsschluss normalerweise ohne jedes Haftungsrisiko beteiligt gewesen wäre, haftet nun auf einmal selbst gegenüber B aus § 179 Abs. 2 und trägt beim Rückgriff aus § 122 das Insolvenzrisiko seines Vollmachtgebers A. Ihm entstehen möglicherweise Kosten, die er nicht ersetzt bekommt. B ist demgegenüber auf einen Regress bei V aus § 179 Abs. 2 verwiesen und trägt dessen Insolvenzrisiko und nicht das seines Vertragspartners A. Da der Kaufvertrag allein zwischen B und A zustande kommen sollte, wird diese Risikoverteilung von vielen als problematisch und korrekturbedürftig angesehen.

Hinweis

Bei der Anfechtung einer Außenvollmacht stellen sich die Probleme nicht. Diese müsste nach § 143 Abs. 3 S. 1 gegenüber dem Vollmachtsempfänger, also dem Geschäftspartner des Vertreters erklärt werden. Dann hat der Geschäftspartner einen Schadensersatzanspruch direkt aus § 122 gegen den Vertretenen.

Zur Lösung des Problems der vor Anfechtung bereits ausgeübten Innenvollmacht kursieren **67**
mehrere Lösungsvorschläge:

(1) Teilweise wird die Ansicht vertreten, die ausgeübte Innenvollmacht sei **grundsätzlich unanfechtbar**. In der Sache gehe es regelmäßig um die Beseitigung des Vertretergeschäfts. Im *Beispiel* ist das der Kaufvertrag. Der Vertretene könne aber **ausnahmsweise analog § 166 Abs. 2** den vom Vertreter in seinem Namen geschlossenen Vertrag wegen eigener Willensmängel bei der Vollmachtserteilung anfechten.[54]
Gegen einen generellen Ausschluss der Anfechtbarkeit spricht aber, dass Bevollmächtigung und Vertretergeschäft zwei voneinander unabhängige Rechtsgeschäfte sind. Mit dieser Trennung lässt sich die Argumentation nicht vereinbaren.

54 *Brox/Walker* Allgemeiner Teil des BGB Rn. 571 ff.; weitere Nachweise bei *Faust* BGB AT § 28 Rn. 9.

(2) Eine weitere, wohl überwiegende Ansicht lässt die Anfechtung der ausgeübten Innenvollmacht gegenüber dem Vertreter nach den allgemeinen Regeln zu, gewährt aber **auch dem Geschäftsgegner einen Schadensersatzanspruch aus § 122 gegen den Vertretenen.**[55]

(3) Andere verneinen mit beachtlichen Gründen ein Bedürfnis, überhaupt irgendwelche Abweichungen von den allgemeinen Regeln vorzunehmen.[56] **Es gelten nach dieser Ansicht keinerlei Besonderheiten.** Der Vertreter muss wie bei jedem anderen Rechtsgeschäft auch hier mit dem Auftreten von Willensmängeln rechnen. Einen Schutz des Vertreters, der einen Nachteil infolge von Willensmängeln seines Vollmachtgebers erleidet, sieht das Gesetz mit dem Anspruch aus § 122 vor. Vertreter und Geschäftsgegner erscheinen hier nicht schützenswerter als bei sonstigen Mängeln der Vertretungsmacht. Beide haben die Möglichkeit, sich durch Vorlage einer Vollmachtsurkunde abzusichern und damit die Wirkungen der §§ 172 Abs. 1, 173 herbeizuführen.

JURIQ-Klausurtipp

In der Klausur sollten Sie sich für Ansicht 2 oder 3 entscheiden. Beide lassen sich mit den benannten Argumenten gleichwertig vertreten.

f) Verzicht des Bevollmächtigten

68 Schließlich kann der Vertreter auf die ihm durch Vollmacht verliehene Vertretungsmacht auch durch empfangsbedürftige Willenserklärung gegenüber dem Vollmachtgeber einseitig verzichten (§ 333 analog). Eine dem Vertreter „gegen seinen Willen aufgedrängte" Vollmacht ließe sich mit dem Grundsatz der Privatautonomie nicht vereinbaren.[57]

3. Umfang

69 Der Umfang der Vollmacht bestimmt sich nach der Erklärung des Vollmachtgebers. Als empfangsbedürftige Willenserklärung wird diese **nach den allgemeinen Regeln gem. §§ 133, 157 vom jeweiligen Empfängerhorizont ausgelegt**. Die Reichweite einer Innenvollmacht bestimmt sich also nach dem redlichen Verständnis des Vertreters, die Reichweite einer Außenvollmacht nach dem Verständnis des Geschäftspartners.[58]

III. Verbot des Insichgeschäfts, § 181

70 In der Klausur haben Sie nach Bearbeitung der bisherigen Prüfungsschritte in einem Zwischenergebnis festgestellt, ob der Vertreter bei Vertragsschluss überhaupt gesetzliche Vertretungsmacht oder eine Vollmacht hatte und ob die sich daraus ergebende Vertretungsmacht das Geschäft grundsätzlich abdeckt.

---

55 Palandt-*Ellenberger* § 167 Rn. 3 m.w.N; andere fordern eine Anfechtungserklärung gegenüber dem Geschäftspartner oder beiden, vgl. *Medicus/Petersen* Allgemeiner Teil des BGB Rn. 945 (hier wird eine Anfechtungserklärung gegenüber Vertreter und Geschäftspartner gefordert).

56 *Faust* BGB AT § 28 Rn. 11 ff.

57 Palandt-*Ellenberger* § 168 Rn. 1; *Medicus/Petersen* Allgemeiner Teil des BGB Rn. 943; *Faust* BGB AT § 26 Rn. 13.

58 Palandt-*Ellenberger* § 167 Rn. 5.

In der Prüfung ist nun an eine **Beschränkung der Vertretungsmacht** nach dem allgemeinen Verbot des Insichgeschäfts in § 181 zu denken. Das Verbot des § 181 schränkt sowohl die gesetzliche als auch die rechtsgeschäftliche Vertretungsmacht des Vertreters ein, mit der Folge, dass dieser beim Insichgeschäft als **Vertreter ohne Vertretungsmacht i.S.d. §§ 177, 180** gehandelt hat.[59] 71

1. Insichgeschäft

Ein Insichgeschäft liegt bei Vertragsschlüssen dann vor, wenn der Vertreter **auf beiden Seiten** tätig ist, indem er entweder selbst Vertragspartei ist und zugleich den anderen Vertragspartner vertritt (sog. **„Selbstkontrahieren"**) oder indem er auf beiden Seiten als Vertreter der Vertragsparteien (sog. **„Mehrvertretung"**) auftritt. 72

Beispiel „Selbstkontrahieren": Der Vormund des M kauft dem M eine wertvolle Uhr ab, indem er den Vertrag im eigenen Namen als Käufer und gleichzeitig als Vertreter des M in der Rolle des Verkäufers schließt. ■

Beispiel „Mehrvertretung": Der Geschäftsführer der X GmbH kauft der GmbH im Namen und mit Vollmacht seiner Frau ein Firmenfahrzeug ab, indem er den Vertrag im Namen seiner Frau als Käuferin und gleichzeitig als Geschäftsführer der X GmbH in deren Namen als Verkäuferin schließt. ■

Der Vertrag als Insichgeschäft kommt durch die Erklärungen derselben Person zustande. Das ändert aber nichts daran, dass die Erklärungen – wie sonst auch – **nach außen zutage getreten** sein müssen. Das Insichgeschäft kann sich also nicht allein gedanklich im Kopf des Vertreters abspielen.[60] 73

Der Gesetzgeber geht davon aus, dass grundsätzlich niemand die Interessen von zwei verschiedenen Personen gleichzeitig mit der gebotenen Sorgfalt und Umsicht wahrnehmen kann. Beim Insichgeschäft droht für eine Partei typischerweise ein wirtschaftlicher Nachteil, weshalb in § 181 ein generelles Verbot ausgesprochen wurde.

2. Analoge Anwendung bei Umgehungsgeschäften

Ein Vertreter könnte auf die clevere Idee kommen, den Tatbestand des § 181 zu umgehen, indem er einen weiteren Vertreter einschaltet und damit das Geschäft nicht mehr alleine vornimmt. 74

59 Palandt-*Ellenberger* § 181 Rn. 15; *Faust* BGB AT § 28 Rn. 31.
60 Palandt-*Ellenberger* § 181 Rn. 23; *Faust* BGB AT § 28 Rn. 43.

Beispiel 1 „Selbstkontrahieren": Im Beispiel oben kauft der Vormund des M dessen wertvolle Uhr ab, indem er den M in der Rolle des Verkäufers vertritt und sich selbst als Käufer von einem eigens hierfür beauftragten Stellvertreter vertreten lässt. ■

Beispiel 2 „Mehrvertretung": Der Geschäftsführer der X GmbH kauft der GmbH im Namen und mit Vollmacht seiner Frau ein Firmenfahrzeug ab, indem er bei Vertragsschluss seine Frau als Käuferin vertritt. Außerdem bevollmächtigt er als Geschäftsführer der X GmbH einen Dritten, der im Namen der Gesellschaft auf Verkäuferseite handelt. ■

Da derartige **Umgehungstatbestände** den Vertretenen im Ergebnis denselben Gefahren aussetzen wie reine Insichgeschäfte, wendet man § 181 hier analog an.[61]

75 Eine Umgehung liegt aber dann **nicht** vor, wenn der weitere Vertreter nicht eigens für dieses Geschäft eingeschaltet wurde und dem Vertretenen aufgrund **eines besonderen Grundverhältnisses selbstständig verantwortlich** ist.

Beispiel Der Geschäftsführer der X GmbH kauft der GmbH im Namen und mit Vollmacht seiner Frau ein Firmenfahrzeug ab, indem er bei Vertragsschluss seine Frau als Käuferin vertritt, während die X GmbH durch den bei ihr angestellten Prokuristen P vertreten wird. Der Prokurist ist hier in eigener Verantwortung für die Gesellschaft als seiner Arbeitgeberin tätig, so dass im Hinblick auf die arbeitsvertraglichen Pflichten gerade nicht davon auszugehen ist, die Gesellschaft werde durch ihn unsachgemäß vertreten.[62] ■

3. Ausnahmen

a) Gestattung durch Einwilligung

76 Das Verbot des Insichgeschäfts setzt nach der Formulierung in § 181 voraus, dass dem Vertreter dieses Geschäft nicht gestattet ist.

Die Gestattung kann sich zunächst aus einer **vorherigen Zustimmung (= Einwilligung gem. §§ 182, 183) des Vertretenen** ergeben.[63] Dies folgt aus dem Schutzzweck des § 181, der ja den Vertretenen vor einer unsachgemäßen Vertretung schützen will. Dem Vertretenen steht es frei, auf diesen Schutz freiwillig zu verzichten. Die Gestattung durch Einwilligung ist ein **einseitiges Rechtsgeschäft,** das durch **empfangsbedürftige Willenserklärung** gegenüber dem Vertreter vorgenommen wird, § 182 Abs. 1. Im Fall der Mehrvertretung ist nach § 182 Abs. 1 auch eine Erklärung gegenüber dem anderen Vertretenen möglich. Die Gestattung ist selbst bei Formbedürftigkeit des vom Vertreter geplanten Rechtsgeschäfts formfrei möglich, § 182 Abs. 2. Sie kann deshalb auch „konkludent" erteilt oder mit der Vollmachtserteilung verbunden werden.

Beispiel A erteilt dem V Innenvollmacht „unter Befreiung von den Beschränkungen des § 181". Darin liegt einmal eine Bevollmächtigung nach § 167 Abs. 1 Var. 1 und eine Gestattung nach §§ 182 Abs. 1, 183, Insichgeschäfte vorzunehmen. ■

77 **Bis zur Vornahme des Insichgeschäfts** ist die Gestattung **grundsätzlich widerruflich,** § 183 S. 1.

---

61 Palandt-*Ellenberger* § 181 Rn. 12; *Medicus/Petersen* Allgemeiner Teil des BGB Rn. 962; *Faust* BGB AT § 28 Rn. 38.

62 BGHZ 91, 334, 336; Palandt-*Ellenberger* § 181 Rn. 12; *Medicus/Petersen* Allgemeiner Teil des BGB Rn. 962.

63 Palandt-*Ellenberger* § 181 Rn. 17 ff.; *Medicus/Petersen* Allgemeiner Teil des BGB Rn. 957.

b) Gestattung durch Satzung bzw. Gesellschaftsvertrag

Die Mitglieder juristischer Personen oder rechtsfähiger Personengesellschaften können in ihren Satzungen bzw. Gesellschaftsverträgen bestimmen, dass ihre Organe von den Beschränkungen des § 181 befreit sind.[64] Dann gilt dies automatisch für jedes Organ und muss nicht eigens gegenüber jedem neuen Organmitglied erklärt werden. Möglich ist auch eine Regelung, dass die Befreiung im Einzelfall von dem für die Bestellung zuständigen Organ erteilt werden kann.[65] 78

c) Gestattung kraft Gesetzes

Auch durch das Gesetz werden bestimmte Insichgeschäfte gestattet. Dies geschieht zum einen außerhalb des § 181, etwa in § 1009 Abs. 2 oder in § 10 Abs. 3 BBiG. 79

Viel wichtiger ist aber die **Ausnahme in § 181 Hs. 2** für den Fall, dass das Rechtsgeschäft lediglich der **Erfüllung einer Verbindlichkeit** dient. Denn durch die Erfüllung droht dem Vertretenen in der Regel keine zusätzliche wirtschaftliche Gefahr mehr, da es lediglich um den Vollzug dessen geht, was bereits verbindlich geregelt ist. Dem Vertretenen bleibt ohnehin keine andere Wahl, als zu erfüllen. Es kann nicht mehr anders entschieden werden. Das setzt aber stets voraus, dass die Verbindlichkeit auch tatsächlich besteht. 80

Beispiel 1 Der nach dem Gesellschaftsvertrag nicht allgemein von den Beschränkungen des § 181 befreite Geschäftsführer G der X GmbH kauft der GmbH im Namen und mit Vollmacht seiner Frau F ein Firmenfahrzeug ab, indem er den Vertrag im Namen der F als Käuferin und gleichzeitig als Geschäftsführer der X GmbH in deren Namen als Verkäuferin schließt. Wenn der G den Pkw an F im Wege des Insichgeschäfts zur Erfüllung des Kaufvertrages nach § 929 übereignet, ist auch die Einigung i.S.d. § 929 S. 1 nach §§ 177 Abs. 1, 181 schwebend unwirksam. Da der Kaufvertrag wegen §§ 177 Abs. 1, 181 noch nicht wirksam ist, besteht auch noch kein vertraglicher Anspruch der F auf Übereignung. Die Übereignung des Pkw fällt dann nicht in den Anwendungsbereich der Ausnahme nach § 181 Hs. 2, so dass es beim Vertretungsverbot bleibt. ■

Beispiel 2 Wäre die F bei der Übereignung hingegen selbst im eigenen Namen aufgetreten und hätte G nur für die GmbH gehandelt, läge insoweit kein Insichgeschäft vor. Die Übereignung wäre wirksam, sofern kein sonstiger Fall des Missbrauchs der Vertretungsmacht vorliegt (dazu sogleich unter Ziff. IV). Genehmigen die Gesellschafter den nach §§ 177, 181 schwebend unwirksamen Kaufvertrag über den Pkw nicht, müsste F Eigentum und Besitz am Pkw wieder an die Gesellschaft zurückgeben (§ 812 Abs. 1 S. 1 Var. 1). Die Rückübereignung nach § 929 S. 1 könnte G nun im Wege des Insichgeschäfts nach § 181 Hs. 2 vornehmen, da damit die Verbindlichkeit der F gegenüber der Gesellschaft aus § 812 Abs. 1 S. 1 Var. 1 erfüllt wird. ■

Allerdings kann es Fälle geben, in denen allein mit dem Erfüllungsgeschäft Gefahren für den Vertretenen verbunden sind. Hier findet der Ausnahmetatbestand des § 181 Hs. 2 keine Anwendung.[66] 81

64 Palandt-*Ellenberger* § 181 Rn. 19 f.
65 Palandt-*Ellenberger* § 181 Rn. 19 f.
66 Siehe dazu im Skript „BGB AT I" unter Rn. 357 f. im Übungsfall „Fürsorgliche Schenkung".

d) Ungeschriebene Ausnahme

82 Schließlich findet § 181 dann keine Anwendung, wenn das Rechtsgeschäft für den Vertretenen rechtlich **lediglich vorteilhaft**.[67] Nach seinem Sinn und Zweck ist in diesen Fällen keine Beschränkung gerechtfertigt, da dem Vertretenen kein Nachteil droht.

Hinweis

Man nennt diese Vorgehensweise methodisch eine „teleologische Reduktion" des Tatbestandes. Sie ist das Gegenstück zur analogen Anwendung.

Beispiel Die verheirateten Eltern der 4 Jahre alten T schenken ihr zum Geburtstag eine Puppe. Da T nach §§ 104 Nr. 1, 105 Abs. 1 den Schenkungsvertrag mit ihren Eltern nicht abschließen kann, muss sie von ihren Eltern vertreten werden. Gleiches gilt für die Übereignung der Puppe nach § 929 S. 1, da eine Einigung mit T nicht zustande kommen kann. Dem Wortlaut des § 181 folgend würde das Geschenk aber „platzen": Die Eltern könnten ihre Tochter bei der Übereignung nicht vertreten, da ein Insichgeschäft (Fall des Selbstkontrahierens) vorliegt und die Ausnahme nach § 181 Hs. 2 nicht greifen kann. Der Schenkungsvertrag wäre wegen §§ 177, 181 und – wenn man § 518 Abs. 1 auch auf die vorliegende Handschenkung i.S.d. § 516 Abs. 1 bezieht[68] – auch nach §§ 125 S. 1, 518 Abs. 1 unwirksam, so dass keine Verbindlichkeit besteht, die durch die Übereignung erfüllt werden könnte! Diesen juristischen Unsinn löst man nun wie folgt auf:

Aufgrund teleologischer Reduktion des § 181 sind die Eltern bei Abschluss des Schenkungsvertrages und bei der Einigung nach § 929 S. 1 von den Beschränkungen des § 181 befreit und können beide Verträge durch Insichgeschäft mit T schließen. Der Schenkungsvertrag wäre – sofern man eine Formbedürftigkeit nach § 518 Abs. 1 bejaht – auch nicht nach §§ 125 S. 1, 518 Abs. 1 unwirksam, da der Formmangel durch Vollzug nach § 518 Abs. 2 geheilt worden ist. ■

IV. Missbrauch der Vertretungsmacht

83 Die Fallgruppen des § 181 erfassen nicht alle möglichen Gefahren, die sich für den Vertretenen aus dem Handeln eines ansonsten berechtigten Vertreters ergeben können. Deswegen will man auch in anderen Fällen zu einem Schutz des Vertretenen gelangen und seine unmittelbare Bindung an das Handeln seines Vertreters verhindern.

Möglicherweise entspricht ein Rechtsgeschäft, das der Vertreter vorgenommen hat, nicht den Bestimmungen des Grundverhältnisses zwischen ihm und dem Vertretenen. Der Vertreter handelte zwar innerhalb der ihm zustehenden Vertretungsmacht, hat dabei aber Pflichten des Grundverhältnisses verletzt. Kurz: Der Vertreter handelte **innerhalb seines rechtlichen Könnens, aber außerhalb seines rechtlichen Dürfens**.

67 Palandt-*Ellenberger* § 181 Rn. 9; *Medicus/Petersen* Allgemeiner Teil des BGB Rn. 959 ff.
68 Anders die h.M. vgl. Palandt-*Weidenkaff* § 518 Rn. 1, 4 und *Leenen* BGB AT § 4 Rn. 49.

1. Grundsatz

Nach §§ 164, 177, 180 kommt es nicht auf das Grundverhältnis an, sondern allein auf die Vertretungsmacht. Pflichtverletzungen des Vertreters allein in Bezug auf das Grundverhältnis haben damit auf die Wirksamkeit des Rechtsgeschäfts **grundsätzlich keinen Einfluss**, sondern lösen allenfalls Schadensersatzansprüche des Vertretenen gegen den Vertreter aus, insbesondere nach §§ 280 ff. 84

2. Ausnahmen

Von diesem Grundsatz macht man aber immer dann Ausnahmen, wenn der Geschäftspartner des Vertretenen nicht schutzwürdig ist und den Interessen des Vertretenen an einer Verhinderung seiner unmittelbaren Bindung durch das Vertretergeschäft der Vorzug zu geben ist. 85

a) Evidenter Missbrauch ohne Schädigungsabsicht

Wenn der Vertragspartner bei Abschluss des Vertrages den Pflichtverstoß des Vertreters im Innenverhältnis zum Vertretenen **kannte oder dieser bei Abschluss des Vertrages objektiv evident war**, erscheint er nicht schutzwürdig. Schließlich ist dem Vertragspartner in diesen Fällen ein Verstoß gegen das **Gebot von Treu und Glauben (§ 242)** anzulasten, da er sich nicht um einen direkten Kontakt mit dem Vertretenen bemüht hat, um dessen Zustimmung einzuholen. Eine objektive Evidenz ist immer dann anzunehmen, wenn sich dem Vertragspartner der Pflichtverstoß aufgrund **„massiver Verdachtsmomente aufdrängen musste"** und er den Missbrauch der Vertretungsmacht damit zumindest grob fahrlässig verkannt hat.[69] Damit will man verhindern, dass sich der Vertragspartner – mit der praktisch nicht widerlegbaren – Behauptung herausreden kann, einen Missbrauch der Vertretungsmacht tatsächlich nicht gekannt zu haben. 86

Hinweis

Nimmt der Vertreter erlaubtermaßen ein Insichgeschäft vor, kann diese Fallgruppe ebenfalls zum Tragen kommen. Nämlich dann, wenn der Vertreter als Vertragspartner (Fall des Selbstkontrahierens) bzw. als Vertreter des anderen Vertragspartners (Fall der Mehrvertretung) bösgläubig im Hinblick auf die ihm gezogenen Grenzen im Grundverhältnis zum Vertretenen war.[70]

Umstritten war bislang, ob und in welchen Fällen **der Vertreter** seinerseits in Bezug auf seine Pflichtverletzung und den damit verbundenen Missbrauch seiner Vertretungsmacht **vorsätzlich** gehandelt haben muss. 87 

Nach herrschender Ansicht kommt es auf einen **Vorsatz des Vertreters nicht an**.[71] Schließlich geht es um die Schutzwürdigkeit des Vertragspartners, die nicht vom Vorsatz des Vertreters abhängt. Entscheidend ist allein das **vorsätzliche bzw. grob fahrlässige Verhalten des Vertragspartners**.

---

69 St. Rspr. des *BGH*, z.B. Urteil vom 15.6.2004 (Az: XI ZR 220/03) unter Ziff. II 2c = NJW 2004, 2517 f.

70 Urteil des *BGH* vom 25.2.2002 (Az: II ZR 374/00) unter Ziff. II 1 = NJW 2002, 1488.

71 So ausdrücklich der *BGH* in NJW 1988, 3012, 3013 unter Ziff. III 2b; *Medicus/Petersen* Allgemeiner Teil des BGB Rn. 968; *Faust* BGB AT § 28 Rn. 25.

88 In der Vergangenheit hatte der *BGH* aber beim Missbrauch einer **im Umfang gesetzlich unbeschränkbar vorgegebenen** Vertretungsmacht **Vorsatz des Vertreters** im Hinblick auf den Missbrauch seiner Vertretungsmacht und die damit verbundenen Nachteile für den Vertretenen gefordert.[72]

Beispiele Im Umfang kraft Gesetzes unbeschränkbar vorgegeben sind beispielsweise die Vertretungsmacht der Organe einer OHG und KG (§§ 126 Abs. 2, 161 Abs. 2 HGB), einer Partnerschaftsgesellschaft (§ 7 Abs. 3 PartGG i.V.m. § 126 HGB), des Geschäftsführers einer GmbH (§ 37 Abs. 2 GmbHG), des Vorstandes einer AG (§ 82 Abs. 1 AktG) und einer Genossenschaft (§ 27 Abs. 2 GenG) oder die Vertretungsmacht des Prokuristen (§§ 49, 50 Abs. 1 HGB). ■

89 In einer jüngeren Entscheidung ist der *BGH* von diesem Erfordernis aber wieder abgerückt, so dass sich die Meinungsverschiedenheiten in diesem Punkt erledigt haben dürften.[73]

JURIQ-Klausurtipp

Die Differenzierung nach Art der missbrauchten Vertretungsmacht ist nicht plausibel, so dass die besseren Argumente **für eine einheitliche Verneinung eines Vorsatzerfordernisses** in allen Fällen sprechen. Allerdings werden kaum Fälle vorkommen, wo dem Vertreter der Missbrauch seiner Vertretungsmacht nicht bewusst, dafür dem Vertragspartner aber evident zutage getreten ist. Auf den Streit wird es in der Klausur daher kaum ankommen. Sollte es so sein, entscheiden Sie sich gegen ein Vorsatzerfordernis beim Vertreter, zumal auch der *BGH* diesen Weg wieder eingeschlagen zu haben scheint.

90 Ein evidenter Missbrauch der Vertretungsmacht führt dazu, dass der Vertrag entgegen der Regel des § 164 keine unmittelbare Wirksamkeit für und gegen den Vertretenen entfaltet. Methodisch wird dieses Ergebnis dadurch erreicht, dass dem Vertragspartner die Berufung auf die tatsächlich bestehende Vertretungsmacht nach Treu und Glauben (§ 242) wegen rechtsmissbräuchlichen Verhaltens verwehrt ist.[74] Das führt **dann zur Anwendung des § 177** und eröffnet dem Vertretenen auf diese Weise die Möglichkeit, den Vertrag doch noch zu genehmigen und damit wirksam werden zu lassen.[75]

Beispiel Die X GmbH (X) will auf einem ihrer Grundstücke ein Bürogebäude errichten lassen. Ihr Geschäftsführer G holt bei verschiedenen Architekten Angebote ein. Der Architekt A will sich den Auftrag unbedingt „sichern" und verabredet mit dem G, dass er ihm 25 000 € zahlt, wenn er ihn mit den Architektenleistungen beauftragt. Dem kann G nicht widerstehen und schließt im Namen der X mit A den (Werk-) Vertrag, der die übliche Vergütung für Architekten und eine bei Vertragsschluss zu zahlende Abschlagszahlung von 50 000 € vorsieht. Das an G zu zahlende „Schmiergeld" findet in der vertraglichen Vergütung keine Berücksichtigung, sondern wird von A „aus eigener Tasche" gezahlt. Als den Gesellschaftern der X die Bestechung des G bekannt geworden ist, berufen sie den G als Geschäftsführer ab (§§ 38 Abs. 1, 46 Nr. 5 GmbHG). Der als neuer Geschäftsführer bestellte

72 BGHZ 50, 112, 114; *BGH* NJW 1990, 384, 385 unter Ziff. 3; weitere Nachweise bei *Faust* BGB AT § 28 Rn. 25.

73 Beschluss des *BGH* vom 10.4.2006 (Az: II ZR 337/05) = NJW 2006, 2776.

74 Ausdrücklich der *BGH* in NJW 1985, 2409, 2410 unter Ziff. II 4; Palandt-*Ellenberger* § 164 Rn. 14.

75 Ausdrücklich der *BGH* in BGHZ 141, 357, 363 f. unter Ziff. II m.w.N. = NJW 1999, 2266 ff.; Palandt-*Ellenberger* § 164 Rn. 14b.

Y verlangt von A die bei Vertragsschluss geleistete Vorauszahlung in Höhe von 50 000 € aus § 812 Abs. 1 S. 1 Var. 1 zurück. Er meint, dass der Vertrag zwischen X und A nicht wirksam zustande gekommen sei.

Der Anspruch ist begründet. Zwar hat G im Namen der X einen Vertrag mit A geschlossen, der die X zur Vorauszahlung der 50 000 € verpflichtete. Der Vertrag ist jedoch nach § 177 schwebend unwirksam. Dem A ist es nach § 242 verwehrt, sich auf die im Außenverhältnis unbeschränkbare und umfassend ausgestaltete Vertretungsmacht des G nach §§ 35 Abs. 1, 37 Abs. 2 GmbHG zu berufen. Der G hatte als Geschäftsführer nach § 43 Abs. 1 GmbHG in der Auswahl des Architekten die Sorgfalt eines ordentlichen Kaufmanns anzuwenden. Dem widerspricht es, den Vertrag mit einem Architekten zu schließen, der ihn gerade bestochen und damit den Straftatbestand des § 299 Abs. 2 StGB verwirklicht hat.[76] Auch wenn mit dem Vertrag eine konkrete Schädigung der Gesellschaft nicht verbunden ist, bestand die allgemeine Pflicht, an strafbaren Handlungen nicht mitzuwirken, geschweige denn, diese selbst zu begehen (§ 299 Abs. 1 StGB). Da A vorsätzlich handelte, konnte er kein schutzwürdiges Vertrauen in das wirksame Zustandekommen des Vertrages entwickeln. Da auch G seinen Pflichten vorsätzlich zuwider handelte, kann die Frage, ob und welches Verschulden den Vertreter treffen muss, um dem Vertretenen den Einwand des Rechtsmissbrauches nach § 242 zu eröffnen, dahin gestellt bleiben.

Da die X GmbH den Vertrag in der Folge nicht genehmigt, sondern die Genehmigung mit ihrem Rückzahlungsbegehren konkludent verweigert hat, ist der Vertrag endgültig unwirksam. ■

b) Kollusion

Der Missbrauch der Vertretungsmacht kann so weit gehen, dass **Vertreter und Vertragspartner** bei Vertragsschluss **vorsätzlich und einvernehmlich** die dem Vertreter im Grundverhältnis gezogenen Grenzen überschreiten, um **dem Vertretenen „hinter seinem Rücken" Schaden zuzufügen**. Man spricht hier von einem **„kollusiven Zusammenwirken"** oder kurz von „Kollusion". Die herrschende Meinung erklärt den unter diesen Umständen geschlossenen Vertrag wegen **Verstoßes gegen die guten Sitten** kurz und bündig **nach § 138 Abs. 1 für nichtig.**[77] Vertretbar ist es methodisch aber ebenso, die Wirksamkeit des Vertrages wie oben an § 177 Abs. 1 und der regelmäßig fehlenden Genehmigung des Vertretenen scheitern zu lassen.[78] 91

Beispiel Stellen Sie sich vor, im vorstehenden Beispiel der Geschäftsführerbestechung hätten G und A ausgemacht, dass an G zu zahlende Schmiergeld in entsprechend erhöhte Architektenhonorare versteckt „einzurechnen" und damit im Ergebnis von der Gesellschaft bezahlen zu lassen. Dann folgt die Unwirksamkeit des Vertrages nach herrschender Ansicht aus § 138 Abs. 1 und nicht aus § 177. Da eine Genehmigung des Vertretenen in diesen Fällen erst recht nicht zu erwarten ist, werden sich die beiden Lösungsvarianten im Ergebnis nicht unterscheiden. ■

76 *BGH* in BGHZ 141, 357, 363 f. unter Ziff. II m.w.N. = NJW 1999, 2266 ff.

77 Urteil des *BGH* vom 14.6.2000 (Az: VIII ZR 218/99) unter Ziff. II 2 = NJW 2000, 2896, 2897 m.w.N; *BGH* NJW 1989, 26, 27; Palandt-*Ellenberger* § 164 Rn. 13; *Medicus/Petersen* Allgemeiner Teil des BGB Rn. 966; *Faust* BGB AT § 28 Rn. 24.

78 Vgl. Nachweise bei *Medicus/Petersen* Allgemeiner Teil des BGB Rn. 966.

V. Vertretungsmacht aufgrund entstandenen Rechtsscheins

PRÜFUNGSSCHEMA

92 **Vertretungsmacht kraft Rechtsscheins**

[Anknüpfungspunkt im Gutachten: Feststellung, dass weder gesetzliche Vertretungsmacht noch ausreichende Vollmacht bestand]

I. Gesetzliche Rechtsscheinstatbestände, §§ 170 ff.
- Korrigierende Auslegung des § 173 Rn. 120

II. Duldungs- und Anscheinsvollmacht
- Rechtsnatur der Duldungs- und Anscheinsvollmacht Rn. 139
- Rechtsscheinsvollmacht bei gemeinschaftlicher Vertretung Rn. 143

III. Umfang je nach Rechtsschein
- Wahlrecht des Geschäftspartners? Rn. 94 ff.

1. Wirkung der Rechtsscheinstatbestände

93 Bestehen weder gesetzliche Vertretungsmacht noch Vollmacht, kann sich aber aus besonderen Umständen immerhin der **Schein einer Vollmacht** des im fremden Namen handelnden Vertreters ergeben. Unter bestimmten Voraussetzungen behandelt man den Vertretenen dann so, als habe er dem Vertreter diejenige Vollmacht erteilt, die der Vertreter zu haben scheint. Zugunsten eines gutgläubigen Geschäftspartners wird eine **tatsächliche Vertretungsmacht des Vertreters gemäß dem gesetzten Rechtsschein fingiert**. Das, was zu sein scheint, wird als wahr behandelt. Bestand und Umfang der Vertretungsmacht richten sich nach dem gesetzten Rechtsschein.[79]

94 Umstritten ist, ob der Geschäftspartner sich auch auf die tatsächliche Lage berufen kann. Steht ihm also ein **Wahlrecht** in der Weise zu, dass er **zwischen der realen Lage** (keine Vertretungsmacht) und **der scheinbare Lage** (Vertretungsmacht) wählen kann, um sich auf die für ihn vorteilhaftere Variante zu berufen? Möglicherweise ist er ja froh, wenn ein für ihn wirtschaftlich ungünstiger Vertrag wegen tatsächlich fehlender Vertretungsmacht nun doch nicht wirksam ist (§ 177).

95 Nach einer Ansicht ist ein Wahlrecht anzunehmen, da die Grundsätze der Rechtsscheinshaftung den Dritten ja schützen wollen und dieser Gedanke sich nicht damit verträgt, ihm eine Besserstellung durch Wahl der realen Lage zu versagen.[80]

96 Nach anderer Auffassung geht ein Wahlrecht über den Zweck der Rechtsscheinstatbestände hinaus und kollidiert mit der Ausgestaltung der Vertreterhaftung aus § 179.[81] Der Geschäftspartner wird ja nur geschützt, wenn er im Vertrauen auf die scheinbare Vertretungsmacht des Vertreters den Vertrag geschlossen hat. Er geht also nicht von der realen Lage (= keine Vertretungsmacht) aus. Die Möglichkeit einer nachträglichen Berufung auf die reale Lage wäre also ein „Geschenk", das dem Geschäftspartner eine Lösung vom Vertrag auch aus ungeschützten Motiven (nachträgliche Reue) erlaubt. Außerdem könnte der Geschäftspartner

79 Palandt-*Ellenberger* § 172 Rn. 10 und 16.

80 MüKo-*Schubert* § 167 Rn. 135 ff.; *Canaris* NJW 1991, 2628 (Urteilsanmerkung); wohl auch *Faust* BGB AT § 26 Rn. 45 jeweils m.w.N.

81 *BGH* in BGHZ 86, 273 ff. unter Ziff. II 2 mit ausführlicher Begründung (sehr lesenswert!); Palandt-*Ellenberger* § 172 Rn. 17.

auf diese Weise nach seiner Wahl eine Haftung des Vertreters aus § 179 Abs. 1 oder zumindest aus § 179 Abs. 2 begründen. Der Vertreter haftet nach § 179 aber immer nur dann, wenn er seine Vertretungsmacht nicht nachweisen kann. Die Haftung des Vertreters ist nach diesem Modell also eine subsidiäre Ausfallhaftung, wenn der Nachweis ausreichender Vertretungsmacht nicht gelingt (vgl. § 179 Abs. 1).[82] Deshalb erscheint es vorzugswürdig, den Vertreter nur dann haften zu lassen, wenn er weder den Nachweis tatsächlicher Vertretungsmacht noch den Nachweis einer Rechtsscheinsvollmacht erbringen kann. Gerade wegen der Haftungsregelung in § 179 sprechen die besseren Argumente für die zweite Ansicht.

JURIQ-Klausurtipp

Beide Auffassungen sind vertretbar. Diskutiert wird das Problem überwiegend nur bei der Anscheinsvollmacht. Es stellt sich aber auch bei allen anderen Rechtsscheinstatbeständen.[83] Geht es um die in §§ 170–172 geregelten Fälle kann man sich allerdings auf den Wortlaut der Vorschriften zurückziehen, die deutlich gegen eine Wahlmöglichkeit sprechen: Dort heißt es, dass die Vollmacht „diesem gegenüber in Kraft bleibt" (§ 170), „dieser (...) zur Vertretung befugt ist" (§ 171 Abs. 1) oder „die Vertretungsmacht bestehen bleibt" (§ 171 Abs. 2 und § 172 Abs. 2).

2. Grundstruktur der Rechtsscheinstatbestände

Allen Rechtsscheinstatbeständen ist folgende Grundstruktur gemeinsam: 97

- Wir benötigen zunächst einen **Rechtsscheinstatbestand**, hier also einen Umstand, der den Anschein einer bestehenden Vollmacht erzeugt.
- Dieser Umstand („Rechtsscheinsträger") muss dem scheinbar **Vertretenen** bei wertender Betrachtung **zurechenbar** sein.
- Der **Empfänger** der Erklärung des Vertreters muss aufgrund des Rechtsscheintatbestandes **von tatsächlicher Vertretungsmacht ausgegangen** und in diesem **Vertrauen schutzwürdiger** sein als der Vertretene.

Die Rechtsscheinstatbestände sind teilweise gesetzlich geregelt. Gewohnheitsrechtlich sind aber noch weitere Tatbestände anerkannt.

Wir betrachten im Folgenden die allgemeinen Regeln. Die Besonderheiten der handelsrechtlichen Rechtsscheinstatbestände sind der Darstellung des Handelsrechts vorbehalten.[84]

Beginnen wir mit den gesetzlich in §§ 170 ff. geregelten Rechtsscheinstatbeständen.

3. Fiktion einer fortbestehenden Außenvollmacht (§§ 170, 173)

Nach § 170 bleibt die Vollmacht, die einem Dritten gegenüber erteilt wurde („Außenvollmacht"), diesem Dritten gegenüber „in Kraft, bis ihm das Erlöschen von dem Vollmachtgeber angezeigt wird." 98

Die Außenvollmacht ist hier also tatsächlich erloschen, nur hat der Dritte davon nichts mitbekommen.

82 Vgl. BGHZ 86, 273, 275 ff. unter Ziff. II 2.
83 Vgl. *Faust* BGB AT § 26 Rn. 45.
84 Siehe dazu im Skript „Handels- und Gesellschaftsrecht".

99 Wie kann das passieren?

Einmal kann dies dadurch geschehen, dass die Vollmacht vor der Vornahme des Rechtsgeschäfts durch Erlöschen des Innenverhältnisses zwischen Vertretenem oder Vertreter nach § 168 S. 1 erloschen ist. Von dem Erlöschen des Innenverhältnisses muss der Geschäftspartner nicht zwangsläufig Kenntnis bekommen, etwa wenn der Auftrag durch Erklärung gegenüber dem beauftragten Vertreter gekündigt oder angefochten wurde.

100 Außerdem kann die Außenvollmacht im Innenverhältnis widerrufen worden sein. Wie wir gesehen haben, muss der Widerruf einer Vollmacht nach § 168 S. 3 nicht zwingend gegenüber dem Empfänger der Vollmacht erfolgen. § 168 S. 3 verweist auf § 167 Abs. 1, der eine Erklärung wahlweise gegenüber dem Vertreter oder gegenüber dem Geschäftspartner zulässt. Wurde nach § 167 Abs. 1 Var. 2 die Vollmacht als Außenvollmacht durch Erklärung gegenüber dem Geschäftspartner erteilt, kann sie also auch durch Erklärung gegenüber dem Vertreter widerrufen werden. Der Geschäftspartner bekommt dann von dem Widerruf und damit vom Erlöschen der Vollmacht nichts mit.

101 Gehen wir nun die einzelnen Tatbestandsvoraussetzungen der §§ 170, 173 mit Blick auf unser Grundschema für Rechtsscheinstatbestände durch. In den Klammerzusätzen wird auf das jeweilige Rechtsscheinsprinzip verwiesen, das hinter dem konkreten Tatbestandsmerkmal steht.

JURIQ-Klausurtipp

Bei den gesetzlich geregelten Rechtsscheinstatbeständen der §§ 170 ff. gibt es in der dogmatischen Herleitung zum Teil unterschiedliche Auffassungen. Sie sollten sich hier nicht aufs Glatteis begeben, sondern sich – wie immer – treu an die gesetzliche Rechtsfolgenformulierung halten. Der Einstieg in die Prüfung der §§ 170, 173 sollte etwa folgendermaßen lauten:

„(...) V handelte bei Vertragsschluss folglich ohne wirksame Vollmacht. Möglicherweise ist die gegenüber A erteilte Außenvollmacht diesem gegenüber aber nach §§ 170, 173 bis zum Abschluss des Vertrages in Kraft geblieben. Das setzt voraus ..."

a) Wirksam erteilte Außenvollmacht vor Vornahme des Vertretergeschäfts

102 Zunächst muss der Vertretene durch Erklärung gegenüber dem Dritten eine Außenvollmacht erteilt haben. Aus der Formulierung „bleibt in Kraft" in § 170 folgt, dass die Erteilung der **Außenvollmacht** nach den allgemeinen Regeln über einseitige Rechtsgeschäfte **wirksam zustande gekommen** sein muss.[85]

b) Erlöschen der Außenvollmacht vor Vornahme des Vertretergeschäfts

103 Die Vollmacht muss nachträglich erloschen sein, sonst besteht die Außenvollmacht als solche ja fort und nicht ihr bloßer Schein. Gleichgestellt werden Fälle des teilweisen Erlöschens durch einschränkende Änderungen der Vollmacht.[86] Die Außenvollmacht scheint aus Sicht des Dritten, der vom Erlöschen keine Kenntnis hat, trotzdem noch im ursprünglich erklärten Umfang zu existieren.

85 Palandt-*Ellenberger* § 170 Rn. 1; *Faust* BGB AT § 26 Rn. 24.

86 Palandt-*Ellenberger* § 170 Rn. 2.

c) Keine Nachricht über Erlöschen der Vollmacht

Der Tatbestand des § 170 Hs. 2 verlangt weiter, dass dem Dritten das Erlöschen der Vollmacht nicht angezeigt worden sein darf. Durch eine solche Nachricht würde – bildlich gesprochen – der bisher flackernde Rechtsschein einer Außenvollmacht „ausgepustet". **104**

Die Anzeige kann entweder in einem Widerruf der Vollmacht gegenüber dem Dritten bestehen („Außenwiderruf" gem. §§ 168 S. 3, 167 Abs. 1 Var. 2) oder durch eine schlichte Benachrichtigung über das – im Innenverhältnis bereits erfolgte – Erlöschen. Anders als der „Außenwiderruf" soll die Benachrichtigung das Erlöschen nicht erst herbeiführen, sondern nur darüber berichten. Es handelt sich daher nicht um eine Willenserklärung, sondern um eine – empfangsbedürftige – geschäftsähnliche Handlung.[87] **105**

» Erinnern Sie sich noch an den Unterschied zwischen Willenserklärung und geschäftsähnlicher Handlung? Fallen Ihnen weitere Beispiele für geschäftsähnliche Handlungen ein? «

Da der Rechtsschein objektiv mit Zugang der Nachricht entfällt, kommt es nur auf den Zugang nach allgemeinen Regeln und nicht auf die tatsächliche Kenntnisnahme an.[88]

Aus der Erteilung der wirksamen Außenvollmacht und der fehlenden Information über ihr Erlöschen folgt gleichzeitig, dass der Vertretene den objektiv entstandenen Rechtsschein zurechenbar verursacht hat.[89] Das Risiko, den Dritten nicht rechtzeitig über das Erlöschen zu informieren, ist wertungsmäßig dem Vertretenen zuzuordnen. Bleibt also eine Benachrichtigung des Dritten über das Erlöschen der Außenvollmacht auf dem Postwege „stecken", so fällt die daraus folgende Ahnungslosigkeit des Dritten in das Risiko, das der Vollmachtgeber mit der Erteilung einer Außenvollmacht eingegangen ist. Wird die Aufklärung des Dritten unverschuldet vereitelt, beseitigt dies die Zurechenbarkeit des Rechtsscheins also nicht. **106**

d) Gutgläubigkeit des Dritten bei Vornahme des Rechtsgeschäfts, § 173

Die Rechtsscheinswirkung des § 170 findet gem. § 173 keine Anwendung, wenn der Dritte das Erlöschen der Vertretungsmacht bei der Vornahme des Rechtsgeschäfts kennt oder kennen muss. Der Dritte hat dann zum maßgeblichen Zeitpunkt kein schutzwürdiges Vertrauen entwickelt. Wurde der Dritte seinerseits vertreten, muss er sich die Kenntnis oder fahrlässige Unkenntnis seines Vertreters nach § 166 Abs. 1 zurechnen lassen. **107**

Aus der Formulierung des § 173 folgt zunächst indirekt, dass der Geschäftspartner **von der Außenvollmacht tatsächlich Kenntnis** erlangt haben muss.[90] Dies wird allerdings vermutet, so dass der Vertretene den Nachweis fehlender Kenntnis zu erbringen hat.[91] **108**

Hinweis

Die auf Erteilung einer Außenvollmacht gerichtete Erklärung erfordert bei Abgabe unter Abwesenden nach den allgemeinen Zugangsregeln keine tatsächliche Kenntnisnahme, so dass trotz fehlender Kenntnis des Geschäftspartners eine wirksam erteilte Außenvollmacht vorliegen kann.

---

87 Palandt-*Ellenberger* § 170 Rn. 2; zur geschäftsähnlichen Handlung siehe Skript „BGB AT I" unter Rn. 72 f.
88 Palandt-*Ellenberger* § 170 Rn. 2.
89 *Faust* BGB AT § 26 Rn. 25.
90 *Faust* BGB AT § 26 Rn. 26, 27.
91 Palandt-*Ellenberger* § 173 Rn. 2 a.E.; *Faust* BGB AT § 26 Rn. 27.

109 Die Definition des „Kennenmüssens" finden wir in **§ 122 Abs. 2**. Gemeint ist damit also Unkenntnis infolge von Fahrlässigkeit.

Bei § 173 kommt es nicht auf die Kenntnis oder das Kennenmüssen der den Mangel der Vertretungsmacht begründenden Umstände an, sondern getreu dem Wortlaut nur auf die **Kenntnis oder das Kennenmüssen der fehlenden Vertretungsmacht** selbst.[92] Unverschuldete Rechtsirrtümer entlasten den Dritten, insbesondere bei einer Nichtigkeit der Vollmacht wegen Verstoßes gegen ein Verbotsgesetz.[93] **Bei später wirksam erfolgter Anfechtung** der Außenvollmacht genügt es nach **§ 142 Abs. 2**, wenn der Dritte die **Anfechtbarkeit** der Vollmacht kannte oder kennen musste.

Hinweis

Hat auch auf Seiten des Dritten ein Vertreter das Rechtsgeschäft vorgenommen, so kommt es für die Anwendung des § 173 nach § 166 Abs. 1 auf die Kenntnis oder das Kennenmüssen des Vertreters des Dritten an.[94]

110 Der Dritte bzw. dessen Vertreter bleibt allerdings nur dann fahrlässig in Unkenntnis, wenn er konkreten Anlass hatte Nachforschungen anzustellen. Grundsätzlich darf er darauf vertrauen, dass der (Außen-)Vollmachtgeber ihn rechtzeitig über das Erlöschen der Vollmacht informieren wird.[95]

---

92 Urteil des *BGH* vom 2.12.2003 (Az: XI ZR 53/02) unter Ziff. III 1 = NJW-RR 2004, 632.

93 Urteil des *BGH* vom 2.12.2003 (Az: XI ZR 53/02) unter Ziff. III 1 = NJW-RR 2004, 632 zur Nichtigkeit einer einem Treuhänder erteilten Vollmacht nach § 134 BGB wegen Verstoßes gegen das Rechtsberatungsgesetz.

94 *BGH* NJW 1989, 2879, 2880 unter Ziff. II 3.

95 St. Rspr. des *BGH*, z.B. Urteil des *BGH* vom 25.4.2006 (Az: XI ZR 219/04) unter Ziff. II 1 b bb (3) = NJW 2006, 1957 ff.; *Faust* BGB AT § 26 Rn. 28.

e) Übungsfall Nr. 2

„Block-Buster" 111

Die Rechtsanwaltskanzlei „K & Partner" (K), eine eingetragene Partnerschaftsgesellschaft, schließt mit dem Händler Heinrich Hansen (H) einen Rahmenvertrag, der die Lieferung von Büromaterial durch den H zum Gegenstand hat. Darin ist vorgesehen, dass die Bürovorsteherin Valérie Vogel (V) für die Partnerschaft Bestellungen bei H tätigen darf.

Aufgrund diverser Fehler der V weist ein Partner der K, der Peter Paulsen (P), die V in der Folge an, Einkäufe in der Zukunft nur noch mit seiner Zustimmung vorzunehmen.

V steht mit P „auf Kriegsfuß" und ist dessen Gängeleien satt. Als 100 neue Schreibblöcke angeschafft werden müssen, verhandelt V ohne Zustimmung des P mit Matthias Mundvoll (M), einem bei H angestellten Verkäufer, Ausstattung und Preise der Blöcke. M weist die V auf die neue „Block-Buster-Aktion" hin, aufgrund der er deutlich höhere Rabatte bei Mengen ab 250 Stück geben könne. V teilt dem M demgegenüber mit, dass sie nur 100 Blöcke einkaufen soll. Da M die V auf die tatsächlich günstigen Rabatte aufmerksam macht und meint, die K werde doch ohnehin in absehbarer Zeit weitere Blöcke benötigen, gibt V nach. Sie einigt sich im Namen der K mit M auf einen Kaufvertrag über 250 Blöcke zu einem Preis von 200 €.

P ist über das eigenmächtige Handeln der V entsetzt und lehnt im Namen der K jegliche Zahlung und Abnahme ab.

Muss K trotzdem die 250 Blöcke bezahlen und abnehmen?

Lösung 112

Dem H könnte gegen K ein Anspruch auf Zahlung des Kaufpreises und Abnahme der 250 Blöcke aus einem mit K geschlossenen Kaufvertrag gem. § 433 Abs. 2 zustehen.

1. Abschluss eines Kaufvertrages zwischen H und K

Ein solcher Anspruch setzt zunächst das Zustandekommen eines Kaufvertrages zwischen H und K voraus.

K ist als eingetragene Partnerschaftsgesellschaft gem. § 7 Abs. 1, Abs. 2 PartGG i.V.m. § 124 HGB rechtsfähig und kann daher aus einem Kaufvertrag berechtigt und verpflichtet werden.

V und M haben sich auf den Abschluss eines Kaufvertrages über 250 Blöcke zu einem Preis von 200 € geeinigt. Aus der Erklärung der V ergab sich für den M, dass nicht sie selbst, sondern die K als Käuferin Vertragspartner werden sollte. Aus den Umständen ergab sich außerdem, dass M mit seiner Erklärung ebenfalls nicht sich persönlich, sondern seinen Arbeitgeber H als Verkäufer verpflichten wollte. Damit ist ein Kaufvertrag zwischen K und H zustande gekommen. Davon zu trennen ist die Frage, ob der Vertragsschluss auch wirksam ist.[96]

2. Wirksamkeit nach §§ 164, 177 Abs. 1

Wenn ein Vertrag wie hier durch Vertreter geschlossen wird, kann er für und gegen die vertretenen Vertragspartner nach §§ 164, 177 Abs. 1 Wirkungen nur entfalten, wenn die Vertreter bei Vertragsschluss innerhalb der ihnen zustehenden Vertretungsmacht gehandelt haben oder die Vertragspartner den Vertragsschluss genehmigen.

a) Vertretungsmacht des M

M handelte bei Vertragsschluss als angestellter Verkäufer des H und verfügte damit über eine durch seine Anstellung als Verkäufer für den Abschluss von Kaufverträgen erteilte Innenvollmacht gem. § 167 Abs. 1 Var. 1. Beschränkungen dieser Vollmacht ergeben sich aus dem Sachverhalt nicht.[97]

96 Zum Aufbau siehe Rn. 15 ff.

97 Sie wären überdies gem. § 54 Abs. 3 HGB im vorliegenden Fall unbeachtlich.

b) Vertretungsmacht der V

Der V war zunächst dadurch eine Vollmacht für das vorliegende Geschäft erteilt worden, dass seitens K in dem mit H geschlossenen Rahmenvertrag erklärt wurde, V dürfe im Namen der K Bestellungen bei H vornehmen. Gem. § 167 Abs. 1 Var. 2 kann eine Vollmacht auch im Außenverhältnis gegenüber Dritten als „Außenvollmacht" erteilt werden. Von der Wirksamkeit des Rahmenvertrages ist vorliegend auszugehen. Aus Sicht des Erklärungsempfängers ergaben sich dabei keinerlei Einschränkungen der Vollmacht, insbesondere keine Zustimmungsvorbehalte.

Diese unbeschränkte Außenvollmacht könnte nachträglich erloschen sein, indem der P durch Erklärung gegenüber V die Zulässigkeit weiterer Einkäufe im Namen der K von seiner Zustimmung abhängig machte. Darin könnte ein Widerruf der Außenvollmacht zu sehen sein. Wie sich aus §§ 168 S. 3, 167 Abs. 1 ergibt, kann die Außenvollmacht auch im Innenverhältnis durch Erklärung gegenüber dem Vertreter ganz oder teilweise widerrufen werden. Der Widerruf ist auch nicht gem. § 180 S. 1 unwirksam, da P als Organ der Partnerschaftsgesellschaft nach § 7 Abs. 3 PartGG i.V.m. § 125 Abs. 1 HGB zur alleinigen Vertretung der K befugt ist.

Da der Kaufvertrag ohne Zustimmung des P geschlossen wurde, liegt auf den ersten Blick ein nach § 177 Abs. 1 unwirksamer Vertragsschluss vor.

Möglicherweise ist die im Rahmenvertrag erteilte Außenvollmacht aber nach §§ 170, 173 gegenüber H in Kraft geblieben. Vor Abschluss des Vertrages wurden weder H noch M auf den nachträglichen Widerruf der Außenvollmacht hingewiesen. Allerdings bleibt die Außenvollmacht nur gegenüber denjenigen Personen in Kraft, die bei Vornahme des Rechtsgeschäfts im Hinblick auf die Vertretungsmacht gem. § 173 in gutem Glauben sind. H selbst hatte keinerlei Kenntnis von dem nachträglichen Widerruf der zunächst unbeschränkten Außenvollmacht und musste dies mangels greifbarer Anhaltspunkte auch nicht kennen. Allerdings kommt es nach § 166 Abs. 1 im vorliegenden Fall nicht auf seinen Kenntnisstand an, da er den Kaufvertrag nicht abgeschlossen hat, sondern auf seinen Vertreter M. Dieser wusste anhand der Äußerungen der V, dass V zumindest im Hinblick auf die zu bestellende Menge internen Bindungen unterlag. Dieser Hinweis hätte Anlass gegeben, sich über die Reichweite der Vollmacht von V weiter zu informieren. M blieb daher zumindest fahrlässig in Unkenntnis über die fehlende Vertretungsmacht der V. In seiner Person ist damit der Ausnahmetatbestand des § 173 erfüllt, was sich der H nach § 166 Abs. 1 zurechnen lassen muss.

Ein fingiertes Fortbestehen der Außenvollmacht nach § 170 scheidet damit aus.

3. Ergebnis

Zwischen K und H ist folglich kein wirksamer Kaufvertrag über die 250 Blöcke zustande gekommen, so dass dem H gegen die K kein Anspruch auf Zahlung des Kaufpreises und Abnahme der Blöcke zusteht.

4. Fiktion einer kundgegebenen Innenvollmacht (§§ 171, 173)

Die Rechtsscheinstatbestände der §§ 171, 173 knüpfen nicht an eine wirksam erteilte Außenvollmacht, sondern an die **Kundgabe einer Innenvollmacht** an.[98] Die Grenzen zu § 170 sind fließend. 113

Beispiel 1 A sagt dem B, er habe den V bevollmächtigt: § 171 Abs. 1 ■

Beispiel 2 A sagt dem B, er bevollmächtige den V: § 170. ■

Beispiel 3 A sagt dem B, der V „sei in Zukunft sein Vertreter": beide Varianten denkbar, die Auslegung nach §§ 133, 157 entscheidet. ■

JURIQ-Klausurtipp

Der Einstieg in die Prüfung der §§ 171, 173 könnte folgendermaßen lauten:

„(…) V handelte bei Abschluss des Vertrages mit A folglich ohne wirksame Vollmacht des B. Möglicherweise ist V dem A gegenüber aber nach §§ 171, 173 aufgrund einer entsprechenden Mitteilung des B zu dessen Vertretung bei Abschluss des Vertrages befugt gewesen. Das setzt voraus …"

Gehen wir wieder die einzelnen Tatbestandsmerkmale mit Blick auf die Rechtsscheinsprinzipien durch.

a) Kundgabe einer so nicht bestehenden Innenvollmacht

Die Kundgabe der Innenvollmacht („Rechtsscheinstatbestand") kann nach § 171 Abs. 1 entweder dadurch geschehen, dass der Vertretene einen bestimmten Dritten über die Erteilung einer Bevollmächtigung des Vertreters informiert oder die Öffentlichkeit, also einen unbestimmten Personenkreis, z.B. durch Aushänge. 114

Die Kundgabe ist eine geschäftsähnliche Handlung, auf die die Vorschriften über Willenserklärungen entsprechende Anwendung finden. Sie ist also anfechtbar und setzt Geschäftsfähigkeit des Kundgebenden voraus.[99] 115

Solange die kundgegebene Innenvollmacht tatsächlich besteht, ist die Nachricht richtig. Es liegt gar kein Rechtsscheinstatbestand vor. § 171 setzt daher voraus, dass die kundgegebene Innenvollmacht bei Vornahme des Vertretergeschäfts **gar nicht oder zumindest nicht im kundgegebenen Umfang** besteht. Sie kann nie erteilt, anfänglich nichtig oder nachträglich erloschen sein.[100] 116

b) Kein Widerruf der Kundgabe vor Vornahme des Vertretergeschäfts, § 171 Abs. 2

Aus § 171 Abs. 2 folgt weiter, dass der durch Kundgabe geschaffene Rechtsschein **nicht durch einen Gegenakt**[101] **in derselben Weise** widerrufen worden sein darf. Hier kommt es 117

98 Palandt-*Ellenberger* § 171 Rn. 2.

99 Palandt-*Ellenberger* § 171 Rn. 1; *Medicus/Petersen* Allgemeiner Teil des BGB Rn. 947.

100 Urteil des *BGH* vom 21.6.2005 (Az: XI ZR 88/04) unter Ziff. II 2b aa = NJW 2005, 2985; Palandt-*Ellenberger* § 171 Rn. 2.

101 Lateinisch: „actus contrarius".

nur auf den Vollzug des Widerrufs, aber nicht auf die tatsächliche Kenntnisnahme an.[102] Im Fall des Widerrufs einer Kundgabe gegenüber einem bestimmten Dritten genügt also allein der Zugang nach allgemeinen Regeln.

118 Aus der **Kundgabe der wirksamen Innenvollmacht** folgt gleichzeitig, dass der Vertretene den objektiv entstandenen Rechtsschein zurechenbar verursacht hat.[103] Die Kundgabe gleicht insoweit der Erteilung einer Außenvollmacht nach § 170. Das Risiko, den Dritten nicht rechtzeitig über das Erlöschen zu informieren, ist wie bei § 170 dem Vertretenen zuzuordnen.

JURIQ-Klausurtipp

Da die Zurechenbarkeit bereits aus den Tatbestandsmerkmalen des § 171 folgt, müssen Sie diese in der Klausur nicht als eigenen Prüfungspunkt erwähnen. Es geht hier nur darum, Ihnen die Wiederkehr der allgemeinen Rechtsscheinsprinzipien zu verdeutlichen.

c) Gutgläubigkeit des Dritten bei Vornahme des Rechtsgeschäfts mit dem Vertreter, § 173

119 Im Fall des § 171 ist der Dritte wie im Fall der §§ 170, 173 nur schutzwürdig, wenn er vom Kundgabeakt **tatsächlich Kenntnis** erlangt hat, was allerdings vermutet wird.[104]

Beispiel A hat dem Händler H geschrieben, er fahre zur Kur und habe deshalb den V bevollmächtigt, Einkäufe in seinem Namen vorzunehmen. Der Brief geht dem H zu, bleibt dort aber ungeöffnet liegen. V kauft später bei H im Namen des A einen Fernseher. A teilt dem H nach seiner Rückkehr mit, er genehmige den Kaufvertrag nicht, da er die Vollmacht des V vor dem Kauf des Fernsehers widerrufen und V somit keine Vertretungsmacht mehr gehabt habe. H findet nun den alten Brief des A und hält dem A dessen Inhalt triumphierend entgegen.

Der Triumph des H ist unberechtigt, da er den Kaufvertrag in Unkenntnis der im Brief enthaltenen Kundgabe geschlossen hat und deshalb kein schutzwürdiges Vertrauen auf eine Vollmacht des V entwickeln konnte. Aber: A müsste die fehlende Kenntnis des H in einem Prozess beweisen, was praktisch kaum möglich ist. ■

120 Wenn Sie § 173 genau durchlesen, stoßen Sie auf eine Ungereimtheit. Die Vorschrift nimmt keinen Bezug auf § 171 Abs. 1. Wenn die Kundgabe nicht nach § 171 Abs. 2 widerrufen wird, käme danach also auch derjenige Geschäftspartner in den Genuss der Wirkung des § 171 Abs. 1, der **die Unrichtigkeit der Kundgabe kannte oder kennen musste.** Das wird allgemein als Redaktionsversehen gewertet, so dass § 173 auch auf diesen Fall anzuwenden ist.[105]

Im Übrigen gelten die oben unter Rn. 107 ff. zu § 173 gemachten Ausführungen entsprechend.

102 Palandt-*Ellenberger* § 171 Rn. 2.
103 *Faust* BGB AT § 26 Rn. 25.
104 Palandt-*Ellenberger*, § 171 Rn. 2; *Faust* BGB AT § 26 Rn. 26.
105 *Medicus/Petersen* Allgemeiner Teil des BGB, Rn. 946; *Faust* BGB AT, § 26 Rn. 32.

5. Fiktion einer durch Urkunde belegten Innenvollmacht (§§ 172, 173)

Die Rechtsscheinstatbestände der §§ 172, 173 betreffen einen besonderen Fall der Kundgabe einer Innenvollmacht. § 172 knüpft an die Kundgabe einer **Innenvollmacht** durch **Vorlage einer Vollmachtsurkunde durch den Vertreter** an.[106] Da der Vollmachtgeber seine Vollmachtsurkunde bei Erlöschen der Vollmacht nach **§ 175 zurückfordern** kann, scheint die Vollmacht aus Sicht des Dritten im Fall des § 172 noch nicht erloschen zu sein. Sonst könnte der Vertreter die Urkunde dem Dritten ja nicht vorlegen, sondern hätte sie längst dem Vollmachtgeber wieder zurückgeben müssen. 121

JURIQ-Klausurtipp

Den Einstieg in die Prüfung der §§ 172, 173 könnten Sie wie folgt „anmoderieren":

„(…) V handelte bei Abschluss des Vertrages mit A folglich ohne wirksame Vollmacht des B. Möglicherweise ist V dem A gegenüber aber nach §§ 172, 173 aufgrund der von ihm vorgelegten Urkunde des B zu dessen Vertretung bei Abschluss des Vertrages befugt gewesen. Das setzt voraus …"

a) Vorlage einer Vollmachtsurkunde durch den Vertreter vor oder bei Vornahme des Rechtsgeschäfts

Nach § 172 Abs. 1 wird der Rechtsschein bestehender Innenvollmacht durch Vorlage der Urkunde erzeugt, die der Vertretene **als Aussteller der Urkunde** dem Vertreter ausgehändigt hat. 122

Der Vertreter muss also spätestens **bei Vornahme des Rechtsgeschäfts** die Originalurkunde vorgelegt haben. Eine nachträgliche Vorlage der Urkunde kann ein schutzwürdiges Vertrauen des Geschäftspartners in die Vertretungsmacht des handelnden Vertreters nicht mehr begründen. Es gilt auch hier nichts anderes als bei §§ 170, 171, wo der Rechtsscheinstatbestand bei Vornahme des Rechtsgeschäfts vorliegen muss.[107]

Beispiel Vertreter V schließt im Namen und Auftrag des A einen Darlehensvertrag mit der B Bank. Angenommen, sowohl Auftrag als auch Vollmacht wären nach § 134 wegen Verstoßes gegen ein Verbotsgesetz nichtig. Wenn V der Bank nach Abschluss des Darlehensvertrages, aber vor Auszahlung des Darlehens noch eine von A unterzeichnete Vollmacht vorlegt, führt das nicht zur Anwendbarkeit von §§ 172, 173. Die Vorlage ist zu spät erfolgt. Der Darlehensvertrag ist nach § 177 unwirksam.[108] ■

Der Geschäftspartner soll darauf vertrauen können, dass die ihm vorgelegte Urkunde dem Vertreter zum Zwecke des Vollmachtsnachweises überlassen wurde und demnach eine Bevollmächtigung in diesem Umfang besteht. Dieses Vertrauen kann aber nur entstehen, wenn dem Dritten eine **vom Vertretenen ausgestellte Originalurkunde** vorgelegt wird, die die **Unterschrift (§ 126)** oder ein **beglaubigtes Handzeichen (§ 129) des Vertretenen** trägt.[109] **Kopien genügen nicht**, da Kopien von jedermann hergestellt werden können und daher nichts über den Verbleib der Originalurkunde und den Fortbestand der Vollmacht 123

106 Palandt-*Ellenberger* § 172 Rn. 1.

107 *BGH* Urteil vom 27.5.2008 (Az: XI ZR 149/07) unter Ziff. II 3a; Palandt-*Ellenberger* § 172 Rn. 3.

108 *BGH* Urteil vom 27.5.2008 (Az: XI ZR 149/07) unter Ziff. II 3a.

109 Palandt-*Ellenberger* § 172 Rn. 2.

besagen.[110] Aus einer Kopie geht allenfalls hervor, dass der Vertreter einmal mit Vollmacht ausgestattet war, aber nicht, dass er sie aktuell noch besitzt. Der Vertretene könnte die Originalurkunde ja zwischenzeitlich wegen Erlöschens der Vollmacht nach § 175 zurückgefordert und wieder erhalten haben.

Allerdings genügen Durchschriften („Blaupausen"), wenn es an dem Charakter einer Durchschrift keine Zweifel gibt. Der Aussteller wollte damit ja ein zweites Original herstellen.[111] Gleiches gilt für Ausfertigungen einer notariell beurkundeten Vollmacht i.S.d. § 47 BeurkG.[112]

124 Der Vertreter **legt die Urkunde vor** i.S.d. § 172 Abs. 1, wenn er sie dem Dritten **zur sinnlichen Wahrnehmung unmittelbar zugänglich** macht.[113] Verweise auf eine bei Abschluss nicht unmittelbar verfügbare Urkunde genügen nicht.[114] Eine **tatsächliche Einsichtnahme** des Dritten ist nach § 172 Abs. 1 hingegen **nicht erforderlich**. Der Dritte handelt insofern auf eigenes Risiko, wenn er keine Einsicht nimmt. Decken sich seine Vorstellungen vom Inhalt der Urkunde mit deren tatsächlichen Inhalt, ist er schutzwürdig. Aufgrund der Vorlage einer Urkunde wurde das vom Vertreter (konkludent) behauptete Bestehen ausreichender Vertretungsmacht erhärtet. Hat die Urkunde aber einen ganz anderen Inhalt, rächt sich sein Vertrauen in das Auftreten des Vertreters. Mangels objektiven Rechtsscheins kommt keine Zurechnung nach §§ 172, 173 in Betracht.

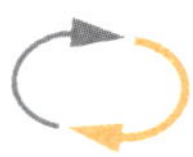

Eine Vollmachtsurkunde wird **vorgelegt i.S.d. § 172 Abs. 1**, wenn der Vertreter dem Geschäftspartner das Original, eine Durchschrift oder notariell beurkundete Ausfertigung der Urkunde bei Vornahme des Rechtsgeschäfts so zugänglich macht, dass dieser in die Lage versetzt wird, sich unmittelbar Kenntnis von ihrem Inhalt zu verschaffen.

Beispiel V will im Namen des A einen Grundstückskaufvertrag mit B schließen, der vom Notar N notariell beurkundet werden soll. Die von A dafür zuvor erteilte Vollmacht liegt dem N bereits vor, da er sie selbst beurkundet hatte. V schließt nun den Kaufvertrag mit B im Namen des A und verweist im Notartermin bei N auf die von N beurkundete Vollmacht des A. Allerdings hatte A die Vollmacht zwischenzeitlich intern widerrufen. B lässt sich die Urkunde nicht zeigen. Trotzdem kommen §§ 172, 173 zur Anwendung. B konnte im Notartermin jederzeit die Vollmacht des A einsehen. Es wäre unsinnig zu verlangen, dass N die Urkunde aus seinem Aktenschrank hätte holen müssen.[115] Es stellte sich ansonsten die (noch unsinnigere) Frage, wie weit entfernt von B die Urkunde hätte platziert sein müssen, um von einer „Vorlage" sprechen zu können. ■

125 Sofern die kundgegebene Innenvollmacht tatsächlich besteht, ist die Urkunde richtig. Es liegt gar kein Rechtsscheinstatbestand vor. § 172 setzt daher voraus, dass die kundgegebene Innenvollmacht bei Vornahme des Vertretergeschäfts **gar nicht oder zumindest nicht im**

110 *BGH* Urteil vom 25.4.2006 (Az: XI ZR 219/04) Tz. 24 = NJW 2006, 1957 ff.; Palandt-*Ellenberger* § 172 Rn. 3; *Faust* BGB AT § 26 Rn. 33.

111 Urteil des *BGH* vom 25.4.2006 (Az: XI ZR 219/04) Tz. 23 f. = NJW 2006, 1957 ff.

112 *BGH* NJW 1988, 697, 698 unter Ziff. B I 2c.

113 *BGH* NJW 1988, 697, 698 unter Ziff. B I 2c; Palandt-*Ellenberger* § 172 Rn. 3; *Faust* BGB AT § 26 Rn. 33.

114 *BGH* NJW 1988, 697, 698 unter Ziff. B I 2c; Palandt-*Ellenberger* § 172 Rn. 3; *Faust* BGB AT § 26 Rn. 33.

115 *BGH* in BGHZ 76, 76, 78 f.

kundgegebenen Umfang besteht. Sie kann wie bei § 171 Abs. 1 nie erteilt, anfänglich nichtig oder nachträglich erloschen sein.[116]

Da die Vorlage der Urkunde die Erteilung einer Außenvollmacht ersetzt, darf sie den Vertretenen nicht stärker binden als eine von ihm erteilte Außenvollmacht. Die Wirkung des § 171 Abs. 1 setzt daher **Geschäftsfähigkeit des Ausstellers im Zeitpunkt der Vorlage** voraus.[117] Die Wirkung der Vorlage nach § 172 Abs. 1 ist außerdem wegen Willensmängeln bei Herstellung der Urkunde nach §§ 119 ff. durch Erklärung gegenüber dem Geschäftspartner anfechtbar.[118] 126

Beispiel A bevollmächtigt den V, für ihn einen Pkw zu erwerben. A will für das Fahrzeug maximal 1000 € investieren. Er händigt dem V eine schriftliche Vollmachtsurkunde aus. Bei Anfertigung dieser Urkunde hat er sich aber verschrieben. Nach dem Wortlaut der Urkunde wird V – der von den abweichenden Vorstellungen des A nichts weiß – bevollmächtigt, einen Pkw für maximal 2000 € im Namen des A zu erwerben. A widerruft die Vollmacht in einem an V gerichteten Brief wegen des Schreibfehlers und fordert die Urkunde zurück. Der Brief bleibt bei V ungeöffnet liegen.

» Vergleichen Sie den Fall jetzt noch einmal mit der Situation ohne Vorlage der Urkunde oben unter Rn. 65. «

V schließt in der Folge im Namen des A einen Kaufvertrag mit B über einen Pkw zum Preis von 1800 €. Dabei legt V dem B die Vollmachtsurkunde des A vor.

Hier ist die Vollmacht wirksam widerrufen worden, da die Widerrufserklärung dem V als möglichem Empfänger (§§ 168 S. 3, 167 Abs. 1) gem. § 130 Abs. 1 S. 1 zugegangen und damit wirksam geworden ist. Auf eine tatsächliche Kenntnisnahme des V kommt es nicht an. Entscheidend ist vielmehr, dass dem V eine Kenntnisnahme vom Inhalt des ihm zugestellten Briefs möglich gewesen ist. Da die Widerrufserklärung dem V vor Abschluss des Kaufvertrages mit B zugegangen ist, handelte V bei Vertragsschluss ohne Vollmacht. Der Kaufvertrag wirkt dennoch unmittelbar für und gegen A, da die dem V erteilte Vollmacht gegenüber dem gutgläubigen B nach §§ 172, 173 wegen Vorlage der Originalurkunde bestehen geblieben ist. Die Rückforderung als solche beseitigt den durch Vorlage geschaffenen Rechtsschein nicht, wie sich aus § 172 Abs. 2 ergibt. Da A an die Vorlage der Urkunde und die damit verbundenen Wirkungen aber nicht stärker gebunden sein kann, als an eine dem B gegenüber erklärte Außenvollmacht, kann er die mit der Vorlage verbundenen Wirkungen durch Anfechtung gegenüber B analog §§ 119 Abs. 1 Fall 1, 121 Abs. 1, 143 Abs. 3 S. 1 beseitigen. Er haftet dann dem B aus § 122 analog. ■

b) Keine Rückgabe oder Kraftloserklärung der Urkunde vor Vornahme des Vertretergeschäfts, § 172 Abs. 2

Der objektive Rechtsscheinstatbestand entfällt gem. § 172 Abs. 2 erst mit Rückgabe der Urkunde oder Kraftloserklärung nach § 176. 127

116 *BGH* Urteil vom 21.6.2005 (Az: XI ZR 88/04) unter Ziff. II 2b aa = NJW 2005, 2985; Palandt-*Ellenberger* § 172 Rn. 1.

117 Palandt-*Ellenberger* § 172 Rn. 1.

118 Palandt-*Ellenberger* § 172 Rn. 1.

c) Aushändigung der Vollmachtsurkunde an Vertreter

128 Die Zurechenbarkeit des durch Vorlage der Urkunde geschaffenen Rechtsscheins ergibt sich daraus, dass der Vertretene dem Vertreter die Urkunde **ausgehändigt** hat.[119]

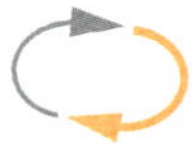

Unter **Aushändigen** versteht man eine willentliche Übergabe der Urkunde.

129 An **abhanden gekommenen Urkunden**, also solchen Urkunden, die ohne den Willen des Ausstellers in den Besitz des Vertreters gelangt sind, knüpft der Tatbestand des § 172 mangels Zurechenbarkeit **nicht** an.[120]

Beispiel A will seiner Freundin F eine Vollmacht zum Abschluss eines Mobilfunkvertrages in seinem Namen erteilen, da er selbst für längere Zeit verreisen muss. Er bereitet alles vor und unterschreibt die auf F lautende Vollmachtsurkunde. Er will sich die Sache nun aber doch noch einmal überlegen und lässt die Urkunde auf seinem Schreibtisch liegen. In seiner Abwesenheit nimmt F die Urkunde und schließt im Namen des A unter Vorlage der Urkunde den Vertrag mit der Mobilfunkanbieterin M AG.

Der Vertrag ist hier nach §§ 164, 177 schwebend unwirksam. A hatte eine Vollmachtserklärung noch gar nicht vollständig abgegeben, so dass keine Innenvollmacht nach § 167 Abs. 1 Var. 1 entstehen konnte.[121] A hatte der F die Urkunde außerdem nicht i.S.d. § 172 Abs. 1 ausgehändigt. Vielmehr hatte sie sich den Besitz eigenmächtig ohne seine Zustimmung verschafft. ■

d) Gutgläubigkeit des Dritten bei Vornahme des Rechtsgeschäfts mit dem Vertreter, § 173

130 Hier stellt sich zunächst das gleiche Problem wie im Fall des § 171. § 173 nimmt keinen Bezug auf § 172 Abs. 1. Wenn die Urkunde nicht nach § 172 Abs. 2 zurückgegeben oder für kraftlos erklärt wird, käme danach auch derjenige Geschäftspartner in den Genuss der Wirkung des § 172 Abs. 1, der die Unrichtigkeit der Urkunde kannte oder kennen musste. Wie im Fall des § 172 Abs. 1 wird § 173 auch hier durch analoge Anwendung korrigiert.[122] Der Dritte ist also auch dann nicht schutzwürdig, wenn er die Unrichtigkeit der Vollmachtsurkunde bereits bei Vorlage kannte oder kennen musste.

131 Da § 172 keine Einsichtnahme der Urkunde verlangt, kann die Schutzwürdigkeit des Dritten nicht damit verneint werden, mangels Einsichtnahme habe sich kein schutzwürdiges Vertrauen bilden können.[123] Die durch Vorlage geschaffene Möglichkeit der Einsichtnahme wird vom Gesetz als ausreichender Anknüpfungspunkt für das schutzwürdige Vertrauen angesehen.

---

119 *Faust* BGB AT § 26 Rn. 30.
120 Palandt-*Ellenberger* § 172 Rn. 2; *Faust* BGB AT § 26 Rn. 35.
121 Siehe dazu das Skript „BGB AT I“ unter Rn. 119 ff.
122 *Medicus/Petersen* Allgemeiner Teil des BGB Rn. 946; *Faust* BGB AT § 26 Rn. 37.
123 *BGH* Urteil vom 25.4.2006 (Az: XI ZR 219/04) Tz. 30 = NJW 2006, 1957 ff.; Palandt-*Ellenberger* § 172 Rn. 3.

6. Duldungs- und Anscheinsvollmacht

132

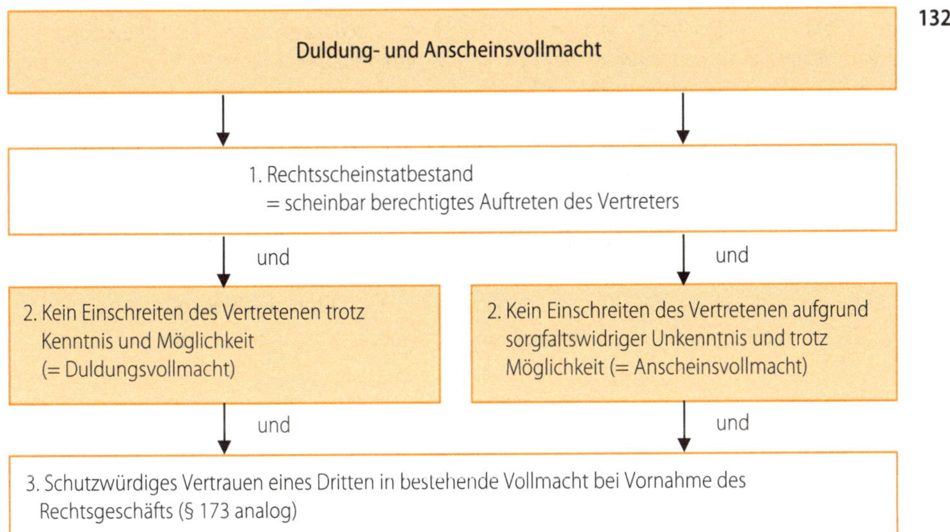

Die Rechtsscheinstatbestände der §§ 170 ff. und des HGB hat man als unzureichend empfunden, da es weitere Rechtsscheinsmomente geben kann, die nicht unter die gesetzlichen Tatbestände fallen. Deshalb haben sich zwei weitere ungeschriebene Rechtsscheinstatbestände herausgebildet, die heute **gewohnheitsrechtlich anerkannt** sind:[124] die Duldungs- und die Anscheinsvollmacht.

Als außerhalb des Gesetzes entwickeltes Gewohnheitsrecht dürfen die Regeln der Duldungs- 133
und Anscheinsvollmacht **nicht in Widerspruch zu den Tatbeständen der gesetzlichen Vertretungsmacht und zu den gesetzlich geregelten Rechtsscheinstatbeständen** treten.[125] Gewohnheitsrecht kann das geschriebene Recht, hier die gesetzlichen Vertretungsregeln, nicht korrigieren.

Beispiel Legt der als Vertreter des A handelnde V bei Vertragsschlüssen mit B wiederholt die Kopie einer Vollmachtsurkunde vor, genügt das für die Anwendung von §§ 172, 173 nicht. Danach muss ja jedes Mal die Originalurkunde vorgelegt werden. Allein wegen der wiederholten Vorlage der Kopie darf deshalb auch keine Duldungs- oder Anscheinsvollmacht begründet werden. ■

Liegen die Voraussetzungen der Duldungs- oder Anscheinsvollmacht vor, muss sich der Ver- 134
tretene so behandeln lassen, als hätte er eine **Vollmacht entsprechend dem gesetzten Rechtsschein** erteilt.[126]

JURIQ-Klausurtipp

Beim Einstieg in die Prüfung der Duldungs- und Anscheinsvollmacht sollten Sie direkt offenlegen, dass Sie nun ungeschriebene, aber gewohnheitsrechtlich anerkannte Tatbestände prüfen. Dies könnte wie folgt geschehen:

---

124 Palandt-*Ellenberger* § 172 Rn. 7.

125 *BGH* NJW 1997, 312 ff. unter Ziff. II 4; Palandt-*Grüneberg* Einleitung Rn. 22; *Faust* BGB AT § 26 Rn. 40.

126 *Brox/Walker* Allgemeiner Teil des BGB Rn. 562.

> *„(...) V handelte bei Abschluss des Vertrages mit A folglich ohne Vertretungsmacht. Möglicherweise muss sich der B aber gegenüber dem A nach den gewohnheitsrechtlich anerkannten Grundsätzen der Duldungs- oder Anscheinsvollmacht so behandeln lassen, als habe er dem V eine Vollmacht für den Vertragsschluss erteilt. Das setzt voraus ..."*

135 Die ungeschriebenen „Tatbestandsmerkmale" der Duldungs- und Anscheinsvollmacht lassen sich weitgehend zusammenfassen.

a) Auftreten als bevollmächtigter Vertreter („Rechtsscheinstatbestand")

136 Duldungs- und Anscheinsvollmacht knüpfen an ein **Verhalten des Vertreters** an, aus dem der **Dritte redlicherweise den Schluss ziehen kann**, der Vertretene habe ihm Vollmacht erteilt.

Im Falle der analogen Anwendung der Vertretungsregeln wegen Handelns unter fremden Namen ist das Verhalten des Namensträgers maßgeblich (siehe Rn. 32 – Übungsfall Nr. 1).

137 Ein **einmaliges Auftreten als Vertreter genügt in der Regel nicht**, da § 179 andernfalls weitgehend leer liefe. Ein beachtlicher und schutzwürdiger Rechtsscheinstatbestand kann erst dann entstehen, wenn der Vertreter **in mehreren Fällen und über einen längeren Zeitraum so im Namen des Vertretenen** auftritt, als sei er mit ausreichender Vollmacht für das jeweilige Rechtsgeschäft ausgestattet.[127]

138 Die Duldungs- und Anscheinsvollmacht als Rechtsscheinstatbestand kommt nur dann in Betracht, wenn die Annahme des Dritten tatsächlich falsch ist. Im konkreten Fall darf der Vertreter also bei Vornahme des Rechtsgeschäfts gar keine oder nur eine unzureichende Vertretungsmacht gehabt haben. Wie in den Fällen der §§ 170 ff. genügt es, wenn die Vollmacht nie erteilt, anfänglich nichtig oder nachträglich erloschen ist.[128]

139 Probleme kann in diesem Zusammenhang die **Abgrenzung zwischen Duldungsvollmacht und konkludenter Bevollmächtigung** bereiten. Letztere ist vorrangig zu prüfen, da bei ausreichender Vollmacht durch konkludentes Handeln logischerweise kein Rechtsscheinstatbestand vorliegen kann.

JURIQ-Klausurtipp

Teilweise wird die Ansicht vertreten, sämtliche denkbaren Fälle der Duldungsvollmacht seien richtigerweise als konkludente Vollmachtserteilung zu bewerten.[129] Dagegen spricht aber, dass die Wertung eines Verhaltens als konkludente Willenserklärung voraussetzt, dass ein Verhalten mit Erklärungswert vorliegt. Das schlichte Dulden des Vertretenen reicht dafür als Fall des „Schweigens" im Innenverhältnis nicht aus.[130] Auch im Außenverhältnis wird in den Fällen der Duldungs- und Anscheinsvollmacht keine konkludente Außenvollmacht erteilt, da es hier an einer Erklärung des Vertretenen ganz fehlt.

---

127 *BGH* Urteil vom 11.5.2011 (Az: VIII ZR 289/09) unter Tz. 12 ff. = BGHZ 189, 346 ff. = NJW 2011, 2421 ff.; Urteil vom 16.3.2006 (Az: III ZR 152/05) unter Ziff. II 2b bb = BGHZ 166, 169 ff. = NJW 2006, 1971 ff. (zur Anscheinsvollmacht) und Urteil vom 21.6.2005 (Az: XI ZR 88/04) unter Ziff. II 2b bb = NJW 2005, 2985.

128 Urteil des *BGH* vom 21.6.2005 (Az: XI ZR 88/04) unter Ziff. II 2b aa = NJW 2005, 2985.

129 *Medicus/Petersen* Bürgerliches Recht Rn. 100 f. m.w.N.

130 *Faust* BGB AT § 26 Rn. 46, 47.

Außerdem wird vertreten, die Anscheinsvollmacht könne gar keine Rechtsscheinswirkungen wie eine tatsächliche Vollmacht herbeiführen. Vielmehr seien die Fälle als ein zum Schadensersatz verpflichtendes Verhalten zu werten (vgl. §§ 280, 311 Abs. 2, 241 Abs. 2).[131]

Sie sollten der ganz herrschenden Meinung folgen und den Streit im Gutachten nicht ausführlich vertiefen. In der Klausur müssen Sie bei der Prüfung ohnehin streng zwischen konkludent erteilter Vollmacht und Rechtsscheinsvollmacht unterscheiden. Da Sie dabei mit der tatsächlichen Vollmachtslage beginnen, werden Sie sich anhand des Falles für oder gegen eine konkludente Vollmacht entscheiden. Wenn Sie dann die Duldungs- oder Anscheinsvollmacht ansprechen, wird deutlich dass Sie der (herrschenden) Ansicht folgen, wonach zwischen konkludenter Vollmacht und Rechtsscheinsvollmacht zu unterscheiden ist und sowohl Duldungs- als auch Anscheinsvollmacht Wirkungen wie eine Vollmacht auslösen.

Beispiel Rechtsanwälte A, B und C haben eine Sozietät (GbR) gegründet, über die sie Mandanten in strafrechtlichen Angelegenheiten beraten. Um die Kommunikation mit ihrem Vermieter V kümmerte sich in der Vergangenheit faktisch alleine der Makler M, da die Strafverteidiger mit derartigem „Zivilrechtskram" möglichst nicht belastet werden wollen. Eine Vollmacht hat die Sozietät dem M trotz dessen mehrfacher Aufforderung nicht erteilt, sondern ihn immer wieder vertröstet. M ist wegen diverser Geschwindigkeitsüberschreitungen selbst Mandant der Sozietät und verhandelte deshalb aus Loyalität in der Vergangenheit mit V im Namen der Sozietät über die Anmietung weiterer Räume, Mietminderungen wegen Mängeln und Modernisierungsmaßnahmen. Eines Tages spricht V den M auf den Mietvertrag mit der Sozietät an, da er eine Mieterhöhung durchsetzen möchte. M erklärt sich namens der Sozietät mit der von V vorgeschlagenen Erhöhung einverstanden, da er sie für moderat und gerechtfertigt hält. Die Anwälte sind entsetzt, als sie von der Erhöhung erfahren und wollen dies nicht akzeptieren.

Die Frage besteht hier einzig darin, ob der zwischen V und der Sozietät bestehende Mietvertrag einvernehmlich geändert wurde, so dass eine Pflicht zur Zahlung des erhöhten Mietzinses besteht. Eine entsprechende Änderungsvereinbarung hat M im Namen der Sozietät mit V geschlossen. Die Sozietät ist analog § 124 HGB als Außen-GbR rechtsfähig.

Der Vertrag könnte aber nach § 177 unwirksam sein.

Eine ausdrückliche Vollmacht wurde dem M vor Einigung mit V nicht erteilt. In Betracht kommt hier aber eine **konkludent erteilte Vollmacht** zugunsten des M, die Sozietät in den Angelegenheiten des Mietvertrages mit V zu vertreten. Das bloße Dulden des bisherigen Verhaltens von M genügt dafür allerdings nicht. **Schweigen als solches stellt keine Willenserklärung dar.** In der Billigung der von M in der Vergangenheit geführten Geschäfte durch faktische Befolgung durch die Sozietät konnte M allenfalls eine Genehmigung der Einzelfälle nach § 177 erblicken, aber keine generelle Vollmachtserteilung. Dies gilt um so mehr, als die Aufforderungen des M nach Erteilung einer Vollmacht in der Vergangenheit ergebnislos gewesen waren.

Möglicherweise muss sich die Sozietät aber nach den gewohnheitsrechtlich anerkannten Grundsätzen der Duldungs- oder Anscheinsvollmacht gegenüber V so behandeln lassen, als habe sie den M für den Abschluss der Änderungsvereinbarung Vollmacht erteilt. Versuchen Sie, den Fall nun selbständig anhand der nachfolgend erläuterten weiteren Tatbestandsmerkmale zu lösen. ■

131 *Medicus/Petersen* Allgemeiner Teil des BGB Rn. 971.

b) Alternativ: Rechtsschein auch aus anderen Gründen („Rechtsscheinstatbestand")

140 Der Rechtsscheinstatbestand muss sich **nicht zwingend alleine aus einem mehrmaligen Auftreten des Vertreters ergeben**. Es genügen auch andere besondere Umstände, die den **berechtigten Schluss auf eine bestehende Vollmacht des handelnden Vertreters zulassen.**[132] Dabei geht es um eine wertende Betrachtung und letztlich um die Frage, ob es dem Vertretenen **wegen widersprüchlichen Verhaltens nach dem Gebot von Treu und Glauben** verwehrt sein muss, sich auf die tatsächlich fehlende Vollmacht zu berufen.

Beispiel Rechtsanwälte A und B sind Gesellschafter einer gemeinsamen Sozietät (GbR), die unter dem Namen „Rechtsanwälte A & Kollegen" auftritt. Sie kooperieren mit dem auf Steuerrecht spezialisierten Rechtsanwalt C, der eine eigene Kanzlei betreibt. Um ihre Mandatsakquisitionen zu fördern und ein besseres Bild nach außen abzugeben, benutzen sie Briefbögen und Visitenkarten, die A, B und C als Partner der Kanzlei „Rechtsanwälte A & Kollegen" ausweisen. Intern haben sie die rechtliche Trennung beider Kanzleien und im Hinblick auf den gemeinschaftlichen Auftritt umfangreiche Haftungsfreistellungen vereinbart. Als C bei der Bearbeitung des ersten Mandats des neu gewonnenen Mandanten M eine Pflichtverletzung begeht, verlangt M Schadensersatz von der Sozietät aus § 280 Abs. 1. A und B weisen M darauf hin, dass die Kanzleien „getrennt liefen" und M sich allein an den C halten müsse.

Dies ist falsch, da M bei Abschluss des Vertrages im Zweifel die ganze, sich ihm als einheitliche Gesellschaft gegenüber tretende Sozietät verpflichten wollte und das Auftreten des C nach den Umständen, namentlich der Gestaltung der Visitenkarten und des Briefkopfes, als Handeln im Namen der Sozietät verstehen musste. Die Sozietät kann analog § 124 HGB selbst Träger eigener Rechte und Pflichten und deshalb Partei eines Vertrages mit M sein. Der Vertrag mit der Sozietät ist auch nicht nach § 177 unwirksam. Vielmehr wurde durch Aufnahme des C als scheinbaren Gesellschafter auf Visitenkarten und Briefbögen bewusst der Rechtsschein einer bestehenden Gesellschaft auch mit ihm gesetzt. Wenn A und B den Vorteil eines solchen Auftretens nutzen wollen, müssen sie sich auch an dem im Einzelfall bewusst geschaffenen Vertrauen Dritter, hier des M, festhalten lassen. Die Sozietät wurde folglich von C nach den Grundsätzen der Duldungsvollmacht wirksam vertreten.[133] ■

c) Verantwortlichkeit des Vertretenen für rechtsscheinbegründendes Vertreterhandeln („Zurechenbarkeit")

141 Bei der Zurechnung des Vertreterhandelns **unterscheiden sich Duldungs- und Anscheinsvollmacht** voneinander.

aa) Duldungsvollmacht

142 Bei der Duldungsvollmacht rechtfertigt sich die Zurechnung des Vertreterhandelns daraus, dass der Vertretene das vollmachtlose Handeln des Vertreters **kannte** und **nicht dagegen eingeschritten** ist, obgleich ihm das **möglich** gewesen wäre.[134] Bei analoger Anwendung

132 Palandt-*Ellenberger* § 172 Rn. 9.

133 Urteil des *BGH* vom 3.5.2007 (Az: IX ZR 218/05) unter Tz. 20 = NJW 2007, 2490 f.

134 St. Rspr., z.B. Urteile des *BGH* vom 10.1.2007 (Az: VIII ZR 380/04) unter Tz. 19 = NJW 2007, 987 und vom 21.6.2005 (Az: XI ZR 88/04) unter Ziff. II 2b aa = NJW 2005, 2985, Palandt-*Ellenberger* § 172 Rn. 8.

der Vertretungsregeln wegen **Handelns unter fremden Namen** ist auf das Verhalten des Namensträgers abzustellen.[135]

Eine **Duldungsvollmacht** liegt vor, wenn der Vertretene es wissentlich geschehen lässt, dass ein anderer für ihn wie ein Vertreter auftritt, und der Geschäftsgegner dieses Dulden nach Treu und Glauben dahin versteht und verstehen darf, dass der als Vertreter Handelnde bevollmächtigt ist.[136]

Ist der Vertretene **nicht voll geschäftsfähig,** ist dabei auf die **Kenntnis und das Dulden des** **143**
gesetzlichen Vertreters abzustellen. Andernfalls würde der Schutzzweck der §§ 104 ff. umgangen.[137]

Wird der nicht voll geschäftsfähige Vertretene gesetzlich – etwa der Minderjährige durch seine Eltern nach §§ 1626 Abs. 1, 1629 Abs. 1 – durch mehrere Vertreter **gemeinschaftlich** vertreten, würde nach dem Rechtsgedanken des § 1629 Abs. 1 S. 2 eigentlich die Kenntnis eines Vertreters genügen. Da aber das unterlassene Einschreiten einen gemeinsamen Beschluss erfordert, **scheidet eine Duldungsvollmacht aus,** wenn **einer der gemeinschaftlichen Vertreter** das vollmachtlose Handeln des Untervertreters **nicht kannte.**[138] Gleiches gilt im Falle gemeinschaftlicher Vertretung juristischer Personen oder rechtsfähiger Personenvereinigungen.[139]

Hinweis

Das erscheint vielleicht kompliziert, ist aber ganz einfach: Überlegen Sie immer, ob durch die „wissende" Person dem (Unter-) Vertreter auch allein eine ausdrückliche Vollmacht hätte erteilt werden können. Bei gemeinschaftlicher Vertretung ist ein Vertreter allein aber nicht berechtigt, Vollmacht zu erteilen!

Beispiel Nehmen wir wieder den Fall unserer Strafverteidiger A, B und C unter Rn. 139, die eine Sozietät gegründet haben und den M in ihrem Namen als Vertreter gegenüber ihrem Vermieter V auftreten lassen. Wäre vor Abschluss der Änderungsvereinbarung zum Mietvertrag durch den M der D als neuer Partner in die Sozietät eingetreten, würde die Sozietät nach §§ 709, 714 ab dann im Zweifel durch die Gesellschafter A, B, C und D vertreten. Wenn D von den Verhaltensweisen des M keine Kenntnis hatte, kommt weder eine Duldungs- noch eine Anscheinsvollmacht zum Nachteil der Sozietät in Betracht. ■

Die Kenntnis des Vertretenen muss sich nicht nur auf das rechtsscheinbegründende Vertre- **144**
terhandeln, **sondern auch auf die Tatsache der Vollmachtlosigkeit beziehen.**[140]

135 Siehe Rn. 32 – Übungsfall Nr. 1.
136 *BGH* Urteil vom 11.5.2011 (Az: VIII ZR 289/09) unter Tz. 15 = BGHZ 189, 346 ff. = NJW 2011, 2421 ff.; Urteil vom 10.1.2007 (Az: VIII ZR 380/04) unter Tz. 19 = NJW 2007, 987.
137 Palandt-*Ellenberger* § 172 Rn. 9; *Faust* JUS 2011, 1027 (Urteilsanmerkung).
138 Palandt-*Ellenberger* § 172 Rn. 13.
139 *BGH* NJW 1988, 1199 f. unter Ziff. 1a.
140 *BGH* Urteil vom 21.6.2005 (Az: XI ZR 88/04) unter Ziff. II 2b aa = NJW 2005, 2985.

Beispiel Die V Treuhand GmbH bietet dem A an, für ihn eine Eigentumswohnung als Kapitalanlage zu erwerben, wobei sie sich um alle Vertragsschlüsse einschließlich der Verträge zur Finanzierung des Kaufvertrages kümmern will. A ist einverstanden und schließt den Vertrag unter gleichzeitiger Vollmachtserteilung formgerecht mit V. Die der V erteilte Vollmacht des A war jedoch nach § 134 wegen Verstoßes gegen das Rechtsdienstleistungsgesetz nichtig.[141] Agiert die V mit Wissen des A als seine Vertreterin, scheidet eine Duldungsvollmacht aus, wenn der A nicht wusste, dass die Vollmacht unwirksam ist. Ihm kann dann ja nicht vorgeworfen werden, das – seiner Ansicht nach ja korrekte und vertragsgemäße – Handeln der V unterbunden zu haben. In Betracht kommt dann aber – ggf. neben §§ 171, 172, 173 – eine Anscheinsvollmacht, dazu sogleich. ■

bb) Anscheinsvollmacht

145 Bei der Anscheinsvollmacht **kennt** der Vertretene bzw. sein gesetzlicher Vertreter **das vollmachtlose Handeln des Vertreters nicht**. Man macht ihm aber zum Vorwurf, dass er es **kennen musste** (vgl. § 121 Abs. 2) **und bei pflichtgemäßer Kenntnis hätte unterbinden können**.[142]

Eine **Anscheinsvollmacht** liegt vor, wenn der Vertretene bei pflichtgemäßer Sorgfalt hätte bemerken und verhindern können, dass ein anderer für ihn wie ein Vertreter auftritt, und der Geschäftsgegner das dadurch ermöglichte Vertreterhandeln nach Treu und Glauben dahin versteht und verstehen darf, dass der als Vertreter Handelnde bevollmächtigt ist.[143]

Beispiel Im vorigen Beispiel kommt eine Anscheinsvollmacht des A in Betracht, wenn der A die Nichtigkeit der Vollmacht bei pflichtgemäßer Sorgfalt hätte erkennen müssen. Dabei hat er die höchstrichterliche Rechtsprechung zu beachten und ggf. Rechtsrat einzuholen.[144] Hat er dabei Berater eingeschaltet, werden ihm deren Fehleinschätzungen nach § 278 zugerechnet, wenn zu diesem Zeitpunkt bereits eine Vertragsanbahnung und damit ein Schuldverhältnis zu V gem. §§ 311 Abs. 2 Nr. 1, 241 Abs. 2 bestand. ■

d) Gutgläubigkeit des Dritten bei Vornahme des Rechtsgeschäfts mit dem Vertreter, § 173 analog („schutzwürdiges Vertrauen")

146 Schließlich kommen die Grundsätze der Duldungs- und Anscheinsvollmacht nur zur Anwendung, wenn der Dritte auf die Vertretungsmacht des Vertreters vertraut hat und in diesem Vertrauen schutzwürdig ist. Als Maßstab wendet man § 173 analog an, so dass dem Dritten positive Kenntnis und fahrlässige Unkenntnis wegen bestehender Verdachtsmomente schaden.[145]

141 Inzwischen st. Rspr. des *BGH*, vgl. Urteil vom 21.6.2005 (Az: XI ZR 88/04) unter Ziff. II 2b = NJW 2005, 2985.

142 *BGH* Urteil vom 16.3.2006 (Az: III ZR 152/05) unter Ziff. II 2b bb = BGHZ 166, 169 ff. = NJW 2006, 1971 ff.

143 *BGH* Urteil vom 10.1.2007 (Az: VIII ZR 380/04) unter Tz. 25 = NJW 2007, 987.

144 Palandt-*Grüneberg* § 276 Rn. 22.

145 Palandt-*Ellenberger* § 172 Rn. 9 und 15; *Faust* BGB AT § 26 Rn. 43.

D. Vertragsschluss durch Vertreter ohne Vertretungsmacht, § 177

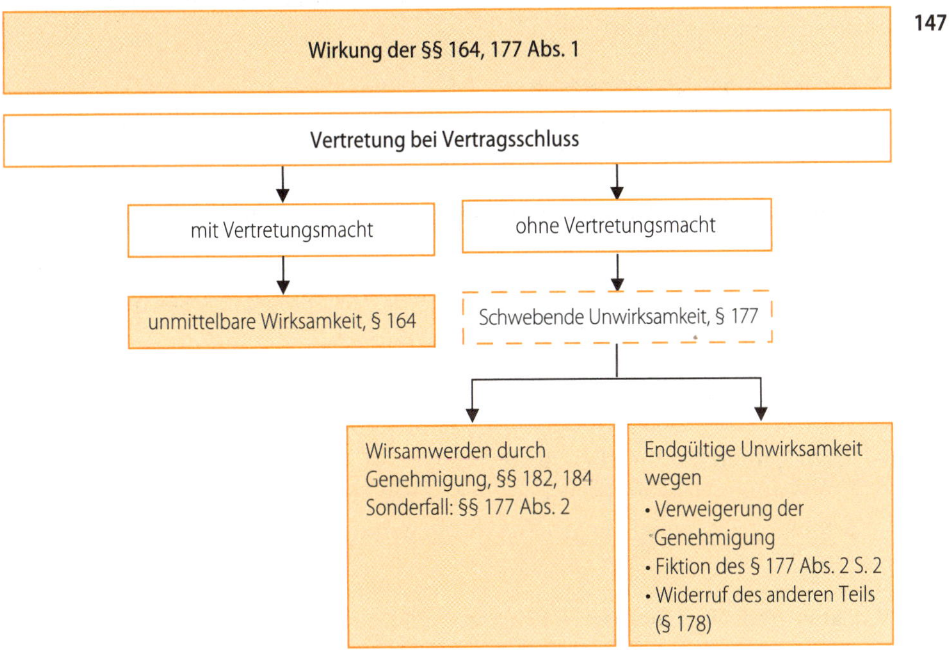
 147

Schließt ein Vertreter den Vertrag, ohne über eine ausreichende gesetzliche Vertretungsmacht oder ausreichende Vollmacht zu verfügen und besteht auch keine Vertretungsmacht kraft Rechtsscheins, so ist der Vertrag zunächst schwebend unwirksam. Die Wirksamkeit des Vertrages hängt von der Genehmigung durch den Vertretenen ab, § 177 Abs. 1. 148

Die **Genehmigung** ist die nach Vornahme des Rechtsgeschäfts erklärte Zustimmung, § 184 Abs. 1.

PRÜFUNGSSCHEMA

Wirksamkeit des Vertrages durch Genehmigung, § 177

[Anknüpfungspunkt im Gutachten: Vertragsschluss durch Vertreter und Feststellung fehlender Vertretungsmacht]

I. Genehmigung des Vertretenen?
1. Abgabe und Zugang einer Genehmigungserklärung gem. §§ 182, 184
2. Auslegung gem. §§ 133, 157 aus Sicht des jeweiligen Empfängers

II. (Keine) Unwirksamkeit wegen Aufforderung des Vertragspartners, § 177 Abs. 2 S. 1 Hs. 2

III. (Keine) Unwirksamkeit wegen vorher wirksam gewordenen Widerrufs des Vertragspartners gem. § 178
1. Wirksame Widerrufserklärung, § 178 S. 2
2. Widerrufsbefugnis, § 178 S. 1

IV. Verweigerung der Genehmigung?
1. Wirksame Ablehnungserklärung nach allgemeinen Regeln
2. Keine Unwirksamkeit wegen Aufforderung des Vertragspartners, § 177 Abs. 2 S. 1 Hs. 2

V. Fiktive Verweigerung nach § 177 Abs. 2 S. 2?

I. Art und Wirkung der Genehmigung

149 Die Genehmigung **wirkt auf den Zeitpunkt der Abgabe der Willenserklärung durch den Vertreter zurück**, der Schwebezustand wird damit rückwirkend beseitigt und der Vertrag gilt als von Anfang an wirksam, § 184 Abs. 1.

150 Wie die Einwilligung ist auch die Genehmigung ein **einseitiges Rechtsgeschäft**, das formlos (§ 182 Abs. 2) **durch empfangsbedürftige Willenserklärung entweder „außen" gegenüber dem Vertragspartner** des Vertretenen **oder** auch nur **„innen" gegenüber dem Vertreter**, § 182 Abs. 1, vorgenommen werden kann.

151 **Verweigert** der Vertretene die Genehmigung des Geschäfts, so wird das Rechtsgeschäft **endgültig unwirksam**.

II. Reaktionsmöglichkeiten des Vertragspartners

152 Der bis zur Genehmigung bestehende Schwebezustand kann für den Vertragspartner unbefriedigend sein. Er hat ein Interesse daran, in zumutbarer Zeit die Wirksamkeit des geschlossenen Vertrages beurteilen zu können. Das Gesetz hilft ihm mit zwei unterschiedlichen Instrumenten:

1. Aufforderung nach § 177 Abs. 2

§ 177 Abs. 2 sieht vor, dass der Geschäftspartner den Vertretenen zur Erklärung auffordern kann, ob dieser die Genehmigung des Geschäftes erklärt oder verweigert. Diese Aufforderung hat dann zur Folge, dass **die Genehmigung abweichend von § 182 Abs. 1 nur noch gegenüber dem Geschäftspartner erklärt werden kann und außerdem eine vorher dem Vertreter gegenüber erklärte Genehmigung oder Verweigerung der Genehmigung unwirksam wird, § 177 Abs. 2 S. 1 Hs. 2.** Erklärt der gesetzliche Vertreter die Genehmigung nach der Aufforderung nicht innerhalb von **zwei Wochen**, so gilt seine Genehmigung als verweigert, **§ 177 Abs. 2 S. 2.** 153

Beispiel Die 20 Jahre alte Tochter T des V aus Essen will in München studieren. Derzeit hält sie sich noch auf einer Urlaubsreise in Indien auf. Ihr Vater V erfährt zufällig von einem günstigen Mietangebot des X und schließt im Namen der T den Vertrag mit X ab. Der Beginn des Mietverhältnisses ist zum 1.10. vereinbart. Die T erfährt nach ihrer Rückkehr am 5.9. von dem Vorgang und äußert gegenüber V, dass sie mit dem Vertrag einverstanden sei. Am 10.9. fragt X bei T schriftlich an, ob diese dem Vertragsschluss zustimmt. Da der T inzwischen eine günstigere Wohngelegenheit in einer WG angeboten wurde, reagiert sie nicht. Vier Wochen später verlangt der X Zahlung der Miete für den Monat Oktober.

Muss T zahlen?

Dem X könnte ein Anspruch gegen T auf Zahlung des Mietzinses aus einem mit ihr geschlossenen Mietvertrag gem. § 535 Abs. 2 zustehen.

V hatte einen Mietvertrag zum 1.10. über eine bestimmte Wohnung im Namen der T mit X geschlossen, der die Zahlung der vertraglich vereinbarten Miete durch T vorsieht.

Fraglich ist allein, ob der zwischen X und T zustande gekommene Vertrag wirksam ist und damit eine tatsächliche Zahlungspflicht der T begründet.

Der Vertrag könnte nach § 177 Abs. 1 unwirksam sein. Dies ist dann der Fall, wenn V den Vertrag ohne die erforderliche Vertretungsmacht geschlossen und T den Vertrag auch nicht wirksam genehmigt hat.

Da T gem. § 2 volljährig ist, endete die gesetzliche Vertretungsmacht ihrer Eltern nach §§ 1626 Abs. 1, 1629 Abs. 1, so dass sich eine gesetzliche Vertretungsmacht des V unter keinen Umständen begründen lässt. Eine Vollmacht hatte T dem V ebenfalls nicht erteilt. Eine Vertretungsmacht kraft Rechtsscheins ist nicht ersichtlich. Folglich handelte der V bei Abschluss des Mietvertrages ohne Vertretungsmacht. Allerdings hatte T dem V am 5.9. gegenüber erklärt, mit dem Vertragsschluss einverstanden zu sein. Darin liegt eine Genehmigung im Sinne des § 184 Abs. 1 zum Abschluss des Vertrages mit X, die gem. § 182 Abs. 1 auch gegenüber dem V erklärt werden konnte. Möglicherweise ist die Genehmigung der T aber nach § 177 Abs. 2 S. 1 Hs. 2 unwirksam. Die Anfrage des X bei T vom 10.9. ist als Aufforderung im Sinne des § 177 Abs. 2 anzusehen. Dies hat zur Folge, dass die Genehmigung der T nur noch gegenüber dem X erklärt werden kann, nicht mehr gegenüber dem V. Nach § 177 Abs. 2 S. 1 Hs. 2 ist ihre vor dieser Aufforderung erteilte Genehmigung rückwirkend unwirksam. Da die T darauf innerhalb von zwei Wochen seit Zugang der Aufforderung am 10.9. nicht reagierte, ist die Genehmigung bei Ablauf des 24.9. (vgl. §§ 187 Abs. 1, 188 Abs. 2) als verweigert anzusehen, § 177 Abs. 2 S. 2 Hs. 2. Damit ist der Vertrag endgültig unwirksam. Das Zahlungsverlangen des X gegen T ist damit unbegründet. ■

2. Widerruf nach § 178

154 In der Schwebezeit, d.h. in der Zeit **bis zur Genehmigung** des Geschäfts durch den Vertretenen, hat der Geschäftspartner außerdem ein **Widerrufsrecht** gemäß § 178 S. 1. Dieses Widerrufsrecht kann er **gegenüber dem Vertretenen oder gegenüber dem Vertreter** ausüben, § 178 S. 2. § 178 S. 2 macht vom **Grundsatz der §§ 164 Abs. 3, 180 S. 1 eine Ausnahme**. Es genügt trotz fehlender Vertretungsmacht der Zugang beim Vertreter. Ausgeschlossen ist der Widerruf des Geschäftsgegners aber im Fall der **positiven Kenntnis von der fehlenden Vertretungsmacht bei Vertragsschluss**, § 178 S. 1. (Grob) Fahrlässige Unkenntnis schadet ihm hingegen nicht.

E. Einseitiges Rechtsgeschäft mit Vertreter ohne Vertretungsmacht

155

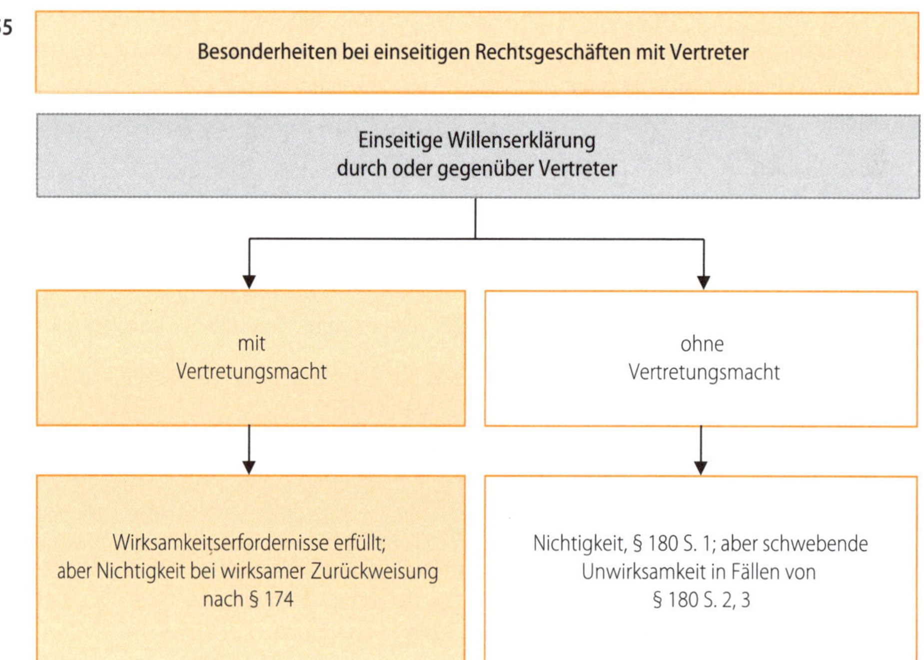

Ist ein Vertreter ohne Vertretungsmacht an einem einseitigen Rechtsgeschäft **aktiv beteiligt**, nimmt er das Rechtsgeschäft also selber im Namen des Vertretenen vor, entscheidet sich das **Gesetz grundsätzlich gegen eine schwebende Unwirksamkeit des Rechtsgeschäfts und ordnet seine endgültige Unwirksamkeit (= Nichtigkeit) an**. Das liegt daran, dass dem Gegner hier eine schwebende Unwirksamkeit wegen der mit einseitigen Rechtsgeschäften meistens verbundenen Gestaltungswirkung unzumutbar ist. Dies entspricht dem in § 388 S. 2 für das einseitige Rechtsgeschäft zum Ausdruck gebrachten und verallgemeinerungsfähigen Grundsatz, dass Gestaltungserklärungen **bedingungsfeindlich** sind.

Beispiele für einseitige Rechtsgeschäfte sind Anfechtung, Kündigung, Rücktritt, Widerruf, Aufrechnung, Auslobung (§ 657), die Eigentumsaufgabe nach § 959. ■

Bei der **passiven Beteiligung eines (Empfangs-)Vertreters** an einem einseitigen Rechtsgeschäft tritt Zugang der Erklärung bei ihm auch dann ein, wenn er die Willenserklärung ohne Vertretungsmacht entgegennimmt.[146] Das Gesetz muss dann aber regeln, unter welchen Voraussetzungen das gegenüber einem Empfangsvertreter ohne Vertretungsmacht vorgenommene Rechtsgeschäft wirksam werden kann. **156**

Die im Folgenden dargestellten Regeln gelten für **geschäftsähnliche Handlungen entsprechend**. **157**

I. Einseitiges Rechtsgeschäft durch Vertreter

Wirksamkeit eines einseitigen Rechtsgeschäfts durch Vertreter **158**

[Anknüpfungspunkt im Gutachten: Willenserklärung zur Vornahme eines einseitigen Rechtsgeschäfts durch einen Vertreter]

I. Anwendbarkeit der §§ 164 ff.
(= kein höchstpersönlich vorzunehmendes Rechtsgeschäft)
1. Kein Testament, § 2064
2. Keine vereinbarte Höchstpersönlichkeit

II. Ausreichende Vertretungsmacht des Vertreters bei Abgabe?
1. Gesetzliche Vertretungsmacht
2. Vollmacht
3. Vertretungsmacht kraft Rechtsscheins
   a) Gesetzliche Tatbestände der §§ 170 ff.
   b) Duldungs- und Anscheinsvollmacht
4. (kein) Ausschluss der Vertretungsmacht nach § 181
5. (kein) Missbrauch der Vertretungsmacht

III. Sonderfall des § 174 bei bestehender Vollmacht
1. Empfangsbedürftigkeit der Willenserklärung des Vertreters
2. Kein Handeln eines gesetzlichen Vertreters oder Organs
3. Wirksame Vollmacht bei Abgabe
4. Keine Vorlage der Vollmachtsurkunde des Vertretenen
5. Keine Mitteilung des Vertretenen gegenüber Adressaten und unverzügliche Zurückweisungserklärung des Adressaten

IV. Sonderfall der §§ 180 S. 2, 177
1. Empfangsbedürftigkeit der Willenserklärung
2. Fehlende Vertretungsmacht nach Prüfung in Ziff. II
3. Keine Beanstandung durch Empfänger oder Einverständnis des Empfängers mit Handeln ohne Vertretungsmacht
4. Weitere Prüfung des entsprechend anwendbaren § 177 (siehe oben unter Rn. 148)

PRÜFUNGSSCHEMA

146 Siehe oben unter Rn. 15 ff. und im Skript „BGB AT I" unter Rn. 162 ff.

1. Wirkung der §§ 164 Abs. 1, 180

159 Die §§ 164 – 180 knüpfen in Ihrem Gutachten an die Vornahme eines einseitigen Rechtsgeschäfts durch eine entsprechende Willenserklärung eines Vertreters im Namen des Vertretenen an. Prüfen Sie etwa eine Kündigung, beginnen Sie erst mit der Kündigungserklärung und prüfen ihre Abgabe, ihren Zugang sowie etwaige erklärungsbezogene Nichtigkeitsgründe (§§ 105, 116, 117, 118, schuldlos fehlendes Erklärungsbewusstsein).[147] Liegt danach eine als solche wirksame Kündigungserklärung vor, die aber vom Erklärenden als Vertreter im Namen eines anderen abgegeben wurde, kommen die §§ 164, 180 BGB zum Zuge. Diese befassen sich mit der – dogmatisch zu trennenden – Frage, ob das vom Vertreter mit seiner Erklärung vorgenommene Rechtsgeschäft auch wirksam ist.

JURIQ-Klausurtipp

In der Prüfung könnte der Einstiegssatz in dieses Thema lauten:

„Die von V im Namen des A erklärte Kündigung könnte jedoch gem. § 180 S. 1 unwirksam sein. Dies setzt voraus, dass …"

160 Hat ein Vertreter im Namen des Vertretenen ein einseitiges Rechtsgeschäft oder eine rechtsgeschäftsähnliche Handlung vorgenommen, hängt die Wirksamkeit des Geschäfts zunächst davon ab, ob er dabei innerhalb einer ihm zustehenden Vertretungsmacht gehandelt hat. Es gelten keine Besonderheiten zu dem, was wir oben unter Ziffer C (Rn 35 ff.) erörtert haben.

161 Erst wenn Sie feststellen, dass der Vertreter **nicht über die erforderliche Vertretungsmacht** verfügt hat, weichen die Systeme voneinander ab. Bei einseitigen Rechtsgeschäften gelangen Sie zunächst zu § 180 und nicht zu § 177.

162 Nach § 180 S. 1 ist ein einseitiges Rechtsgeschäft durch einen Vertreter ohne Vertretungsmacht nicht schwebend unwirksam, sondern endgültig unwirksam (= **nichtig**).

163 Das gilt **ausnahmslos** für einseitige Rechtsgeschäfte **ohne empfangsbedürftige Willenserklärung**.

Beispiel Auslobung nach § 657 durch Vertreter ohne Vertretungsmacht;

Beim Testament folgt die Nichtigkeit hingegen bereits aus § 2064, da es sich um ein höchstpersönliches Rechtsgeschäft handelt, auf das die §§ 164 ff. gar nicht anwendbar sind: Hier ist jede Form der Stellvertretung unzulässig. ■

164 Etwas anderes gilt nach §§ 180 S. 2, 177 bei einseitigen Rechtsgeschäften **mit empfangsbedürftiger Willenserklärung**.

Beispiele Anfechtung, Kündigung, Rücktritt, Widerruf, Aufrechnung. ■

Diese Rechtsgeschäfte sind erst einmal (nur) **schwebend unwirksam**, **wenn der Empfänger** die behauptete Vertretungsmacht des Erklärenden **nicht beanstandet** oder sich mit dem Handeln als Vertreter ohne Vertretungsmacht **einverstanden erklärt** hat.

---

147 Siehe dazu im Skript „BGB AT I" unter Rn. 211 ff.

Beanstanden meint unverzügliches Zurückweisen, also ohne schuldhaftes Zögern des Empfängers (§ 121 Abs. 1 S. 1).[148]

Eine besondere Form ist weder für das Einverständnis noch für die Zurückweisung vorgeschrieben. Es handelt sich ihrerseits um einseitige Rechtsgeschäfte, die analog § 178 S. 2 durch Erklärung gegenüber dem Vertreter oder dem Vertretenen vorgenommen werden.[149] **165**

Der Vertreter „behauptet" seine Vertretungsmacht i.S.d. § 180 S. 2, wenn er als Vertreter auftritt, ohne auf seine fehlende Vertretungsmacht hingewiesen zu haben.[150] **166**

Beispiel A ist Mieter einer Wohnung, die der V auf unbestimmte Zeit an ihn vermietet hat. A will das Mietverhältnis beenden. Sein Sohn S will ihm behilflich sein und erklärt ohne Wissen des A die ordentliche Kündigung in dessen Namen. V kann die Kündigung nun vorsorglich zurückweisen, um alle Zweifel an der Wirksamkeit zu beseitigen. Im Falle der Zurückweisung ist die Kündigung nach § 180 S. 1 unwirksam.

Unternimmt der V hingegen nichts, gibt er zu erkennen, dass er an einer schnellen Klärung der Rechtslage nicht interessiert ist. Dann hängt die Wirksamkeit der Kündigung von der Genehmigung des A gem. § 177 ab. V kann den A dazu auffordern und damit den Weg über §§ 180 S. 2, 177 Abs. 2 beschreiten. ■

2. Sonderfall des § 174

Im Fall des § 174 liegt die Situation aus Sicht des Empfängers ähnlich. Er hat keine Kenntnis von der Berechtigung des Vertreters. Anders als bei § 180 hat der Vertreter aber eine ausreichende Vertretungsmacht, und zwar in Form einer **Innenvollmacht.** Der Empfänger kann durch unverzügliche Zurückweisung reagieren, wenn ihm keine entsprechende Vollmachtsurkunde vorgelegt wurde und der Vollmachtgeber ihn auch nicht anderweitig in Kenntnis gesetzt hat. Das Rechtsgeschäft ist dann trotz bestehender Innenvollmacht nichtig. **167**

Hinweis

§ 174 BGB findet analoge Anwendung, wenn ein Vertreter auf ein Vertragsangebot die Annahme erklärt. Auch in diesem Fall besteht ein Bedürfnis des Antragenden, Klarheit über die Verbindlichkeit der Vertretererklärung zu erlangen.[151]

§ 174 findet auf **gesetzliche Vertreter und Organe keine Anwendung.** Eine Ausnahme wird aber bei denjenigen Organen gemacht, deren Berechtigung keinem Register entnommen werden kann. Hier ist der Empfänger in der gleichen Weise schutzwürdig wie bei einem bevollmächtigten Vertreter.[152] **168**

148 Palandt-*Ellenberger* § 180 Rn. 1.
149 Palandt-*Ellenberger* § 174 Rn. 6 i.V.m. § 111 Rn. 5.
150 *Faust* BGB AT § 27 Rn. 5.
151 *Medicus/Petersen* Allgemeiner Teil des BGB Rn. 981; *Faust* BGB AT § 27 Rn. 5 f.
152 *BGH* NJW 2002, 1194; Palandt-*Ellenberger* § 174 Rn. 5.

Beispiel Rechtsanwalt A ist Gesellschafter der aus ihm und Rechtsanwalt B bestehenden Sozietät. Beide sind nach dem Gesellschaftsvertrag alleinvertretungsberechtigt. Die Sozietät (GbR) hat Büroräume bei V gemietet. Wenn A nun den Mietvertrag im Namen der GbR ohne weiteren Nachweis seiner Vertretungsmacht kündigt, kann V die Kündigung analog § 174 zurückweisen. Denn für eine GbR existiert kein Register, dem sich die Vertretungsmacht des A entnehmen ließe. ■

II. Einseitiges Rechtsgeschäft gegenüber Vertreter, §§ 164 Abs. 3, 180

PRÜFUNGSSCHEMA

169 **Wirksamkeit eines einseitigen Rechtsgeschäfts gegenüber Vertreter**

[Anknüpfungspunkt im Gutachten: Zugang einer einseitigen Willenserklärung bei Empfangsvertreter]

I. Zugang bei einem Empfangsvertreter

II. Ausreichende Vertretungsmacht des Empfangsvertreters für Zugang?
1. Gesetzliche Vertretungsmacht
2. Vollmacht
3. Vertretungsmacht kraft Rechtsscheins
   a) Gesetzliche Tatbestände der §§ 170 ff.
   b) Duldungs- und Anscheinsvollmacht
4. (kein) Ausschluss der Vertretungsmacht nach § 181
5. (kein) Missbrauch der Vertretungsmacht

III. Sonderfall der §§ 180 S. 3, 177
1. Fehlende Vertretungsmacht nach Prüfung in Ziff. I
2. Einverständnis des Empfangsvertreters mit Zugang der fremden Willenserklärung trotz fehlender Vertretungsmacht
3. Weitere Prüfung des entsprechend anwendbaren § 177 (siehe oben unter Rn. 147 ff.)

Wurde **ein einseitiges Rechtsgeschäft gegenüber einem Empfangsvertreter ohne Vertretungsmacht** vorgenommen, kommt es mit Zugang der Willenserklärung bei diesem zustande. Die im Fall des § 180 S. 3 vorgesehene Genehmigungsmöglichkeit durch den Vertretenen entsprechend § 177 zeigt, dass lediglich das einseitige Rechtsgeschäft, nicht aber die Erklärung schwebend unwirksam sein soll. Diese geht vielmehr auch dem vollmachtlosen Vertreter nach den allgemeinen Regeln zu.[153] **170**

Der Wirksamkeit des Rechtsgeschäfts stünde nach § 180 S. 1 aber die fehlende Vertretungsmacht des Empfangsvertreters grundsätzlich entgegen. Ob der Empfangsvertreter ausreichende Vertretungsmacht besaß, ist deshalb nun zu ermitteln. Die Prüfungspunkte decken sich wieder mit dem, was wir oben unter Ziffer C (Rn. 35 ff.) erörtert haben. Erst wenn Sie feststellen, dass die Erklärung einem Empfangsvertreter ohne Vertretungsmacht zugegangen ist, kommt es auf § 180 an. **171**

JURIQ-Klausurtipp

In der Prüfung könnte der Einstieg am Beispiel der Kündigung wie folgt lauten:

„Die Kündigungserklärung des A ist dem V als Empfangsvertreter des B somit zugegangen. Die Wirksamkeit einer auf diese Weise ausgeübten Kündigung hängt nach §§ 164 Abs. 1, Abs. 3, 180 S. 1 BGB grundsätzlich davon ab, ob der V bei Zugang über eine ausreichende Empfangsvertretungsmacht verfügte. Im vorliegenden Fall …"

Nach § 180 S. 3 gelten die §§ 177 ff., wenn der Empfangsvertreter trotz fehlender Vetretungsmacht mit der Entgegennahme der Erklärung einverstanden gewesen ist.

Beispiel Vermieter V will dem Mieter M kündigen, da er ihn für einen unerträglichen Querulanten hält. Da M durch seinen Rechtsanwalt R gerade Mängel in der Wohnung gerügt und ihre Beseitigung angemahnt hat, schickt V seine schriftliche Kündigungserklärung dem R als Rechtsanwalt des M zu. R ist von M bislang aber nur wegen der Mängel mandatiert worden und besitzt keine Vollmacht für alle sonstigen Mietangelegenheiten des M. Er ist daher nicht bevollmächtigt, die Kündigungserklärung als Vertreter des M entgegenzunehmen. Die Erklärung geht zwar dem R als Zustellungsadressaten zu und wird damit wirksam (als Willenserklärung). Sie bleibt aber wirkungslos, da die Kündigung (als Rechtsgeschäft) gegenüber einem vollmachtlosen Vertreter vorgenommen wurde und damit gem. § 180 S. 1 nichtig ist.

Erklärt sich R hingegen bereit, das Schreiben für M entgegenzunehmen und die Mandatierung für diesen Fall zu klären, ist die Kündigung nach §§ 180 S. 3, 177 Abs. 1 bis zur Genehmigung durch den M „nur" schwebend unwirksam. Sie kann bei Genehmigung des M noch wirksam werden, wenn im Übrigen keine Wirksamkeitshindernisse (etwa fehlende Kündigungsbefugnis) vorliegen. ■

153 Siehe dazu oben unter Rn. 15 ff. und ausführlich im Skript „BGB AT I" unter Rn. 162 ff.

F. Haftung des Vertreters ohne Vertretungsmacht, § 179

PRÜFUNGSSCHEMA

172 **Haftung des Vertreters ohne Vertretungsmacht, § 179**

I. Anspruchsentstehung

1. Vertragsschluss durch Vertreter ohne Vertretungsmacht
   P Anwendbarkeit des § 179 bei Rechtsscheinstatbeständen Rn. 182
2. Verweigerung der Genehmigung durch Vertretenen
3. (Kein) Ausschluss nach § 179 Abs. 3 wegen
   a) Kenntnis oder Kennenmüssen des anderen Teils vom Mangel der Vertretungsmacht
   b) beschränkte Geschäftsfähigkeit des Vertreters und Handeln ohne Zustimmung des gesetzlichen Vertreters
4. Anspruchsinhalt
   a) Kenntnis des Vertreters vom Mangel der Vertretungsmacht, § 179 Abs. 1
      aa) Erfüllung oder
      bb) Schadensersatz
   b) Keine Kenntnis des Vertreters vom Mangel der Vertretungsmacht, § 179 Abs. 2
      aa) Vertrauensschaden i.S.d. § 179 Abs. 2
      bb) Kappungsgrenze des § 179 Abs. 2 a.E. in Höhe des positiven Interesses

II. Rechtsvernichtende Einwendungen (allgemeine Regeln)

III. Durchsetzbarkeit

1. Fälligkeit
2. Einreden

I. Einführung

173 Das Gesetz gestattet jedem, einen Vertrag im fremden Namen – auch ohne Vertretungsmacht – zu schließen. Wegen des dadurch drohenden Eingriffs in die Privatautonomie des Vertretenen, sieht das Gesetz aber Schutzmechanismen zu Gunsten des Vertretenen vor. Die Wirksamkeit des Vertrages hängt von der Genehmigung des Vertretenen ab, § 177 Abs. 1.[154] Wird die Genehmigung verweigert, ist der Vertrag endgültig unwirksam. Ein Eingriff in die Privatautonomie des Vertretenen findet nicht statt.

Der Vertragspartner (= „der andere Teil" i.S.d. § 179) verdient ebenfalls Schutz, wenn er auf die Wirksamkeit des vom Vertreter geschlossenen Vertrages vertrauen durfte. Diesem Schutz dient § 179. Nach § 179 Abs. 1 haftet der Vertreter ohne Vertretungsmacht, der als Vertreter mit einem Dritten einen Vertrag geschlossen hat, dem Dritten selber auf Erfüllung oder Schadensersatz, wenn der Vertretene die Genehmigung des Vertrages verweigert. Dies gilt nach § 179 Abs. 3 S. 1 aber nicht, wenn in der Vertragspartner den Mangel der Vertretungsmacht kannte oder kennen musste. Denn in diesem Fall ist der Vertragspartner nicht schutzwürdig. Schließlich hätte er sich von Anfang an absichern können, indem er entweder auf der Vorlage eines Nachweises der Vertretungsmacht besteht (vgl. § 172) oder sich die Vertretungsmacht vom Vertretenen bestätigen lässt (vgl. § 171).

154 Siehe oben unter Rn. 147 ff.

Aus der Haftungsbeschränkung des § 179 Abs. 2 folgt, dass der Vertreter auch dann haftet, wenn er selber den eigenen Mangel der Vertretungsmacht nicht gekannt hat und es sogar weiter keine Rolle spielt, ob er den eigenen Mangel der Vertretungsmacht überhaupt hätte erkennen können.

Die Haftung aus § 179 beruht also nicht notwendigerweise auf einem pflichtwidrigen Verhalten des Vertreters. Auf ein Verschulden kann es deshalb wie bei § 122 nicht ankommen.[155] Es handelt sich vielmehr um einen Fall der **gesetzlichen Garantiehaftung**. Anknüpfungspunkt ist die bei Vertragsschluss durch Handeln im Namen des Vertretenen – zumindest stillschweigend erfolgte – Erklärung des Vertreters, er habe die für den abgeschlossenen Vertrag erforderliche Vertretungsmacht.[156]

Da Verschulden (und Mitverschulden!) somit keine maßgeblichen Zurechnungskategorien sind, beschränken spezielle Tatbestände (nämlich § 179 Abs. 2 und 3) die Haftung, um unbillige Ergebnisse zu vermeiden.

Ob die Haftung nach § 179 eine zusätzliche **Haftung des Vertreters aus c.i.c. (§§ 280 Abs. 1, 311 Abs. 2, 241 Abs. 2) ausschließt, ist umstritten.** Nach einer Ansicht regelt § 179 die Haftung des Vertreters wegen Vertragsschlusses trotz unzureichender Vertretungsmacht abschließend, also auch für den Fall, dass den Vertreter im Hinblick auf den unwirksamen Vertragsschluss wegen seines Vertretungsmangels einen Verschuldensvorwurf trifft. [157] Nach anderer Auffassung stehen beide Tatbestände nebeneinander und jeder Haftungstatbestand folgt seinen eigenen Regeln.[158] Insbesondere setzt die Haftung des Vertreters wegen c.i.c. aus §§ 280 Abs. 1, 311 Abs. 2, 241 Abs. 2 nicht nur eine zu vertretende Pflichtverletzung, sondern auch einen besonderen Einfluss auf den Vertragsschluss aus § 311 Abs. 3 voraus. 174

Die erste Auffassung verdient den Vorzug. Wie sich im Umkehrschluss aus § 179 Abs. 2 ergibt, erfasst § 179 Abs. 1 gerade auch den Fall, dass der Vertreter einen Vertrag schließt, obwohl er weiß, dass er keine Vertretungsmacht hat und den anderen Teil darauf auch nicht hinweist. Ansonsten wäre der Anspruch ja nach § 179 Abs. 3 S. 1 ausgeschlossen. Wenn man diese Konstellation zugleich über einen der c.i.c.-Anspruch mit den damit verbundenen allgemeinen Regeln erfassen würde, entstünden unweigerlich Wertungswidersprüche: Die Frage des Mitverschuldens ist in § 179 Abs. 3 S. 1 im Sinne eines Alles-oder-nichts-Prinzips abweichend von der flexiblen Kürzungsmöglichkeit § 254 Abs. 1 geregelt. Die beschränkte Geschäftsfähigkeit führt zu einem kategorischen Haftungsausschluss in § 179 Abs. 3 S. 2, während der Minderjährigenschutz bei der c.i.c. nur über die Kategorie der Verschuldensfähigkeit nach § 276 Abs. 1 S. 2 i.V.m. §§ 827, 828 erfasst werden könnte. Schließlich sieht § 179 in Abs. 1 und Abs. 2 einen differenzierten Anspruchsinhalt vor, der über §§ 280 Abs. 1, 311 Abs. 2–3, 241 Abs. 2 nicht erreichbar ist. Insbesondere kann sich der Anspruch aus c.i.c. nicht auf Erfüllung und das positive Interesse richten.

155 *Leenen* BGB AT vor § 15 Rn. 3

156 *BGH* Urteil vom 9.11.2004 (Az: X ZR 101/03) unter Ziff. 2 a = NJW-RR 2005, 268; *Leenen* BGB AT § 16 Rn. 4, der schon allein das Risiko, als Vertreter einen Vertrag geschlossen zu haben, als maßgeblichen Anknüpfungspunkt ansieht. Praktische Auswirkungen der unterschiedlichen dogmatischen Ansätze sind nicht ersichtlich.

157 Z.B. MüKo-*Schubert* § 179 Rn. 55, 56 m.w.N.

158 Z.B. Staudinger-*Schilken* § 179 Rn. 20.

Hinweis

Eine Haftung des Vertreters ohne Vertretungsmacht **wegen anderer vorvertraglicher Pflichtverletzungen** aus der c.i.c. gemäß §§ 280 Abs. 1, 311 Abs. 2–3, 241 Abs. 2 bleibt selbstverständlich unberührt. Dies hat mit der vorstehend erörterten Konkurrenzfrage nichts mehr zu tun.

175 In den Fällen des § 179 kann **aber der Vertretene wegen c.i.c. aus §§ 280 Abs. 1, 311 Abs. 2, 241 Abs. 2 haften.** Zwar scheidet eine Zurechnung von pflichtwidrigen Verhalten des Vertreters über § 278 bei fehlender Vertretungsmacht grundsätzlich aus. Allerdings kann den Vertretenen ein eigenes Auswahl- oder Überwachungsverschulden treffen. Zum anderen muss er über § 278 für pflichtwidriges Verhalten des Vertreters einstehen, wenn er diesen vor Vertragsschluss zu seinem Verhandlungsgehilfen bestellt hat und der Vertreter sodann seine Kompetenzen überschreitet.[159]

Hinweis

Hat der Vertragspartner im Vertrauen auf die Wirksamkeit des Vertragsschlusses bereits Leistungen zu Gunsten des vermeintlich Vertretenen erbracht, können sich auch Ansprüche aus GOA und Bereicherungsrecht gegen den Vertretenen ergeben.

Sämtliche Ansprüche gegen den Vertretenen schließen den Anspruch aus § 179 nicht aus. Um unbillige Ergebnisse zu vermeiden, kann der Vertreter allerdings die Erfüllung der Ansprüche aus § 179 analog § 255 gegen Abtretung der Ansprüche des Vertragspartners gegen den Vertretenen verlangen.[160]

II. Anspruchsentstehung

1. Vertragsschluss durch Vertreter ohne Vertretungsmacht

176 Der Anspruch setzt zunächst voraus, dass der Vertreter einen Vertrag im Namen eines anderen ohne Vertretungsmacht abgeschlossen hat.

JURIQ-Klausurtipp

In der Klausur werden Sie diesen Punkt in der Regel schon bei der Prüfung der vorrangig untersuchten vertraglichen Ansprüche bearbeitet haben. Sie müssen dann die Prüfung natürlich nicht wiederholen, sondern können an dieser Stelle auf ihr bereits gefundenes Ergebnis verweisen.

a) Vertragsschluss und keine Unwirksamkeit aus sonstigen Gründen

177 Der Vertreter hat mit dem „anderen Teil" im fremden Namen einen Vertrag geschlossen. § 179 bezieht sich **nicht nur auf den Abschluss schuldrechtlicher Verträge, sondern auch auf den Abschluss von dinglich wirkenden Verfügungsverträgen** (z.B. Einigung im Sinne des §§ 929 S. 1).[161]

159 Palandt-*Ellenberger* § 179 Rn. 9; *Faust* BGB AT § 27 Rn. 11 m.w.N.
160 Palandt-*Ellenberger* § 179 Rn. 9.
161 Palandt-*Ellenberger* § 179 Rn. 1.

Der Vertrag muss nach allgemeinen Regeln durch wirksames Angebot und wirksame Annahme zustande gekommen sein. Das Bestehen eines Dissenses oder eine Nichtigkeit der Willenserklärungen (z.B. nach §§ 105 Abs. 1, 117, 118) führen dazu, dass der Vertrag nicht geschlossen wurde und damit schon die erste Anspruchsvoraussetzung nicht vorliegt.

Als selbstverständlich setzt § 179 weiter voraus, dass der Vertrag im Übrigen wirksam wäre, 178
also außer der unzureichenden Vertretungsmacht **keine anderen Gründe für seine Unwirksamkeit (z.B. §§ 125, 134, 138) gegeben sind**. Schließlich ist die in § 179 begründete Garantiehaftung nur gerechtfertigt, wenn sich gerade das Risiko unzureichender Vertretungsmacht verwirklicht hat.[162]

Der **Vertreter kann anstelle des Vertretenen seine Willenserklärung anfechten** und damit den Vertrag gem. § 142 Abs. 1 von Anfang unwirksam werden lassen.[163] In den Fällen der Anfechtung nach §§ 119, 120 geschieht dies allerdings nur um den Preis einer eigenen Haftung aus § 122, die im Vergleich zur Haftung aus § 179 Abs. 1 regelmäßig günstiger sein wird, da sie nur auf den Vertrauensschaden gerichtet ist.[164]

Der Vertreter kann auch etwaige **Verbraucherwiderrufsrechte anstelle des Vertretenen** ausüben.[165] Dies berührt zwar die Wirksamkeit des Vertrages nicht, lässt aber das Erfüllungsinteresse des anderen Teils entfallen, so dass eine Haftung aus § 179 Abs. 1 und 2 im Ergebnis nicht mehr besteht.

b) Ohne Vertretungsmacht

Bei Vertragsschluss muss der Vertreter ohne Vertretungsmacht gehandelt haben. Damit ist 179
gemeint, dass der Vertreter entweder über gar keine oder zumindest über keine ausreichende Vertretungsmacht verfügte.

Hinweis

Die Formulierung im Tatbestand des §§ 179 Abs. 1: *„…, sofern er nicht seine Vertretungsmacht nachweist,…“* ist nicht etwa dahin zu verstehen, dass der konkrete Nachweis zu den materiell-rechtlichen Anspruchsvoraussetzungen gehört.[166] Vielmehr dient die Formulierung der Verteilung der Darlegungs- und Beweislast.[167] Der Vertragspartner muss nach der Formulierung des § 179 Abs. 1 im Streitfall (nur) darlegen und beweisen, dass der Vertreter im fremden Namen einen Vertrag mit ihm geschlossen und dass der Vertretene seine Genehmigung verweigert hat. Demgegenüber muss der Vertreter darlegen und beweisen, dass er eine für den Vertragsschluss ausreichende Vertretungsmacht besaß, oder dass ein sonstiger Grund für die Haftungsbeschränkung bzw. den -ausschluss, etwa nach § 179 Abs. 2 bzw. Abs. 3, bestand.

162 Palandt-*Ellenberger* § 179 Rn. 2; *Leenen* BGB AT § 16 Rn. 14; *Faust* BGB AT § 27 Rn. 7.
163 *BGH* NJW 2002, 1867 f.; Palandt-*Ellenberger* § 179 Rn. 2; *Leenen* BGB AT § 16 Rn. 14; *Faust* BGB AT § 27 Rn. 7.
164 *Faust* BGB AT § 27 Rn. 7.
165 Palandt-*Ellenberger* § 179 Rn. 2; *Faust* BGB AT § 27 Rn. 7.
166 MüKo-*Schubert* § 179 Rn. 20.
167 *Leenen* BGB AT § 16 Rn. 5 ff.

180 Hatte der Vertreter immerhin Vertretungsmacht, reichte diese jedoch für den Vertragsschluss nicht aus, spielt es **keine Rolle, ob sich diese (unzureichende) Vertretungsmacht aus einer Vollmacht, aus Gesetz oder einer Organstellung** des Vertretenen ergab. § 179 ist in allen Fällen anwendbar.[168]

181 Im Falle einer **Untervollmacht** haftet der Untervertreter bei Mängeln seiner Untervollmacht. Hat er keine ausreichende Vertretungsmacht, weil keine ausreichende Hauptvollmacht des Hauptbevollmächtigten (= seines Untervollmachtgebers) bestand, kommt eine Haftung aus § 179 nur in Betracht, wenn der Vertreter die mehrstufige Vollmachtskette nicht offen gelegt hat.[169]

182 Liegen die Voraussetzungen der **Duldungs- oder Anscheinsvollmacht** vor und bestand danach für den Vertragsschluss eine ausreichende Vertretungsmacht des Vertreters, liegen die Voraussetzungen für eine Haftung aus § 179 Abs. 1 nicht vor. Nach ganz überwiegender Auffassung steht dem Vertragspartner **kein Wahlrecht** zu, ob er auf die Anwendung der Regeln zur Duldungs- und Anscheinsvollmacht verzichtet und sich wahlweise an den Vertreter oder den Vertretenen halten kann.[170] Dieses Problem ist uns bereits oben unter Rn. 94 ff. begegnet.

Eine andere Auffassung wäre mit der Ausgestaltung der Vertreterhaftung aus § 179 nicht zu vereinbaren. Der Geschäftspartner wird ja nur geschützt, wenn er im Vertrauen auf die scheinbare Vertretungsmacht des Vertreters den Vertrag geschlossen hat. Er geht also nicht von der realen Lage (= keine Vertretungsmacht) aus. Die Möglichkeit einer nachträglichen Berufung auf die reale Lage lässt sich also gerade nicht mit einem schützenswerten Vertrauen des Vertragspartners begründen.

2. Verweigerung der Genehmigung i.S.d. § 177 Abs. 1

183 Der Anspruch gegen den Vertreter aus § 179 setzt weiter voraus, dass der Vertretene **die Genehmigung verweigert hat**. Gemeint ist die Genehmigung nach § 177 Abs. 1, die die schwebende Unwirksamkeit beseitigen und den Vertrag endgültig unwirksam machen würde. Solange der Zustand schwebender Unwirksamkeit nach § 177 Abs. 1 noch besteht, haftet der Vertreter auch noch nicht.

Der Vertragspartner kann während des Schwebezustandes Einfluss auf das Schicksal des Vertrages entnehmen, indem er den Vertretenen nach § 177 Abs. 2 zur Erklärung über die Genehmigung auffordert oder nach § 178 den Widerruf erklärt[171] (vgl. Rn. 152 ff. oben).

Hinweis

Widerruft der Vertragspartner den Vertrag nach § 178, ist eine Haftung des Vertreters aus § 179 ausgeschlossen.[172] Das erklärt sich daraus, dass sich in diesem Fall das dem Vertreter zugewiesene Risiko in der endgültig fehlenden Zustimmung des Vertretenen (noch) nicht realisiert hat.

---

168 Palandt-*Ellenberger* § 179 Rn. 1.

169 Palandt-*Ellenberger* § 179 Rn. 3.

170 Siehe Nachweise oben unter Rn. 94 ff.

171 Sofern er nicht den Mangel der Vertretungsmacht bei Abschluss des Vertrages selber gekannt hat (§ 178 S. 1, Hs. 2).

172 MüKo-*Schramm* § 179 Rn. 21; Palandt-*Ellenberger* § 179 Rn. 4; *Faust* § 27 Rn. 8.

Der Verweigerung der Genehmigung **gleichzustellen** ist der in § 179 Abs. 1 nicht ausdrücklich aufgeführte Fall, dass die **Verweigerung wegen Fristablaufes gemäß § 177 Abs. 2 S. 2 fingiert wird.**[173] Denn entscheidend ist, dass die Wirksamkeit des Vertrages endgültig an der fehlenden Zustimmung des Vertretenen scheitert und sich damit das dem Vertreter zugewiesene Risiko verwirklicht hat.[174] **184**

3. (Kein) Ausschluss nach § 179 Abs. 3

a) Kenntnis oder Kennenmüssen des anderen Teils vom Mangel der Vertretungsmacht, § 179 Abs. 3 S. 1

Nach § 179 Abs. 3 S. 1 ist die Haftung des Vertreters ausgeschlossen, wenn der Vertragspartner den Mangel der Vertretungsmachte kannte oder kennen musste. **185**

„Kennenmüssen" bedeutet nach der Legaldefinition in § 122 Abs. 2 Unkenntnis infolge von Fahrlässigkeit, also infolge von Außerachtlassen der im Verkehr erforderlichen Sorgfalt (§ 276 Abs. 2). Entscheidend sind die Umstände bei Vertragsschluss.[175] Der Haftungsausschluss greift auch dann, wenn der Vertreter den Mangel seiner Vertretungsmacht kannte und dem Vertragspartner dies lediglich infolge von Fahrlässigkeit unbekannt geblieben ist.[176]

§ 179 schützt das Vertrauen des Vertragspartners in die Richtigkeit der vom Vertreter behaupteten Vertretungsmacht. Dies bedeutet in diesem Zusammenhang, dass der Vertragspartner auf eine ausreichende Vertretungsmacht des Vertreters vertrauen darf und ihn grundsätzlich keine Nachforschungspflicht trifft.[177] Der Vorwurf fahrlässiger Unkenntnis des Mangels der Vertretungsmacht kommt deshalb nur in Betracht, wenn der Vertragspartner bei Vertragsschluss entweder tatsächlich Zweifel an dem Bestand oder dem notwendigen Umfang der erforderlichen Vertretungsmacht hatte oder es jedenfalls erkennbare Umstände gab, die ihn insoweit hätten zweifeln lassen müssen.[178]

Beispiel Wenn der Vertreter bei Vertragsschluss ausdrücklich auf seine fehlende Vertretungsmacht hinweist, hat der Vertragspartner Kenntnis vom Mangel – eine Haftung des Vertreters ist ausgeschlossen.[179]

Die Aussage, es bestehe bereits eine mündliche Vollmacht, eine Urkunde könne gerne nachgereicht werden, begründet keine weitere Nachforschungspflicht des Vertragspartners – er darf auf die Behauptung der mündlich erteilten Vollmacht vertrauen.[180] Ist diese Behauptung falsch, haftet der Vertreter.

Eine Nachforschungspflicht kann sich hingegen ergeben, wenn aus früherer Zusammenarbeit Beschränkungen der Vertretungsmacht bekannt waren, insbesondere für Geschäfte mit einer bestimmten Größenordnung.

173 *Leenen* BGB AT § 16 Rn. 12; *Faust* § 27 Rn. 8.
174 *Leenen* BGB AT § 16 Rn. 12.
175 *Faust* BGB AT § 27 Rn. 9.
176 Palandt-*Ellenberger* § 179 Rn. 4.
177 Palandt-*Ellenberger* § 179 Rn. 4; *Faust* BGB AT § 27 Rn. 9.
178 *BGH* Urteil vom 9.11.2004 (Az: X ZR 101/03) unter Ziff. 2 a) = NJW-RR 2005, 268 f.; Palandt-*Ellenberger* § 179 Rn. 4.
179 *BGH* Urteil vom 12.11.2008 (Az: VIII ZR 170/07) unter Tz. 14 = BGHZ 178, 307 ff. = NJW 2009, 215 ff.
180 Palandt-*Ellenberger* § 179 Rn. 4.

186 Ein „Kennenmüssen" ist dann aber wieder zu verneinen, wenn die gebotenen Nachforschungen den Mangel der Vertretungsmacht nicht zutage gebracht hätten. Denn dann beruht die Unkenntnis nicht „infolge von Fahrlässigkeit", was eine Kausalität zwischen sorgfaltswidriger Untätigkeit und Unkenntnis voraussetzt.[181]

b) Beschränkte Geschäftsfähigkeit des Vertreters und Handeln ohne Zustimmung des gesetzlichen Vertreters, § 179 Abs. 3 S. 2

187 § 179 Abs. 3 S. 2 schließt die Haftung des Vertreters auch dann aus, wenn der Vertreter in der Geschäftsfähigkeit beschränkt war, es sei denn, dass er mit Zustimmung (§§ 182–184) seines gesetzlichen Vertreters gehandelt hat. Nach überwiegender Ansicht genügt es, wenn sich die Zustimmung auf den Vertragsschluss als Vertreter bezieht und nicht zugleich auf das Handeln ohne Vertretungsmacht.[182]

Hinweis

Wegen der Klarstellung in § 165 kann ein beschränkt Geschäftsfähiger jegliche Verträge als Vertreter im Namen eines anderen schließen, ohne dass § 108 ein Zustimmungserfordernis des gesetzlichen Vertreters auslöst. Ohne § 179 Abs. 3 S. 2 würde ein Wertungswiderspruch zu §§ 107 ff. entstehen, da der beschränkt Geschäftsfähige mit seinem Vertreterhandeln Haftungsrisiken aus § 179 eingeht. Nach der Wertung in den §§ 107 ff. dürfen solche rechtlichen Nachteile dem beschränkt Geschäftsfähigen nur mit Zustimmung seines gesetzlichen Vertreters aufgebürdet werden.

Bei Geschäftsunfähigkeit des „Vertreters" kommt eine Haftung aus § 179 von vorneherein nicht in Betracht. Mangels wirksamer Willenserklärung (§ 105 Abs. 1) kann ein Geschäftsunfähiger keinen Vertrag schließen.

4. Anspruchsinhalt

188 Hinsichtlich der Rechtsfolgen unterscheidet § 179 danach, ob der Vertreter den Mangel der eigenen Vertretungsmacht kannte oder nicht.

In allen Varianten ist folgende Beschränkung zu beachten: Da die Ansprüche des Vertragspartners aus § 179 **nicht zu einer Verbesserung seiner Situation im Vergleich zur Situation bei Wirksamkeit des Vertrages führen sollen, haftet der Vertreter nicht, wenn der Vertrag mit dem Vertretenen gar nicht hätte durchgeführt werden können**, etwa weil der Vertretene vermögenslos oder aus anderen Gründen nicht zur Erfüllung imstande gewesen wäre.[183]

a) Kenntnis des Vertreters vom Mangel der Vertretungsmacht, § 179 Abs. 1

189 Wusste der Vertreter bei Vertragsschluss, dass er ohne ausreichende Vertretungsmacht handelt, geht er ein bewusstes Risiko ein. Realisiert sich dieses Risiko, indem der Vertretene seine Zustimmung verweigert, haftet der Vertreter aus § 179 Abs. 1 nach Wahl des Vertragspartners auf Erfüllung oder Schadensersatz.

---

181 *BGH* Urteil vom 9.11.2004 (Az: X ZR 101/03) unter Ziff. 2 a) = NJW-RR 2005, 268 f.

182 Palandt-*Ellenberger* § 179 Rn. 4 a.E.

183 Palandt-*Ellenberger* § 179 Rn. 2; *Faust* BGB AT § 27 Rn. 10.

aa) Erfüllung

Wählt der Vertragspartner Erfüllung des Vertrages, **wird der Vertreter nicht etwa selber zum Vertragspartner.**[184] Es handelt sich unverändert um ein gesetzliches Schuldverhältnis. 190

Hinweis

Bei dinglichen Verträgen scheidet die Erfüllungsvariante aus, da diese Verträge kein auf Erfüllung gerichtetes Schuldverhältnis begründen. Diese Variante steht also nur bei schuldrechtlichen Verträgen zur Verfügung.[185]

Der Vertreter hat den Vertragspartner so zu stellen, wie er bei Wirksamkeit des Vertrages mit dem Vertretenen stünde. Das betrifft alle vertraglichen Primär- und Sekundäransprüche.[186] Der Vertragspartner vollzieht den Vertrag statt mit dem Vertretenen nun mit dem Vertreter. Dadurch soll der Vertragspartner aber **auch nicht besser gestellt werden**. Das hat folgende Konsequenzen:

Der Vertreter kann seinerseits die vertraglichen Ansprüche und Rechte geltend machen, die dem Vertragspartner bei Wirksamkeit des Vertrages zugestanden hätten. Ihm stehen also alle Gestaltungsrechte und Einreden des Vertretenen zu, insbesondere **Zurückbehaltungsrechte (§§ 273, 320) wegen vertraglicher Gegenansprüche**. 191

Der Vertreter kann seinerseits Erfüllung der vertraglichen Ansprüche des Vertretenen zunächst nicht verlangen. Die Bedeutung der Gegenansprüche zeigt sich primär also allein in den daraus entstehenden Zurückbehaltungsrechten. Ist der Vertreter aber mit der **Erfüllung des Vertrages in Vorleistung getreten, kann er seinerseits vom Vertragspartner Erfüllung der Gegenansprüche verlangen.**[187] Verletzt der Vertragspartner dabei seine Pflichten, stehen dem Vertreter die sich daraus ergebenden Sekundärrechte zu, wie zum Beispiel Gewährleistungsansprüche bei mangelhafter Leistung des Vertragspartners.[188]

Beispiel V kauft bei A im Namen des B ohne Vertretungsmacht ein Gemälde. Wie sich herausstellt, ist das Gemälde nicht echt, sondern eine billige Kopie, was A und V nicht wussten. B verweigert deshalb seine Genehmigung.

Dem Zahlungsanspruch des A kann V sein Zurückbehaltungsrecht aus § 320 entgegenhalten. Da A den Anspruch gem. § 433 Abs. 1 auf Übereignung des echten Gemäldes nicht erfüllen kann, ist sein Zahlungsanspruch nicht durchsetzbar.

Nehmen wir an, die fehlende Echtheit wäre zunächst unbekannt, und B hätte die Genehmigung aus anderen Gründen, etwa wegen der Höhe des vereinbarten Kaufpreises verweigert:

In diesem Fall könnte V dem Zahlungsanspruch des A wiederum das Zurückbehaltungsrecht aus § 320 entgegenhalten und auf Zahlung Zug-um-Zug gegen Übereignung des Gemäldes bestehen. Hat er gezahlt und entdeckt er nun die fehlende Echtheit des Gemäldes, kann V von A die sich aus §§ 437, 434 Abs. 1 ergebenden Rechte geltend

184 Palandt-*Ellenberger* § 179 Rn. 5; *Leenen* BGB AT § 16 Rn. 19; *Faust* BGB AT § 27 Rn. 10.
185 *Faust* BGB AT § 27 Rn. 10.
186 Palandt-*Ellenberger* § 179 Rn. 5; *Leenen* BGB AT § 16 Rn. 19; *Faust* BGB AT § 27 Rn. 10.
187 Palandt-*Ellenberger* § 179 Rn. 5; *Leenen* BGB AT § 16 Rn. 19; *Faust* BGB AT § 27 Rn. 10.
188 Palandt-*Ellenberger* § 179 Rn. 5; *Leenen* BGB AT § 16 Rn. 19; *Faust* BGB AT § 27 Rn. 10.

machen und insbesondere über den Rücktritt die Rückzahlung des Kaufpreises aus §§ 346 Abs. 1, 437 Nr. 2, 326 Abs. 5 Zug-um-Zug (§ 348) gegen Rückübereignung des Gemäldes verlangen. ■

bb) Schadensersatz

192 In der Schadensersatzvariante kann der Vertragspartner vom Vertreter statt der Erfüllung Schadensersatz, also **Schadensersatz statt der Leistung**, verlangen.[189] Man spricht auch vom „positiven Interesse".

Eine Naturalrestitution nach § 249 Abs. 1 ist (ähnlich wie bei § 281 Abs. 4) ausgeschlossen, da sich der Vertragspartner gerade gegen die Erfüllungsvariante entschieden hat.[190] Der Schadensersatzleistung richtet sich auf **Geldzahlung**, deren Höhe nach der Differenzmethode[191] als Saldo der wechselseitigen Positionen ermittelt wird.[192]

b) Keine Kenntnis des Vertreters vom Mangel der Vertretungsmacht, § 179 Abs. 2

193 Hat der Vertreter den Mangel der Vertretungsmacht nicht gekannt, schuldet er keine Erfüllung nach § 179 Abs. 1, sondern wie bei § 122 Abs. 1 lediglich Ersatz des Vertrauensschadens.

aa) Vertrauensschaden

194 § 179 Abs. 2 modifiziert den für die Schadensberechnung maßgeblichen Anknüpfungspunkt, indem der „zum Ersatz verpflichtende Umstand" i.S.d. § 249 Abs. 1 nicht mehr die Unwirksamkeit des Vertrages wegen mangelnder Vertretungsmacht ist. Vielmehr kann der Ersatzberechtigte nach § 179 Abs. 2 den Schaden ersetzt verlangen, den er dadurch erleidet, „dass er auf die Vertretungsmacht vertraut". Man spricht deshalb wie bei § 122 von „Vertrauensschaden" oder auch vom so genannten „negativen Interesse".[193]

JURIQ-Klausurtipp

Gehen Sie bei der Schadensermittlung in der Klausur immer strikt vom Wortlaut des § 179 Abs. 2 aus. Vermeiden Sie nach Möglichkeit das Wort „negatives Interesse", da es letztendlich nichtssagend ist und keine Subsumtion konkreter Schadenspositionen erlaubt.

Mit diesem Begriff will man nur den Unterschied zum „positiven Interesse" an der Wirksamkeit des Vertrages und seinem Vollzug gem. § 179 Abs. 1 deutlich machen.

Im Sinne der Differenzhypothese ist also zu fragen, **wie der Ersatzberechtigte im Vergleich zur jetzigen Lage stünde, wenn er nicht auf die Vertretungsmacht vertraut hätte.**

195 Der Anspruch kann danach die verschiedensten Schadenspositionen umfassen, insbesondere Aufwendungen aus Anlass des Vertragsschlusses oder der Erfüllung. So kann beispielsweise eine bereits erbrachte Leistung über §§ 179 Abs. 2, 249 Abs. 1 zurückgefordert oder zumindest Geldersatz verlangt werden. Zur Vermeidung von Wiederholungen verweisen wir insoweit auf die Darstellung zum Ersatz des Vertrauensschadens aus § 122 unter Rn. 443 ff.

---

189 Palandt-*Ellenberger* § 179 Rn. 6; *Leenen* BGB AT § 16 Rn. 20.
190 *Leenen* BGB AT § 16 Rn. 20.
191 Siehe zur Differenzmethode im Skript „Schuldrecht AT II" unter Rn. 212 ff.
192 Palandt-*Ellenberger* § 179 Rn. 6
193 Palandt-*Ellenberger* § 179 Rn. 7.

bb) Kappungsgrenze des § 179 Abs. 2 a.E

§ 179 Abs. 2 ordnet am Ende ausdrücklich eine Obergrenze für die Schadensersatzhaftung an. Diese wird begrenzt auf das Interesse, welches der Anspruchsberechtigte *„an der Wirksamkeit des Vertrages hat."* 196

Damit ist das sog. **„positive Interesse"** des § 179 Abs. 1 beschrieben. Die Vorschrift begrenzt also die Höhe des ersetzbaren Vertrauensschadens durch die Höhe des positiven Interesses. Der Vertragspartner bekommt also wertmäßig keinesfalls mehr als das, was er nach § 179 Abs. 1 beanspruchen könnte.

III. Weitere Prüfung

Die Prüfung der weiteren Anspruchsstationen, also der rechtsvernichtenden Einwendungen und der Durchsetzbarkeit, richtet sich nach den allgemeinen Regeln. 197

Der Anspruch ist nach § 271 Abs. 1 sofort fällig und verjährt regelmäßig in drei Jahren nach §§ 195, 199 Abs. 1. Da sich die Position des Vertragspartners durch § 179 nicht gegenüber der vertraglichen Situation verbessern soll, verjährt der Anspruch nicht später als der vertragliche Anspruch. **Eine für den vertraglichen Anspruch maßgebliche kürzere Frist ist also auch für den Anspruch aus § 179 maßgeblich.**[194]

IV. Weitere Anwendungsfälle

Die Schadensersatzhaftung aus § 179 gilt entsprechend beim **Handeln unter fremden Namen**[195] oder wenn der **Vertretene gar nicht existiert.**[196] 198

Hinweis

Die Haftung des Vertreters ist bei Vertretung einer nicht existierenden Person nach § 179 Abs. 3 S. 1 auch dann ausgeschlossen, wenn der Vertragspartner zwar weiß oder wissen musste, dass der Vertreter keine Vertretungsmacht hat, aber nicht weiß und auch nicht wissen musste, dass der Vertretene gar nicht existiert. Das liegt daran, dass § 179 Abs. 3 S. 1 die Kenntnis grundsätzlich nur auf das Fehlen der Vertretungsmacht und nicht auf die Gründe für das Fehlen bezieht.[197]

Online-Wissens-Check

Wie unterscheiden sich Anscheins- und Duldungsvollmacht voneinander?

Überprüfen Sie jetzt online Ihr Wissen zu den in diesem Abschnitt erarbeiteten Themen. Unter **www.juracademy.de/skripte/login** steht Ihnen ein Online-Wissens-Check speziell zu diesem Skript zur Verfügung, den Sie kostenlos nutzen können. Den Zugangscode hierzu finden Sie auf der Codeseite.

194 Palandt-*Ellenberger* § 179 Rn. 8.
195 Siehe oben unter Rn. 25 ff.
196 Palandt-*Ellenberger* § 179 Rn. 1; *Faust* BGB AT § 27 Rn. 7.
197 *BGH* Urteil vom 12.11.2008 (Az: VIII ZR 170/07) unter Tz. 15 = BGHZ 178, 307 ff. = NJW 2009, 215 ff.

3. Teil
Allgemeine Wirksamkeitshindernisse von Rechtsgeschäften

A. Verletzung eines gesetzlichen Formgebots, § 125 S. 1

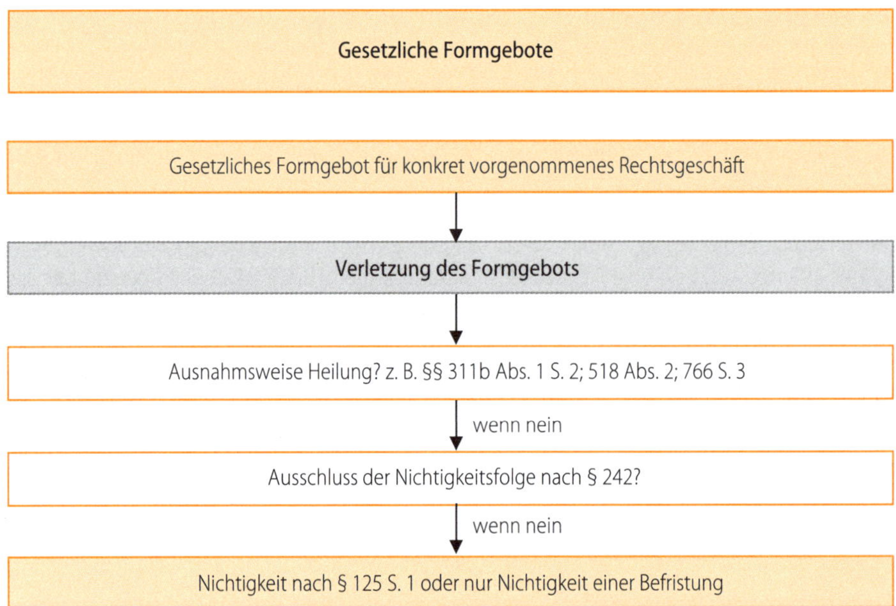

199 Bei den nun folgenden allgemeinen Wirksamkeitshindernissen handelt es sich um diejenigen Wirksamkeitsvoraussetzungen, deren Fehlen die endgültige Unwirksamkeit (= Nichtigkeit) des vorgenommenen Rechtsgeschäfts besiegeln. Das Rechtsgeschäft ist dann von Anfang an nichtig.

Diese Nichtigkeitsgründe gelten **sowohl für einseitige Rechtsgeschäfte als auch für Verträge.**

JURIQ-Klausurtipp

In der Klausur sind die Nichtigkeitsgründe im Zweifel wegen ihres endgültigen Charakters nach den erörterten Wirksamkeitserfordernissen aus §§ 107, 108 sowie §§ 164, 177 zu prüfen. Das empfiehlt sich auch deshalb, weil einige Wirksamkeitshindernisse Heilungsmöglichkeiten vorsehen, die aber nicht greifen können, wenn das Rechtsgeschäft aus anderen Gründen schwebend unwirksam ist.

Liegt ein Nichtigkeitsgrund unproblematisch vor, kann er selbstverständlich „vorgezogen" werden, da eine schwebende Unwirksamkeit dann von vorneherein ausgeschlossen ist. Auf das Vorliegen eines Wirksamkeitserfordernisses kommt es nicht mehr an. Hat also beispielsweise ein Vertreter ohne Vertretungsmacht einen formnichtigen Vertrag geschlossen, kann eine Genehmigung des Vertretenen gem. § 177 Abs. 1 an dieser Nichtigkeit nichts mehr ändern.

Nichtigkeit nach § 125 S. 1 200

[Anknüpfungspunkt im Gutachten: Vertragsschluss oder einseitige Willenserklärung]

I. Gesetzliches Formgebot für das geprüfte Rechtsgeschäft
- Analoge Anwendung von Formvorschriften Rn. 254
- Keine vom Grundsatz der Nichtigkeit abweichende Rechtsfolgeanordnung Rn. 205

II. Tatsächliche Verletzung der gebotenen Form
1. Maßgeblicher Zeitpunkt
   a) Empfangsbedürftige Willenserklärungen: Zugang
   b) Nicht empfangsbedürftige Willenserklärungen: Abgabe
2. Verletzung
   - Andeutungen in der Urkunde Rn. 257 ff.
   - falsa demonstratio Rn. 259 ff.

III. Heilung
1. Gesetzliche Heilungsmöglichkeit?
2. Heilungstatbestand erfüllt?

IV. Berufung auf ermittelte Nichtigkeitsfolge ausnahmsweise treuwidrig (§ 242)?

PRÜFUNGSSCHEMA

I. Gesetzliche Formgebote

Für den objektiven Tatbestand der Willenserklärung genügt jedes Verhalten, das einen konkreten Rechtsfolgenwillen erkennen lässt. Eine besondere Form ist dabei grundsätzlich nicht einzuhalten. Es gilt im Interesse der Leichtigkeit des Rechtsverkehrs der **Grundsatz der Formfreiheit**. 201

Das Gesetz ordnet aber in einer Vielzahl von Fällen den Formzwang für bestimmte Rechtsgeschäfte an und schränkt damit den Grundsatz der Formfreiheit ein. Die vorgeschriebene Form ist dann Voraussetzung für die Wirksamkeit des Rechtsgeschäfts, wie sich aus § 125 S. 1 ergibt. 202

Die Beschränkung der Formfreiheit kann sich auf einseitige Rechtsgeschäfte (z.B. §§ 568, 623) oder auf mehrseitige Rechtsgeschäfte, insbesondere Verträge beziehen. Bei den Verträgen kann nur eine Erklärung (z.B. §§ 518, 766) oder der ganze Vertragsschluss, also alle Erklärungen, formgebunden sein (z.B. § 311b Abs. 1 S. 1). 203

II. Folgen bei Verletzung der Form

1. Grundsatz der Nichtigkeit

Bei Nichtbeachtung der gesetzlich vorgeschriebenen Form ist das Rechtsgeschäft nach dem Grundsatz des **§ 125 S. 1 nichtig**. 204

JURIQ-Klausurtipp

Der Einstieg in das Thema „Nichtigkeit wegen Verletzung einer gesetzlich vorgeschriebenen Form erfolgt über § 125 S. 1 (bzw. § 494 Abs. 1, ggf. i.V.m. § 507), da diese Vorschrift als Rechtsfolge die Nichtigkeit des Rechtsgeschäfts vorsieht.

In der Prüfung könnte der Einstiegssatz in die Formfrage beispielsweise lauten: „Die Kündigung des A" (oder: „Der zwischen A und B geschlossene Bürgschaftsvertrag") könnte jedoch gem. § 125 S. 1 nichtig sein. Dies setzt voraus, dass …"

2. Sonderfall: Unwirksamkeit einer Befristung

205 In einigen Fällen regelt das Gesetz die Folge eines Schriftformverstoßes abweichend von § 125 S. 1.

Beispiel Nach § 550 bedarf ein auf mehr als ein Jahr befristeter Mietvertrag der Schriftform. Wahrt er sie nicht, ist er aber nicht nach § 125 S. 1 insgesamt nichtig. Unwirksam ist vielmehr nur die Vereinbarung über die Befristung, so dass er auf unbestimmte Zeit läuft. Der „Witz" dieser Regelung besteht darin, dass der Vertrag dann von beiden Parteien ordentlich gekündigt werden kann, allerdings frühestens zum Ablauf eines Jahres, § 550 S. 2. Bei wirksamer Befristung ist eine ordentliche Kündigung hingegen ausgeschlossen, vgl. § 542. Einen vergleichbaren Mechanismus finden wir im BGB in §§ 575 Abs. 1, 585a. Die Unwirksamkeit der Befristung eröffnet den Parteien also wieder das „normale" ordentliche Kündigungsrecht und damit eine frühere Lösungsmöglichkeit als nach der Vereinbarung vorgesehen. Außerdem greifen besondere Kündigungsschutzregelungen, beim Wohnraummieter die §§ 573, 573c. Der Vermieter wird ihn also nicht so einfach wieder los. ■

JURIQ-Klausurtipp

Im Falle der Verletzung von besonderen Formvorschriften nach §§ 550, 575 Abs. 1, 585a handelt es sich also nicht um Wirksamkeitshindernisse des ganzen Vertrages. Diese Formvorschriften sind folglich nicht unter dem Gesichtspunkt „Nichtigkeit des Vertrages", sondern unter dem Aspekt „unbestimmte Laufzeit" insbesondere im Rahmen einer ordentlichen Kündigung zu prüfen, vgl. § 542 Abs. 1.

3. Heilung des Formmangels

206 In einigen gesetzlichen Fällen ist die Möglichkeit der Heilung des Rechtsgeschäfts vorgesehen. Diesen Fällen ist gemeinsam, dass das Verpflichtungsgeschäft gemäß § 125 S. 1 bei Mängeln der Form zunächst nichtig ist. Die Heilung erfolgt dann durch einen weiteren Akt, nämlich **die Durchführung des Erfüllungsgeschäfts**. Die bewusste Vornahme der Erfüllung des zunächst formnichtigen Rechtsgeschäfts lässt die Warn- und Beweisfunktion des Formerfordernisses nachträglich entfallen.

207 Wichtige Fälle der Heilung sind in **§ 311b Abs. 1 S. 2** für den Grundstückskaufvertrag, in **§ 494 Abs. 2** für den Verbraucherdarlehensvertrag, in **§ 518 Abs. 2** für die Schenkung und in **§ 766 S. 3** für die Bürgschaft normiert.

Beispiel B erklärt seine Bereitschaft, sich für seinen Bruder A bei der G-Bank AG wegen dessen Schulden bei G zu verbürgen. Er teilt dies der G per Fax mit. G erklärt dankend die Annahme. Als B später von G in Anspruch genommen wird, zahlt er nur die Hälfte der Forderung.

Gem. § 766 S. 1 muss die Erklärung des Bürgen schriftlich im Sinne des § 126 abgegeben werden. Eine Ausnahme nach § 350 HGB liegt nach dem Sachverhalt nicht vor. Da die Form bei Zugang gewahrt sein muss, genügt das Fax mangels eigenhändiger Unterschrift auf der ausgedruckten Kopie der gesetzlichen Schriftform nicht. Die Bürgschaftserklärung des B wurde demnach formunwirksam erteilt, so dass der Vertrag zunächst gemäß § 125 S. 1 nichtig gewesen ist. Es könnte aber eine Heilung gemäß § 766 S. 3 eingetreten sein. B zahlt hier die Hälfte der Forderung der G. In dieser Höhe hat er die Hauptverbindlichkeit erfüllt und in dieser Höhe ist auch Heilung des ursprünglich formnichtigen Bürgschaftsvertrages eingetreten. Es ist aber auf den genauen Wortlaut der Vorschrift zu achten. „Soweit" meint, dass Heilung nur in Höhe der Erfüllung eintritt. Der Formmangel des Bürgschaftsvertrages ist also nur insoweit geheilt, wie er von B erfüllt wurde. Eine Forderung der G-Bank auf die noch fehlende Hälfte ist aber nicht wirksam begründet worden. Für diese noch fehlende Hälfte bleibt es bei der Formunwirksamkeit des Bürgschaftsvertrages. Im Ergebnis kann der B seine Leistung nicht zurückfordern. Umgekehrt hat die G keinen vertraglichen Anspruch auf weitere Zahlungen gegen B. ■

Aus diesen gesetzlichen Beispielen lässt sich **kein allgemeines Prinzip** ableiten, nach dem die Erfüllung eines formbedürftigen Vertrages stets Heilung zur Folge hätte. Die gesetzlich normierten Fälle der Heilung sind abschließend und als Ausnahmevorschriften nicht analogiefähig.[1] **208**

4. Treuwidrige Berufung auf den Formmangel

In Fällen, in denen das Rechtsgeschäft wegen Formmangels gemäß § 125 S. 1 nichtig und auch keine Heilung gemäß einer Spezialvorschrift eingetreten ist, kann es einer Partei im Einzelfall dennoch verwehrt sein, sich auf den Formmangel zu berufen. Eine Durchbrechung des Formzwangs kann sich im Einzelfall aus dem Prinzip von Treu und Glauben, § 242, **wegen Rechtsmissbrauchs** ergeben. **209**

In diesen Fällen wird das Rechtsgeschäft nach § 242 so behandelt, als sei es formwirksam vorgenommen worden. Faktisch kommt es bei dieser Vorgehensweise zu einer Nichtanwendung der Formvorschriften. Dies zeigt, dass eine Anwendung von § 242 in Fällen des Formmangels auf **krasse Ausnahmefälle** beschränkt bleiben muss. **210**

Die Rechtsprechung fordert für eine Durchbrechung des Formzwanges durch den Grundsatz von Treu und Glauben, dass die Formnichtigkeit des vorgenommenen Rechtsgeschäfts zu einem **schlechthin untragbare Ergebnis** führen muss.[2] Diese schlechthin untragbaren Ergebnisse werden in zwei Fallgruppen angenommen, nämlich bei **wirtschaftlicher Existenzgefährdung** einer Partei oder **besonders schwerwiegender Treupflichtverletzung** der Partei, die sich auf die Formverletzung beruft. **211**

1 Palandt-*Ellenberger* § 125 Rn. 13.

2 Z.B. *BGH* Urteil vom 16.7.2004 (Az: V ZR 222/03) unter Ziff. II 3b aa m.w.N. = NJW 2004, 3330.

Beispiel 1 K erwirbt von der V GmbH durch notariell beurkundeten Vertrag ein Grundstück mit einem – von V noch zu errichtenden – Haus. Die Fertigstellung des Objekts verzögert sich und V gerät in finanzielle Schwierigkeiten. Eine Tochtergesellschaft der V, die T GmbH, einigt sich deshalb mit K und V per Briefwechsel, dass T den Vertrag „anstelle der V mit allen Rechten und Pflichten übernimmt." K erklärt sich bereit, als Finanzierungshilfe die Hälfte des Kaufpreises an T zu zahlen. Nachdem V Insolvenz angemeldet hat, verlangt K von T Erfüllung des Vertrages. T wendet ein, der Vertrag mit ihr sei nach § 125 S. 1 nichtig.

Der zwischen K, V und T geschlossene Vertrag ist nicht notariell beurkundet worden und verletzt deshalb das gesetzliche Formgebot aus § 311b Abs. 1 S. 1. Da mit dem Vertrag auch die Eigentumsverschaffungspflicht in Bezug auf das Grundstück neu bei T begründet werden sollte, unterlag er der Formvorschrift des § 311b Abs. 1 S. 1 und bedurfte zu seiner Wirksamkeit der notariellen Beurkundung.[3]

Der T ist hier jedoch die Berufung auf den Grundsatz der Formnichtigkeit nach § 125 S. 1 wegen rechtsmissbräuchlichen Verhaltens gem. § 242 verwehrt. K musste die Vertragsübernahme durch T als dringende „Sanierungsmaßnahme" begreifen und hat sich deshalb unter Verzicht auf seine Ansprüche gegen V auf eine weitere Vertragsdurchführung mit T eingelassen. Außerdem ist K gegenüber T in Vorleistung getreten und hat einen Teil des Kaufpreises an die T ausgezahlt. Wenn T sich nun ohne ersichtlichen Grund allein wegen der fehlerhaften Form von den getroffenen Vereinbarungen löst, ist dies in hohem Maße treuwidrig. Die Berufung dient allein dem Zweck, sich von den vertraglich übernommenen Pflichten zu lösen, obwohl der K seinerseits in Vorleistung getreten ist. ■

Beispiel 2 Anders läge es, wenn K keinerlei Vorleistungen zu erbringen gehabt hätte. Niemandem ist es nach § 242 verwehrt, sich auch nach längerer Zeit auf die Formnichtigkeit eines Vertrages zu berufen.[4] Etwas anderes gilt nur dann, wenn derjenige, der sich auf den Formeinwand beruft, den Vertrag zunächst über längere Zeit unbeanstandet durchführte und einseitig davon profitiert hat.[5] ■

JURIQ-Klausurtipp

Für die Fallgruppe der „Treuepflichtverletzung" können Sie sich folgende „Faustformel" merken: Geht es demjenigen, der sich auf die Formnichtigkeit beruft, darum, sich eigenen vertraglichen Verpflichtungen zu entziehen, obwohl er selbst aus der unbeanstandete Durchführung des Vertrages erhebliche Vorteile erzielt hat, liegt in der Regel rechtsmissbräuchliches Verhalten vor.

III. Formzwecke

212 Der gesetzliche Zwang der betroffenen Parteien zur Einhaltung einer bestimmten Form verfolgt bestimmte Zwecke. Welchen Zwecken eine Formvorschrift zu dienen bestimmt ist, bedarf stets der Auslegung der jeweiligen Norm. Sehen wir uns die einzelnen Formzwecke zunächst genauer an. Dies ist wichtig, weil Zweifelsfälle immer mit Blick auf die jeweiligen Formzwecke zu lösen sind. Damit beschäftigen wir uns dann im Anschluss.

---

3 *BGH* NJW 1996, 2503, 2504 unter Ziff. II 2 in einem ähnlichen Fall.
4 Urteil des *BGH* vom 16.7.2004 (Az: V ZR 222/03) unter Ziff. II 3b m.w.N. = NJW 2004, 3330.
5 Urteil des *BGH* vom 16.7.2004 (Az: V ZR 222/03) unter Ziff. II 3b m.w.N. = NJW 2004, 3330.

1. Informations-, Klarstellungs- und Beweisfunktion

Jede Formvorschrift erfüllt zunächst eine Informations-, Klarstellungs- und Beweisfunktion. 213
Durch die Einhaltung der Form wird ein Dokument geschaffen, das Aufschluss und Klarheit über die Vornahme und den Inhalt eines Geschäfts bieten soll.

Die Einhaltung der Form dient häufig nicht nur dem Informations- bzw. Beweisbedürfnis der 214
unmittelbar am Rechtsgeschäft beteiligten Personen. Auch Dritte – entweder Personen oder Behörden – haben in einigen Fällen ein durch die Formvorschrift geschütztes Interesse an der Kontrolle von Abschluss und Inhalt eines Geschäfts.

Beispiel Die in § 550 (ggf. i.V.m. § 578) vorgesehene Schriftform für langfristig abgeschlossene Mietverträge schützt in erster Linie das Informationsinteresse des Erwerbers des Grundstücks, der über § 566 (ggf. i.V.m. § 578) in die Rechte und Pflichten des Mietvertrages eintritt.[6] ■

2. Warnfunktion

Wenn der Gesetzgeber eine über die (simple) Textform des § 126b hinausgehende Form vor- 215
schreibt, will er die formgebundene Partei zugleich vor einer übereilten und daher unüberlegten Bindung warnen. Eine solche Warnung ist in zwei Fällen typischerweise geboten:

Bei vielen Verträgen soll nur eine Partei zu einer Leistung verpflichtet werden. Diese Partei soll sich diese „Einseitigkeit" daher genau überlegen. Sie bekommt schließlich keine Gegenleistung für ihren Leistungseinsatz.

Beispiele Schenkungsversprechen bei Schenkungsvertrag (§ 518), Bürgenerklärung bei Bürgschaftsvertrag (§ 766, Ausnahme bei Kaufleuten: § 350 HGB), Schuldanerkenntnis und -versprechen (§§ 780, 781, Ausnahme bei Kaufleuten: § 350 HGB). ■

Andere Rechtsgeschäfte sind typischerweise von wesentlicher, wenn nicht gar existenzieller 216
Bedeutung für eine oder alle beteiligten Personen. Auch diese Geschäfte sollen nicht unüberlegt vorgenommen werden können.

Beispiele Grundstücksgeschäfte (§ 311b Abs. 1 S. 1), Kündigung von Wohnraummietverträgen (§ 568), Beendigung von Arbeitsverhältnissen (§ 623), Bürgenerklärung bei Bürgschaftsvertrag (§ 766). ■

3. Beratungsfunktion

Bei besonders bedeutenden und rechtlich komplexen Rechtsgeschäften möchte der Gesetz- 217
geber schließlich noch eine sachkundige Beratung der am Rechtsgeschäft beteiligten Personen gewährleisten. Diese Funktion soll ein Notar erfüllen und deshalb verlangt das Gesetz dann die notarielle Beurkundung des Rechtsgeschäfts.

Beispiele Grundstücksgeschäfte (§ 311b Abs. 1 S. 1), Schenkungsversprechen bei Schenkungsvertrag (§ 518 – wegen möglicher steuer- und erbrechtlicher Konsequenzen), Eheverträge (§ 1410), Erbverträge (§ 2276 Abs. 1 S. 1). ■

6 BGHZ 136, 357 ff. unter Ziff. II 7 = NJW 1998, 58 ff.; Palandt-*Weidenkaff* § 550 Rn. 1.

IV. Art der vorgeschriebenen Form

1. „Ausdrückliche Form"

218 Die erste Steigerung der förmlichen Anforderungen sieht das Gesetz dort vor, wo es eine „ausdrückliche" Form verlangt, also Erklärungen ausschließt, deren Inhalt sich erst im Wege der Auslegung ermitteln lässt (z.B. Erklärungen durch „schlüssiges" Handeln). Damit wird – in abgeschwächter Form – vor allem ein Klarstellungs- und Warnzweck verfolgt.[7]

Beispiele Verbindliche Vereinbarung einer Fremdwährungsschuld in § 244 Abs. 1; bestimmte Vereinbarungen zur Hinterlegung von Wertpapieren, § 700 Abs. 2; Erteilung von Prokura, § 48 Abs. 1 HGB. ■

2. Textform (§ 126b)

219 Die Textform ist in § 126b geregelt. Sie verfolgt lediglich eine Klarstellungs- Beweis- und Informationsfunktion.[8]

Beispiele § 312a Abs. 2 i.V.m. Art. 246 Abs. 3 S. 1 EGBGB (Widerrufsbelehrung), 479 Abs. 2 (Garantieerklärung auf Verlangen des Verbrauchers). ■

220 Da die Erfordernisse der Textform am geringsten sind, kann sie analog § 126 Abs. 4 durch jede höhere Form wirksam ersetzt werden. Sie ist in den strengeren Formen sozusagen „enthalten".[9]

Sehen wir uns nun die Formerfordernisse im Einzelnen an:

a) Lesbare Erklärung

221 Um der Textform zu genügen, muss die Erklärung nach § 126b S. 1 „lesbar" abgegeben sein. Eine Erklärung ist dann lesbar, wenn der Empfänger die Erklärung auf Papier oder auf andere Weise lesen kann, z.B. im Falle elektronischer Erklärungen wie E-Mails mittels eines technischen Gerätes (z.B. Smartphone, Computer).[10]

b) Abgabe auf einem dauerhaften Datenträger

222 § 126b S. 1 verlangt weiter, dass die Erklärung auf einem „dauerhaften Datenträger" abgegeben wird. Nach § 126b S. 2 ist ein dauerhafter Datenträger jedes Medium, das es dem Empfänger ermöglicht, eine auf dem Datenträger befindliche, an ihn persönlich gerichtete Erklärung so aufzubewahren oder zu speichern, dass sie ihm während eines für ihren Zweck angemessenen Zeitraums zugänglich ist, und geeignet ist, die Erklärung unverändert wiederzugeben.

Beispiele Abgabe auf Papier als Original, per Fax, per E-Mail, SMS, Massaging-Dienste wie WhatsApp oder Speichermedien wie USB-Stick und Speicherkarte.[11]

---

7 *Medicus/Petersen* Allgemeiner Teil des BGB Rn. 335.

8 *Faust* BGB AT § 8 Rn. 2.

9 Palandt-*Ellenberger* § 126b Rn. 2.

10 Palandt-*Ellenberger* § 126b Rn. 3.

11 Palandt-*Ellenberger* § 126b Rn. 3.

Demgegenüber wahrt beispielsweise die nur auf einer Internetseite angezeigte Widerrufsbelehrung die Textform nicht. Sie ist zwar in Schriftzeichen abgefasst. Es fehlt aber in jedem Fall am Erfordernis der Möglichkeit einer dauerhaften Wiedergabe beim Empfänger. Die Daten sind nicht aus dem Monitorbild/Display des Nutzergerätes dauerhaft zu speichern; mit dem Ausschalten des Wiedergabegerätes erlischt der Text. Etwas anderes gilt nur dann, wenn eine tatsächliche Downloadmöglichkeit besteht.[12] ■

c) Nennung des Erklärenden

Als weiteres Erfordernis des § 126b S. 1 muss die Person des Erklärenden genannt werden, wobei dies durch Unterschrift, Angaben im Briefkopf oder im Rahmen des Textes erfolgen kann.[13] Eine Bestimmbarkeit der Person aus Sicht des Empfängers genügt, da dem Beweiszweck insoweit (gerade noch) gedient ist. Je nach Einzelfall kann es ausreichend sein, wenn nur der Vorname oder Spitzname genannt werden.[14] **223**

Hinweis

Erklärender ist im Falle der Vertretung der Stellvertreter, da er ja eine eigene Willenserklärung abgibt!

d) Erkennbarkeit des Erklärungsabschlusses

Schließlich ist auch nach der Neufassung des § 126b die Erkennbarkeit des Abschlusses der Erklärung notwendig. Dies wird zwar nach dem Wortlaut nicht mehr ausdrücklich verlangt. Da mit der Neufassung eine Änderung der bestehenden Rechtslage aber nicht beabsichtigt war, wird es als nun als ungeschriebenes Tatbestandsmerkmal angesehen.[15] Als wesentlicher Unterschied zur Schriftform und zur elektronischen Form ist **keine Unterschrift der Erklärung notwendig**. Solange der Aussteller z.B. in der Kopfzeile erkennbar ist, braucht **die** Erklärung keinerlei Unterschrift zu tragen. Es genügt ein Gruß oder eine sonstige Abschlussformel.[16] **224**

3. Schriftform (§ 126)

Die Schriftform ist die wichtigste im Gesetz vorgesehene Formvorschrift. Ihre Anforderungen sind in § 126 geregelt. Neben einer (gesteigerten) **Klarstellungs- und Beweisfunktion** (vgl. § 416 ZPO) verfolgt der Gesetzgeber mit der Schriftform zugleich die Absicht, die formgebunde Partei zu **warnen**. Der Übereilungsschutz soll durch das Erfordernis einer eigenhändigen Unterschrift des Ausstellers unterhalb des auf einer Urkunde „schwarz auf weiß" niedergelegten Rechtsgeschäfts erreicht werden („Überlege Dir genau, ob Du das alles wirklich unterschreiben und damit gelten lassen willst!"). **225**

12 Palandt-*Ellenberger* § 126b Rn. 3; MüKo-*Einsele* § 126b Rn. 9 f.
13 Palandt-*Ellenberger* § 126b Rn. 4; *Faust* BGB AT § 8 Rn. 2.
14 Palandt-*Ellenberger* § 126b Rn. 4.
15 Palandt-*Ellenberger* § 126b Rn. 5.
16 *Faust* BGB AT § 8 Rn. 2.

a) Eigenhändige Unterschrift des Ausstellers

226 Wesensmerkmal der Schriftform ist die eigenhändige Namensunterschrift des Ausstellers bzw. der Aussteller der formbedürftigen Erklärung(en).

Hinweis

Aussteller der Urkunde ist im Falle der Vertretung der Stellvertreter, da er ja eine eigene Willenserklärung abgibt!

227 Bei einem **Vertrag** müssen die Parteien gem. § 126 Abs. 2 S. 1 auf derselben Urkunde unterschreiben. Der Austausch einseitig unterzeichneter Vertragsurkunden reicht nur dann aus, wenn es sich dabei jeweils um eine identische Ausfertigung des Vertrages handelt, § 126 Abs. 2 S. 2.

228 Der Aussteller muss die Urkunde eigenhändig räumlich **unterhalb der Erklärung** unterschreiben. Eine „Überschrift" oder seitliche „Nebenschrift" genügen nicht.[17] Räumlich unter der Überschrift befindliche Erklärungen genügen in aller Regel nicht der Schriftform.

229 „Unterschrift" meint das **eigenhändige Unterschreiben** der Urkunde, die maschinelle Einfügung einer Unterschrift oder der Druck genügt dem Erfordernis der Schriftform nicht. Entscheidend ist weiter, dass die Person des Ausstellers anhand der Namensunterschrift eindeutig erkennbar ist (Identitäts- und Echtheitsfunktion der Unterschrift).

Beispiele Die Verwendung des Vornamens allein genügt folglich nicht,[18] wohl aber die Unterschrift mit dem Nachnamen,[19] mit der Firma des Einzelkaufmanns (§ 17 HGB) oder mit einem tatsächlich gebrauchten Pseudonym[20] (z.B. „Cro" oder „Thea Dorn"). ■

230 Eine vom **Vertreter unterschriebene Urkunde** genügt nur der Schriftform, wenn der Vertretungswille und die Person des bzw. der Vertretenen zumindest anhand der Urkunde eindeutig bestimmbar sind. Es dürfen sich aus der Urkunde **keine Zweifel darüber ergeben, ob und wen der Aussteller vertreten wollte.**[21]

Beispiel In einer Mietvertragsurkunde über Büroräume heißt es, dass der auf 5 Jahre befristete Mietvertrag zwischen der A GmbH, „vertreten durch ihren Geschäftsführer A. Meier", und der M & S OHG, „vertreten durch ihre beiden Gesellschafter B. Müller und C. Schulze" geschlossen wird. Für die OHG tritt bei Vertragsschluss nur der alleinvertretungsberechtigte (vgl. § 125 Abs. 1 HGB) Müller auf und unterschreibt die Urkunde auf der für die OHG bestimmten Unterschriftszeile. Hier geht aus der Urkunde nicht klar hervor, ob Müller der alleinige Aussteller der Urkunde für die OHG ist oder ob auch Schulze am Vertragsschluss beteiligt war und daher als weiterer Vertreter die Unterschrift hätte leisten müssen. Es stellt sich also die Frage, ob Schulzes Unterschrift noch fehlt. Gem. §§ 550, 578 ist die Befristung mangels Formwahrung unwirksam, so dass der Mietvertrag auf unbestimmte Zeit läuft.[22] ■

---

17 BGHZ 113, 48 ff. unter Ziff. I 2a = NJW 1991, 487.

18 *BGH* Urteil vom 25.10.2002 (Az: V ZR 279/01) unter Ziff. II 5 = BGHZ 152, 255 ff. = *BGH* NJW 2003, 1120 f.

19 *BGH* Urteil vom 25.10.2002 (Az: V ZR 279/01) unter Ziff. II 5 = BGHZ 152, 255 ff. = *BGH* NJW 2003, 1120 f.

20 Palandt-*Ellenberger* § 126 Rn. 10.

21 *BGH* Urteil vom 6.4.2005 (Az: XII ZR 132/03) unter Ziff. II 2 = NJW 2005, 2225 f.

22 *BGH* Urteil vom 16.7.2003 (Az: XII ZR 65/02) unter Ziff. 3 = NJW 2003, 3053.

§ 126 schreibt **keine zeitliche Reihenfolge** zwischen Fertigstellung der Urkunde und der Unterschriftsleistung vor. Im Grundsatz genügt daher die vorab „**blanko**" geleistete Unterschrift dem Schriftformerfordernis des § 126. Natürlich muss die Urkunde später um den Inhalt vervollständigt werden – sonst hätte die Urkunde ja keinen Erklärungswert. Auf die mit der Blankounterschrift verbundenen Gefahren kommen wir sogleich zurück. **231**

b) Einheitliche Urkunde

Das der Schriftform unterworfene Rechtsgeschäft muss in einer „Urkunde" niedergelegt sein. Der Begriff der Urkunde wird in § 126 nicht definiert, sondern vorausgesetzt. Die Rechtsprechung hat das Merkmal der Urkunde näher ausgestaltet. **232**

aa) Schriftlichkeit

Die Urkunde über das Rechtsgeschäft muss schriftlich abgefasst sein.[23] Dies wird in der Regel durch Druck, Vervielfältigung oder handschriftliche Verfassung der Urkunde geschehen, wobei es nach § 126 überhaupt nicht auf die Person des technischen Herstellers des Exemplars der Urkunde ankommt (Erklärender selbst, Mitarbeiter, Rechtsanwalt, Notar etc.). Für die Formfrage spielt es nach § 126 auch keine Rolle, in welcher Sprache das Rechtsgeschäft verfasst ist.[24] **233**

bb) Einheitlichkeit

Ein schriftlich vorzunehmendes Rechtsgeschäft passt selten auf nur ein Blatt Papier. § 126 verlangt aber, dass „die Urkunde" unterzeichnet wird. Wo ist die Unterschrift also zu setzen, wenn das Rechtsgeschäft auf mehreren Blättern niedergelegt ist? Wie müssen die Blätter miteinander verbunden sein? **234**

Um sich in der hierzu ergangenen Rechtsprechung des *BGH* zurechtzufinden, muss man gedanklich zwischen der „Zusammenfügung" und „Beifügung" von Dokumenten unterscheiden. **235**

(1) „Zusammenfügung" mehrerer Blätter zu einer Urkunde

Wenn eine als gedankliche Einheit abgegebene Erklärung auf mehr als einem Blatt schriftlich niedergelegt ist, stellt die körperliche Verbindung der einzelnen Bestandteile (sprich: Blätter) eine „Zusammenfügung" dar, nicht aber eine „Beifügung" eines Schriftstücks zu einem anderen Schriftstück.[25] **236**

Beispiel Eine Bürgschaftsurkunde besteht aus vier Seiten. Wie müssen diese „zusammengefügt" werden? Wo muss der Bürge unterschreiben? ■

Die Frage nach der Art der Verbindung der einzelnen Blätter wird mit Blick auf die Abschlussfunktion der Unterschrift und die Formzwecke beantwortet. **237**

Voraussetzung für eine formwirksame Unterschrift i.S.d. § 126 ist, dass sie die Urkunde räumlich abschließt, also unterhalb des Textes steht.[26] Wo der Text einer aus mehreren Blättern bestehenden Urkunde endet und folglich durch Unterzeichnung abzuschließen ist, lässt sich bei einer körperlich festen Verbindung der Blätter (z.B. durch Heftung oder Verbindung mit-

23 Palandt-*Ellenberger* § 126 Rn. 2.

24 Palandt-*Ellenberger* § 126 Rn. 2.

25 BGHZ 136, 357 ff. unter Ziff. II 1 ff. = NJW 1998, 58 ff.

26 Allgemeine Meinung, z.B. Palandt-*Ellenberger* § 126 Rn. 6.

tels Schnur und Siegel[27]) leicht feststellen. Aber auch ohne eine derartige körperliche Verbindung der einzelnen Blätter kann sich dies aus bestimmten Merkmalen ergeben, wenn beispielsweise die Nummerierung der einzelnen Blätter, die fortlaufende Nummerierung der einzelnen Bestimmungen oder gegebenenfalls auch nur die logische Reihenfolge und der inhaltliche Zusammenhang des Textes die Reihenfolge der einzelnen Blätter und damit zugleich die Textfolge und das Ende des Textes kennzeichnen.[28]

238 Dem generellen Schriftformerfordernis des § 126 ist daher bei einer mehrere Blätter umfassenden und am Ende des Textes unterzeichneten Urkunde **nicht nur** dann genügt, wenn die **einzelnen Blätter körperlich fest miteinander verbunden** sind, **sondern auch** dann, wenn sich die **gedankliche Einheit** der Urkunde **aus anderen eindeutigen Merkmalen** ergibt, zu denen insbesondere fortlaufende Paginierung, fortlaufende Nummerierung der einzelnen Textabschnitte sowie über das jeweilige Seitenende fortlaufender Text zu rechnen sind.[29]

Hinweis

Die Schriftform soll neben der Textform diejenige Form darstellen, die am ehesten verfügbar ist und von jedermann ohne fachjuristischen Rat eingehalten werden kann.[30] Deshalb soll sie möglichst nicht zu „künstlichen" und letztendlich überflüssigen und unverständlichen Verhaltensweisen zwingen. Die Form ist eben kein Selbstzweck!

(2) „Beifügung" einer Urkunde zu einer „Haupturkunde"

239 Der *BGH* hatte früher vertreten, dass es im Falle der Inbezugnahme auf eine Urkunde in einer anderen Urkunde („Haupturkunde") über die bloße gedankliche Verbindung hinaus einer Zusammenfügung in der Weise bedarf, dass die körperliche Verbindung zwischen den Urkunden nur durch Gewalt oder teilweise Substanzzerstörung wieder gelöst werden könne.[31] Diese strenge Sichtweise ist mit der sog. „Auflockerungsrechtsprechung" aufgegeben worden.

Beispiel V vermietet am 10.1.2009 Büroräume mit einem schriftlichen Mietvertrag befristet auf 10 Jahre an M. M vermietet diese Räume nach 5 Jahren seinerseits an den U, wobei der Untermietvertrag auf die Restlaufzeit von 5 Jahren befristet wird.

Ziffer 2 dieses Untermietvertrages lautet:

„Der Untermieter verpflichtet sich, sämtliche sich aus dem diesem Unter-Mietvertrag als Anlage beigefügten, über dasselbe Mietobjekt zwischen V und M am 10.1.2009 geschlossenen Mietvertrag ergebenden Verpflichtungen in eigener Verantwortung als eigene Pflichten gegenüber M zu übernehmen und dafür zu haften."

Der zwischen V und M geschlossene Mietvertrag wurde dem Untermietvertrag jedoch nicht als Anlage beigeheftet.

§ 550 i.V.m. § 578 macht die Wirksamkeit der Befristung (wichtig für die Möglichkeit einer ordentlichen Kündigung, vgl. § 542 Abs. 1) von der Schriftform abhängig.

Ist diese gewahrt? ■

27 So machen das die Notare, vgl. § 44 BeurkG.
28 BGHZ 136, 357 ff. unter Ziff. II 3 ff. = NJW 1998, 58 ff.
29 *BGHZ* 136, 357 ff. unter Ziff. II 6 = NJW 1998, 58 ff; MüKo-*Einsele* § 126 Rn. 8.
30 BGHZ 136, 357 ff. unter Ziff. II 7 = NJW 1998, 58 ff.
31 BGHZ 40, 255, 262 ff.

Nach neuerer Rechtsprechung ist auch bei Bezugnahmen auf andere Urkunden eine feste körperliche Verbindung der einzelnen Blätter nicht erforderlich, wenn sich **die Einheit der einen Hauptürkunde** mit der in Bezug genommenen anderen Urkunde aus einer **klaren und eindeutigen Verweisung** in der Haupturkunde ergibt und die in Bezug genommene Urkunde ihrerseits der für sie **vorgesehenen Form** entspricht.[32] 240

Im *Beispiel* oben ist die Schriftform somit gewahrt. Die Bezugnahme auf den – formgerecht geschlossenen – Mietvertrag zwischen V und M ist so eindeutig, dass sich dieser und die sich daraus ergebenden Rechte und Pflichten anhand Ziff. 2 des Untermietvertrages identifizieren lässt. Eine körperliche Anheftung und gesonderte Unterzeichnung einer Kopie des zwischen M und V geschlossenen Mietvertrages durch U und M wäre nach Auffassung des *BGH* eine unnötige Förmelei.[33]

4. Elektronische Form (§ 126a)

Die elektronische Form will den Möglichkeiten der modernen Kommunikation Rechnung tragen. Die elektronische Form ist als Alternative zur Schriftform gedacht, § 126 Abs. 3. Sie dient also ebenfalls der Information und Klarstellung sowie Beweiszwecken und der Warnung. Nach der Formulierung des Gesetzes kann die Schriftform immer durch die elektronische Form ersetzt werden, wenn sich aus dem Gesetz nichts anderes ergibt. In vielen wichtigen Fällen ist die elektronische Form im Gesetz aber ausgeschlossen, so zum Beispiel bei der Bürgschaft (§ 766 S. 2) und beim Schuldversprechen und -anerkenntnis (§§ 780 S. 2, 781 S. 2). Die durch eigenhändige Unterschrift erreichte Warnung wird vom Gesetzgeber also als stärker erachtet, weshalb er in den genannten Fällen eine elektronische Signatur nicht für ausreichend hält. 241

Zur Einhaltung der elektronischen Form müssen folgende Voraussetzungen erfüllt sein:

a) Elektronisches Dokument unter Hinzufügung des Namens

Zunächst muss die Erklärung in einem elektronischen Dokument enthalten sein (z.B. eine Datei auf einer CD-ROM oder auf einem USB-Stick). Bei Verträgen müssen die Parteien je ein gleichlautendes Dokument erstellen, § 126a Abs. 2. 242

Ferner muss das elektronische Dokument den Namen des Ausstellers bzw. der Aussteller angeben. Der jeweilige Name muss den Text nicht abschließen!

b) Qualifizierte elektronische Signatur

Weitere charakteristische Voraussetzung für die Einhaltung der elektronischen Form ist, dass die Erklärung mit einer qualifizierten elektronischen Signatur nach dem Signaturgesetz versehen ist. Durch die qualifizierte elektronische Signatur ist es möglich, den Aussteller zu identifizieren und die Echtheit der Abgabe seiner Erklärung zu gewährleisten. Das Signaturgesetz schreibt die Einzelheiten der qualifizierten elektronischen Signatur vor. Nach dem derzeitigen Stand der Technik gewährleistet das elektronische Verfahren Fälschungssicherheit. Jeder Anwender erhält einen Signaturschlüssel, der durch eine Geheimzahl gesichert ist. 243

---

32 *BGH* Urteil vom 18.12.2002 (Az: XII ZR 253/01) unter Ziff. 2 = NJW 2003, 1248 f; MüKo-*Einsele* § 126 Rn. 9.

33 *BGH* Urteil vom 18.12.2002 (Az: XII ZR 253/01) unter Ziff. 2 = NJW 2003, 1248 f.; Palandt-*Ellenberger* § 126 Rn. 4.

Hinweis

Die qualifizierte elektronische Signatur ist nicht mit der selbst geschriebenen Namensangabe unter einer E-Mail oder einem sonstigen versandten Dokument (z.B. Fax) zu verwechseln. Bei der qualifizierten elektronischen Signatur wird ein elektronisches Dokument mittels eines Verschlüsselungsverfahrens mit einer eindeutigen Signatur des Absenders versehen.

c) Einverständnis des anderen Teils?

244 Von manchen[34] wird angenommen, dass die elektronische Form die Schriftform nur ersetzen könne, wenn der Erklärungsempfänger sein Einverständnis mit der Ersetzung der Schriftform erklärt hat. Dieses könne er aber konkludent mit der Verfügbarmachung einer geeigneten Empfangsvorrichtung tun.

Dieses Erfordernis geht aus dem klaren Gesetzeswortlaut des § 126 Abs. 3 jedoch nicht hervor. Auch von der Meinungsgruppe, die eine Vereinbarung über die elektronische Form ablehnt, wird allerdings teilweise angenommen, dass der Empfänger die elektronische Form wirksam ausschließen kann. Wenn der Empfänger beispielsweise keine E-Mail-Adresse auf seinen Geschäftspapieren angibt, so soll er dadurch in einschränkender Auslegung des § 126 Abs. 3 wirksam die elektronische Form ausschließen können.

JURIQ-Klausurtipp

Von dem einseitigen Ausschluss der elektronischen Form zu unterscheiden ist die Frage des Zugangs. In den weitaus meisten Fällen, in denen der Annehmende nicht die elektronische Form nutzen will, wird es bereits am Zugang der Erklärung fehlen. Gibt jemand keine E-Mail-Adresse an, so kann ihm die nach § 126a gefasste Erklärung gar nicht zugehen. Stellt er hingegen einen Zugang zur Verfügung, wird man dies in aller Regel auch als konkludentes Einverständnis mit der elektronischen Form werten können. Auf den Streit kommt es also meistens nicht an.

5. Öffentliche Form

245 Das Gesetz kennt zwei Arten der öffentlichen Form: die notarielle Beurkundung und die öffentliche Beglaubigung.

a) Notarielle Beurkundung

246 Die **notarielle Beurkundung** erfolgt in einem besonderen Beurkundungsverfahren vor dem Notar, welches in den §§ 8 ff. Beurkundungsgesetz geregelt ist. Ihr gleichgestellt ist der vor Gericht zu Protokoll geschlossene Prozessvergleich nach § 127a. Beide bilden die stärkste Form und ersetzen die bisher genannten schwächeren Formen sowie die öffentliche Beglaubigung, vgl. §§ 126 Abs. 4, 129 Abs. 2.

Beispiel Notariell zu beurkunden sind nach § 311 Abs. 1 S. 1 Verträge, durch den sich ein Vertragspartner verpflichtet, das Eigentum an einem Grundstück zu übertragen oder zu erwerben. Das muss nicht unbedingt ein Kaufvertrag sein! Beurkundungsbedürftig sind

34 Nachweise zu den Meinungsgruppen bei Palandt-*Ellenberger* § 126a Rn. 6.

vielmehr auch Tausch- oder Schenkungsverträge über Grundstückseigentum; Gesellschaftsverträge mit Pflicht, Grundstückseigentum in die Gesellschaft einzubringen; Auftrag und Geschäftsbesorgungsvertrag, die eine Pflicht des Beauftragten begründen, Grundstückseigentum zu erwerben.[35]

Nach § 518 Abs. 1 bedarf zwar nicht der Schenkungsvertrag – sofern er nicht unter § 311b Abs. 1 fällt – insgesamt, aber die Erklärung des Schenkers der notariellen Beurkundung. ■

Beim Beurkundungsverfahren findet vor dem Notar eine Verhandlung statt, in der die Willenserklärungen der Beteiligten abgegeben werden. Darüber wird eine „Niederschrift" erstellt, die nach § 13 Abs. 1 BeurkG in Gegenwart der Beteiligten vorgelesen, von ihnen genehmigt und unterschrieben werden muss. Außerdem muss der beurkundende Notar nach § 13 Abs. 3 BeurkG seine Unterschrift hinzufügen. 247

Bei Vertragsschlüssen erlaubt das Gesetz nach § 128 in den Fällen, in denen der Vertrag insgesamt notariell zu beurkunden ist eine Erleichterung. 248

Hier können Angebot und Annahme an getrennten Orten und durch verschiedene Notare[36] beurkundet werden. Die Parteien müssen also nicht gleichzeitig zum selben Notar gehen („sukzessive Beurkundung").

Hinweis

§ 152 ergänzt diese Regelung, in dem er den Vertrag im Zweifel allein durch sukzessiven Abschluss des Beurkundungsvorgangs zustande kommen lässt. Die beurkundete Annahmeerklärungen bedarf zu ihrer Wirksamkeit also ausnahmsweise nicht des Zugangs beim anderen Vertragspartner.[37] Der Antrag ist dem Annehmenden hingegen in jedem Fall zugegangen, weil er ja im Hinblick auf diesen seine Annahmeerklärung beurkunden lässt.

b) Öffentliche Beglaubigung (§ 129)

Bei der **öffentlichen Beglaubigung** bezeugt ein Notar (lediglich) nach §§ 39 ff. BeurkG, dass jemand seine Unterschrift bzw. sein Handzeichen unter eine von ihm schriftlich abgegebene Erklärung vollzogen hat. Mit dem Inhalt der Erklärung befasst sich der Notar dagegen nicht. 249

Beispiele Die öffentliche Beglaubigung ist beispielsweise vorgesehen in §§ 403, 411 (Abtretungsurkunde), § 1945 (Ausschlagungserklärung des Erben), § 1955 (Anfechtung der Annahme oder Ausschlagung des Erben). ■

V. Maßgeblicher Zeitpunkt

Bei **empfangsbedürftigen Willenserklärungen** stellt sich die Frage, zu welchem Zeitpunkt die Form gewahrt sein muss: bei Abgabe oder bei Zugang? 250

35 *BGH* NJW 1996, 1960 unter Ziff. 1c.
36 Palandt-*Ellenberger* § 128 Rn. 3.
37 Palandt-*Ellenberger* § 152 Rn. 1; *Medicus/Petersen* Allgemeiner Teil des BGB Rn. 380.

Da eine empfangsbedürftige Willenserklärung erst mit Zugang wirksam wird,[38] muss eine **empfangsbedürftige Willenserklärung** dem Empfänger **in der richtigen Form zugehen**, um der gesetzlichen Form zu genügen.[39]

Beispiel Der Arbeitnehmer A faxt eine von ihm unterzeichnete Kündigungserklärung an seinen Arbeitgeber.

Gemäß § 623 bedarf die Kündigung eines Arbeitsvertrages der Schriftform. Zugegangen ist die Erklärung frühestens mit Ausdruck aus dem Faxgerät des Arbeitgebers. Dort fehlt es aber an der eigenhändigen Unterschrift des A, da der Faxausdruck lediglich eine Kopie der Unterschrift aufweist. Die gedruckte Unterschrift genügt der Schriftform nach §§ 623, 126 Abs. 1 nicht. Der A hat demnach nicht wirksam gekündigt. ■

VI. Umfang des Formerfordernisses

1. Bestimmung der formbedürftigen Willenserklärungen bei Verträgen

» Erinnern Sie sich noch an weitere Verträge, bei denen nur die Erklärung eines Vertragspartners formbedürftig ist? «

251 Bei der Prüfung des Formerfordernisses sind zunächst diejenigen Fälle zu beachten, in denen das Gesetz die Formbedürftigkeit nur für eine Willenserklärung vorsieht. So ist gemäß § 518 Abs. 1 nur das Schenkungsversprechen des Schenkers formbedürftig. Die zum Abschluss des Schenkungsvertrages erforderliche Annahme des Beschenkten ist dagegen formfrei möglich und kann auch gem. § 151 erfolgen.[40] Dies entspricht dem Formzweck, denn der Beschenkte erleidet keinerlei Rechtsnachteile durch die Schenkung und muss deshalb nicht besonders gewarnt und beraten werden.

2. Grundsatz der umfassenden Formbedürftigkeit

252 Im Grundsatz gilt, dass das formbedürftige Rechtsgeschäft bzw. sein formbedürftiger Teil in Bezug auf **seinen ganzen Inhalt** formbedürftig ist – also nicht nur die sog. „essentialia negotii".[41] Formbedürftig sind deshalb auch alle Nebenabreden zum formbedürftigen Hauptvertragsgegenstand. **Auch nachträgliche Änderungen und Ergänzungen** des formbedürftigen Vertrages unterliegen dem Formzwang.[42]

3. Ausnahmen

253 Einschränkungen von der umfassenden Wirkung einer Formvorschrift können sich hinsichtlich von Nebenpunkten ergeben, und zwar dann, wenn die Funktionen der jeweiligen Formvorschrift ausnahmsweise keine Formbedürftigkeit des Nebenpunktes gebietet.

Formfrei sollen solche Nebenpunkte sein, die sich bereits **aus dem Gesetz ergeben** oder die von den Parteien für das Zustandekommen des Vertrages **nicht als wesentlich angesehen wurden.**[43]

38 Siehe dazu ausführlich im Skript „BGB AT I" unter Rn. 123 ff.

39 BGHZ 121, 224 ff. unter Ziff. II 2 = NJW 1993, 1126 f.; Palandt-*Ellenberger* § 126 Rn. 12; zur Ausnahme beim Schriftformerfordernis des § 550 S. 1 aufgrund Auslegung der Norm: *BGH* Urteil vom 7.3.2018 (Az: XII ZR 129/16) unter Tz. 19 ff. = NJW 2018, 1540 ff.

40 Zugangsentbehrlichkeit nach der „Verkehrssitte" gem. § 151 S. 1 Var. 1 BGB; zu § 151 BGB ausführlich im Skript „BGB AT I" unter Rn. 262 ff.

41 Palandt-*Ellenberger* § 125 Rn. 9; MüKo-*Einsele* § 125 Rn. 32.

42 Palandt-*Ellenberger* § 125 Rn. 10.

43 Palandt-*Ellenberger* § 125 Rn. 9.

Beispiel V verkauft dem K sein Grundstück mit aufstehendem Wohnhaus durch notariell beurkundeten Kaufvertrag. In der Urkunde wird nicht erwähnt, dass die Alarmanlage des Hauses und das Heizöl mitverkauft sind. Beides ist unschädlich, da sich dieses ohnehin aus dem Gesetz ergibt (§§ 311c, 97)[44]. V und K einigten sich außerdem nur mündlich, dass der V vor Übergabe noch das Laub im Garten entfernt und den alten Rasenmäher in der Garage entsorgt. ■

Hinweis

Dies entspricht der Regel des § 139. Wenn die Formnichtigkeit eines Punktes nach § 139 im Zweifel nicht zur Gesamtnichtigkeit des Rechtsgeschäfts führen würde, bleibt dieser Punkt vom Formgebot ausgenommen.

4. Erweiterungen auf andere Rechtsgeschäfte

Umgekehrt kann sich aus **Sinn und Zweck einer Formvorschrift** ergeben, dass ein an sich formfreies Rechtsgeschäft im Wege der **analogen Anwendung** dem Formgebot des vom Vertreter vorzunehmenden Rechtsgeschäfts unterworfen wird.[45] 254

JURIQ-Klausurtipp

Sie merken sich als Faustformel: Formvorschriften mit Warnfunktion (ab Schriftform „aufwärts") gelten analog für jedes Rechtsgeschäft, durch das das formbedürftige Hauptgeschäft faktisch vorweggenommen wird.

Entgegen § 167 Abs. 2 findet auf eine Vollmacht die für das Hauptgeschäft geltende Formvorschrift entsprechende Anwendung, wenn der Vertretene bereits durch die Erteilung der Vollmacht so gebunden wird, wie durch die eigene Vornahme des formbedürftigen Rechtsgeschäft, das der Bevollmächtigte in seinem Namen vornehmen soll.

Beispiele Dem Formzwang unterliegt ein Vorvertrag zu einem Grundstückskaufvertrag.[46] Wäre ein bindender Vorvertrag zum Abschluss eines Grundstückskaufvertrages nicht formbedürftig, so könnte auf diese Weise der Formzweck umgangen werden und der Zweck der Warnfunktion nicht erreicht werden. Aus den gleichen Gründen wird entgegen § 167 Abs. 2 eine unwiderruflich erteilte Vollmacht zur Vornahme eines formbedürftigen Rechtsgeschäfts den jeweiligen Formgeboten des vom Vertreter vorzunehmenden Rechtsgeschäfts (z.B. §§ 311b Abs. 1, 766 S. 1) unterworfen.[47] Gleiches gilt für solche widerrufliche Vollmachten, die nach dem zugrunde liegenden Rechtsverhältnis zwischen Vertretenem und Vertreter unverzüglich genutzt werden können.[48] ■

---

44 MüKo-*Einsele* § 125 Rn. 32.

45 Palandt-*Ellenberger* § 167 Rn. 2; *Medicus/Petersen* Allgemeiner Teil des BGB Rn. 929.

46 Palandt-*Ellenberger* § 311b Rn. 11 ff; Urteil des *BGH* vom 25.1.2008 (Az: V ZR 118/07) unter Tz. 7 = NJW-RR 2008, 824 f; BGHZ 61, 48 = NJW 1973, 1839.

47 Palandt-*Ellenberger* § 167 Rn. 2.

48 BGHZ 132, 119 ff. unter Ziff. II 2c m.w.N. = NJW 1996, 1467 ff.

5. Übungsfall Nr. 3

255 „Bequemer Bürge"

Stefan Sander (S) will bei der Kölner Grundkredit AG (G) ein Darlehen in Höhe von 150 000 € aufnehmen. G und S schließen einen formgerechten Darlehensvertrag. Als Voraussetzung für die Auszahlung der vereinbarten 150 000 € ist die Stellung einer selbstschuldnerischen Bürgschaft eines Dritten mit einem Höchstbetrag von mindestens 150 000 € als Sicherheit vorgesehen.

Ein Mitarbeiter der G, der Martin Meister (M), händigt dem S dazu vorab ein Formular für eine selbstschuldnerische Bürgschaft aus. In diesem fehlen noch die Angaben zur Person des Schuldners und diejenigen zur Bezeichnung der Forderung sowie der Höhe der Bürgschaft. S begibt sich damit zu seinem Freund Bernd Bürger (B), einem GmbH-Geschäftsführer, welcher bereit ist, eine Bürgschaft bis zur Höhe von 150 000 € zu übernehmen.

B trägt im Formular unter der Bezeichnung „Höchstbetrag" den Betrag von 150 000 € ein und unterschreibt das Formular. Sodann begibt er sich in die Geschäftsräume der G und erklärt dem M, dieser solle den Rest ausfüllen. Dies tut M auch abredegemäß und nimmt die fehlenden Eintragungen zur Person des Schuldners und zur Kennzeichnung der Forderung im Formular vor.

G zahlt daraufhin die 150 000 € an S aus. Als S beim Fälligkeitstermin das Darlehen nicht zurückzahlen kann, fordert G den entsetzten B zur Zahlung von 150 000 € auf.

Muss B zahlen?

256 **Lösung**

A. Anspruch der G gegen B auf Zahlung von 150 000 € aus Bürgschaftsvertrag gemäß § 765 Abs. 1

Der G könnte gegen den B ein Anspruch auf Zahlung von 150 000 € aus einem zwischen den Parteien geschlossenen Bürgschaftsvertrag zustehen.

I. Anspruchsentstehung

Notwendige Anspruchsvoraussetzung ist zunächst, dass zwischen G und B überhaupt ein Bürgschaftsvertrag geschlossen wurde.

G ist aufgrund ihrer Rechtsform nach § 1 Abs. 1 S. 1 AktG fähig, Trägerin eigener Rechte und Pflichten im Rahmen eines Schuldverhältnisses sein zu können. Dem B steht diese Fähigkeit als natürlicher Person ebenfalls zu.

Das Zustandekommen eines Bürgschaftsvertrages zwischen beiden Personen erfordert zwei übereinstimmende, auf Übernahme einer Bürgschaft durch B gerichtete Willenserklärungen.

1. Übergabe des Formulars an M

Ein entsprechender Wille könnte seitens des B bereits durch die Übergabe des von ihm unterschriebenen Formulars an M zum Ausdruck gekommen sein.

Allerdings ist dies nur dann eine ausreichende Bürgschaftserklärung, wenn sie alle essentialia negotii in hinreichend bestimmbarer Weise enthält, so dass ein Bürgschaftsvertrag durch schlichtes „Ja" der G zustande kommen kann. Zu den essentialia einer Bürgschaft gehören auch die Angaben zu Schuldner und gesicherter Verbindlichkeit.[49] Diese Angaben enthielt das Formular im Moment der Übergabe an M aber noch nicht. Dadurch konnte ein Bürgschaftsvertrag somit nicht zustandekommen.

2. Vervollständigung des Formulars durch M

Der B könnte aber eine Bürgschaftserklärung im Moment der Vervollständigung des Formulars durch M erteilt haben. In diesem Moment enthielt der äußere Erklärungstatbestand alle für die Wahrung der Schriftform notwendigen Angaben.

Fraglich ist aber, ob der von M hinzugefügte Inhalt dem B auch in der Weise zugerechnet werden kann, dass seine ursprüngliche Erklärung aufgrund der Vervollständigungen des M nun unmittelbar für und gegen ihn wirkt. Weder der M noch der B haben für sich eine ausreichende Erklärung abgegeben, die Anknüpfungspunkt für das Zustandekommen eines Bürgschaftsvertrages sein könnte. Vielmehr führte erst das Verhalten beider Personen zur Schaffung eines ausreichenden Erklärungstatbestandes. Für die Zurechnung des Verhaltens von M bedarf es somit eines besonderen Zurechnungsgrundes.

Eine Zurechnung des Handelns von M nach § 164 Abs. 1 scheidet aus, da M keine eigene Willenserklärung abgegeben hat. Das Nachtragen der fehlenden Daten stellt lediglich einen Realakt ohne eigenen Erklärungswert dar.

In derartigen Fällen ist aber die Möglichkeit der Zurechnung über eine sog. „Ausfüllungsermächtigung" analog § 164 allgemein anerkannt.[50]

Hinweis

Eine solche Ermächtigung ist weder eine Bevollmächtigung noch eine Einwilligung i.S.d. §§ 182, 183, da die Vervollständigung einer Urkunde kein Rechtsgeschäft ist.

Eine mündliche Ermächtigung des M durch den B liegt im vorliegenden Fall vor.

Möglicherweise bedarf die Ausfüllungsermächtigung zu ihrer Wirksamkeit einer besonderen Form.

Zur Begründung eines wirksamen Bürgschaftsvertrages ist nach §§ 766 S. 1, 126 Abs. 1 i.V.m. § 125 S. 1 die Erteilung einer schriftlichen Bürgschaftserklärung erforderlich. Die Übernahme der Bürgschaft war für B kein Handelsgeschäft i.S.d. § 350 HGB, so dass eine formlose Übernahme der Bürgschaft nicht möglich war. Die Tatsache, dass B GmbH-Geschäftsführer ist, macht ihn selbst nicht zu einem Kaufmann im Sinne dieser Vorschrift.[51]

Die Formvorschrift des § 766 S. 1 besteht ausschließlich im Interesse des Bürgen. Durch die für die Bürgschaftserklärung angeordnete Schriftform des § 766 soll dem Bürgen schließlich noch einmal das von ihm übernommene Risiko vor Augen geführt werden. Dazu ist grundsätzlich notwendig, dass der Bürge die essentialia negotii des Bürgschaftsvertrages, also Gläubiger, Hauptschuldner und gesicherte Verbindlichkeit sehen kann.

Dieser Zweck würde nicht erreicht, wenn der Bürge einen Dritten formlos zur Abgabe der Bürgenerklärung ermächtigen könnte. Die Bevollmächtigung zur Bürgschaftserklärung bedarf daher der Schriftform.[52] Gleiches hat auch für die Ermächtigung zur Ausfüllung der essentialia negotii zu gelten.[53]

Die Formvorschrift des § 766 S. 1 ist hier in Bezug auf die lediglich mündlich erteilte Ausfüllungsermächtigung nicht gewahrt. Die Ermächtigung ist daher nach § 125 S. 1 i.V.m. § 766 analog nichtig. Das ausgefüllte Formular kann dem B daher nicht als Bürgenerklärung zugerechnet werden.

49 Palandt-*Sprau* § 766 Rn. 3.

50 BGHZ 132, 119 ff. = NJW 1996, 1467 ff. m.w.N.; Palandt-*Sprau* § 766 Rn. 4.

51 BGHZ 132, 119 ff. unter Ziff. II vor 1= NJW 1996, 1467 ff.

52 BGHZ 132, 119 ff. unter Ziff. II 2c = NJW 1996, 1467 ff.; Palandt-*Ellenberger* § 167 Rn. 2; Palandt-*Sprau* § 766 Rn. 2.

53 BGHZ 132, 119 ff. unter Ziff. II 2c = NJW 1996, 1467 ff.; Palandt-*Ellenberger* § 167 Rn. 2; Palandt-*Sprau* § 766 Rn. 2.

II. Ergebnis

Ein Anspruch der G gegen B auf Zahlung der 150 000 € aus einem mit B abgeschlossenen Bürgschaftsvertrag scheidet aus diesem Grunde aus.

B. Anspruch der G gegen B nach Rechtsscheinsgrundsätzen analog §§ 172, 173

Es ist anerkannt, dass eine Person nach Rechtsscheinsgrundsätzen gleich einem Bürgen zu behandeln sein kann. Als Begründung kommt dafür die analoge Anwendung der §§ 172 Abs. 2, 173 in Betracht.[54] Ebenso wie dort kann der Empfänger einer Urkunde auf den rechtsgeschäftlichen Gehalt des in der Urkunde enthaltenen Erklärungstatbestands vertrauen.

Im vorliegenden Fall fehlt es aber an einem schutzwürdigen Vertrauenstatbestand, da M selbst die Bürgschaftserklärung ausgefüllt hat und ihm deshalb bekannt ist, dass B keine vollständige Bürgschaftserklärung abgegeben hat. Seine Kenntnis muss sich die G gem. § 166 Abs. 1 zurechnen lassen.

Eine Haftung des B nach Rechtsscheinsgrundsätzen scheidet daher ebenfalls aus.

C. Gesamtergebnis

G kann von B Zahlung in Höhe von 150 000 € weder aus Bürgschaftsvertrag noch aus dem Gesichtspunkt der Rechtsscheinshaftung verlangen. Sonstige Anspruchsgrundlagen sind nicht ersichtlich.

54 BGHZ 132, 119 ff. unter Ziff. II 5 = NJW 1996, 1467 ff.

VII. Bestimmtheit des Urkundeninhalts

1. „Andeutungsformel"

Entsteht zwischen den Beteiligten Streit über den Inhalt eines formgebundenen Rechtsge- 257

schäfts, so kann dieser gerechterweise nicht aus der Urkunde allein entschieden werden. Auch schriftlich niedergelegte Formulierungen können unklar, missverständlich und mehrdeutig sein. Es müssen daher auch außerhalb der Urkunde liegende Umstände herangezogen werden dürfen, die zur Erforschung des Rechtsgeschäfts nach § 133 – bzw. bei empfangsbedürftigen Erklärungen und Verträgen – §§ 133, 157 geeignet sind.

Dieser Notwendigkeit trägt die für die Auslegung von formbedürftigen Willenserklärungen 258
entwickelte so genannte „Andeutungsformel" Rechnung. Nach ihr sind auch Urkunden über formbedürftige Rechtsgeschäfte **nach allgemeinen Grundsätzen auszulegen**.[55] Die Form ist aber **nur gewahrt**, wenn der formbedürftige Inhalt in der Urkunde einen, **wenn auch nur unvollkommenen oder andeutungsweisen Ausdruck** gefunden hat.[56]

JURIQ-Klausurtipp

Daraus ergeben sich für Sie folgende Prüfungsschritte:

1. Auslegung der Erklärungen ohne Rücksicht auf den Urkundsinhalt nach den allgemeinen Regeln;
2. Abgleich des Auslegungsergebnisses mit der Urkunde;
3. Feststellung der Übereinstimmungen bzw. Andeutungen.

Beispiel[57] In einem mit einer Laufzeit von mehr als einem Jahr befristeten Mietvertrag über Büroräume heißt es: „Das Mietverhältnis beginnt mit Übergabe der Mieträume." Die Parteien waren sich bei Vertragsschluss einig, dass die Übergabe zum 1. Juni erfolgen soll.

Der Vertrag verletzt die nach §§ 550, 578 zu beachtende Schriftform nicht. Das Datum des Mietbeginns gehört zu den essentialia des Mietvertrages und stellt daher keinen unbedeutenden Nebenpunkt dar, auf den sich das Formgebot möglicherweise nicht erstreckt. Die Tatsache, dass das exakte Datum in der Urkunde nicht angegeben ist, führt aber nicht zum Formverstoß. Nach erfolgter Übergabe steht das Datum des Beginns eindeutig fest. Anhand der in der Urkunde gegebenen Beschreibung ist der Beginn des Mietverhältnisses hinreichend dokumentiert. ■

2. Form und falsa demonstratio-Regel

Nach §§ 133, 157 ist bei empfangsbedürftigen Willenserklärungen der tatsächliche Wille des 259

Erklärenden vom Standpunkt eines redlichen Empfängers nach Treu und Glauben mit Rücksicht auf die Verkehrssitte zu ermitteln. Steht aber der tatsächliche Wille des Erklärenden unstreitig fest, und hat der andere Teil die Erklärung auch in diesem Sinne verstanden, dann bestimmt dieser tatsächliche Wille den Inhalt der Erklärung, ohne dass es auf den objektiven

55 *BGH* in BGHZ 87, 150 ff. = NJW 1983, 1610 f.; *Medicus/Petersen* Allgemeiner Teil des BGB Rn. 330; *Faust* BGB AT § 8 Rn. 9.

56 Wie zuvor.

57 Nach Urteil des *BGH* vom 2.11.2005 (Az: XII ZR 233/03) = NJW 2006, 140 ff.

Erklärungswert der nach außen dokumentierten Äußerung ankommt („falsa demonstratio non nocet" – Regel). Schließlich kann es dann eine abweichende Auslegung der Erklärung durch den Empfänger redlicherweise gar nicht geben. Haben alle Beteiligten eine Erklärung übereinstimmend in demselben Sinn verstanden, geht der wirkliche Wille des Erklärenden folglich dem Wortlaut der Erklärung vor.[58]

260 Die Anwendung dieser Regel gerät bei formbedürftigen Geschäften (z.B. Grundstückskaufvertrag, § 311b Abs. 1 S. 1) in **Konflikt mit der Beweisfunktion**.

Beispiel V und K einigen sich tatsächlich über den Verkauf des Grundstücks X. In der notariellen Kaufvertragsurkunde ist versehentlich von einem Grundstück Y die Rede. ■

261 Der Beweiszweck wird im Falle der Anerkennung der falsa demonstratio-Regel außer Acht gelassen. Das, was wirklich von den Vertragspartnern gewollt ist, ist gerade nicht oder nicht vollständig beurkundet worden. Das Gewollte kann daher aus der Urkunde nicht einmal andeutungsweise entnommen, geschweige denn mit ihr bewiesen werden.

262 Dürfen aber auch bei formbedürftigen Rechtsgeschäften zur Erforschung des wirklichen Inhalts der Vereinbarung auch außerhalb der Urkunde liegende Umstände herangezogen und berücksichtigt werden, kommt der ausdrücklichen **Urkundenerklärung nur eine Indizwirkung** zu. Der Beweiszweck der Urkunde kann der Anerkennung der Unschädlichkeit einer irrtümlichen Falschbezeichnung **folglich nicht entscheidend entgegengehalten werden**.[59] Der Widerspruch zwischen den Beurkundungszwecken einerseits und der Forderung nach Geltung des übereinstimmenden, aber nicht beurkundeten Parteiwillens andererseits, muss also so gelöst werden, dass nicht das objektiv Erklärte, sondern das übereinstimmend Gewollte gilt, **wenn immerhin das objektiv Erklärte dem Formerfordernis genügt**. Denn dann sind bis auf die – zurücktretende – Beweisfunktion alle anderen Formzwecke erfüllt.[60]

Im *Beispiel* ist der Kaufvertrag also wirksam über das Grundstück X geschlossen worden und nicht – wie in der Urkunde festgehalten – über das Grundstück Y. Der Vertrag wäre nur dann formnichtig, wenn er vom Notar verfahrensrechtlich (§§ 8 ff. BeurkG) nicht korrekt beurkundet worden wäre.

58 Vgl. Skript „BGB AT I" unter Rn. 202.
59 BGHZ 87, 150 ff. = NJW 1983, 1610 f.; *Medicus/Petersen* Allgemeiner Teil des BGB Rn. 331.
60 BGHZ 87, 150 ff. = NJW 1983, 1610 f.; *Medicus/Petersen* Allgemeiner Teil des BGB Rn. 331.

B. Verletzung einer vertraglich vereinbarten Form

Nichtigkeit gem. § 125 S. 2 263

PRÜFUNGSSCHEMA

[Anknüpfungspunkt im Gutachten: Vertragsschluss oder einseitige Willenserklärung]

I. Vertraglich vereinbartes Formgebot für das geprüfte Rechtsgeschäft
- Abgrenzung zu Beweisabreden Rn. 265

II. Tatsächliche Verletzung der vereinbarten Form bei Vornahme des Rechtsgeschäfts

III. (Konkludente) Aufhebung der Formvereinbarung?
- Schriftformklauseln in AGB Rn. 270 ff.
- Qualifizierte Schriftformklauseln Rn. 274 ff.

IV. Berufung auf ermittelte Nichtigkeitsfolge ausnahmsweise treuwidrig?

Neben den eben erwähnten gesetzlichen Formerfordernissen kann die Einhaltung einer bestimmten Form durch die Parteien auch **durch Vertrag vereinbart** werden. Aus dem Grundsatz der Privatautonomie folgt, dass die Parteien es auch selbst in der Hand haben, ein an sich formfreies Rechtsgeschäft einvernehmlich einer bestimmten Form zu unterwerfen. Die Formvereinbarung bedarf ihrerseits keiner Form. 264

I. Wirkung einer Formklausel

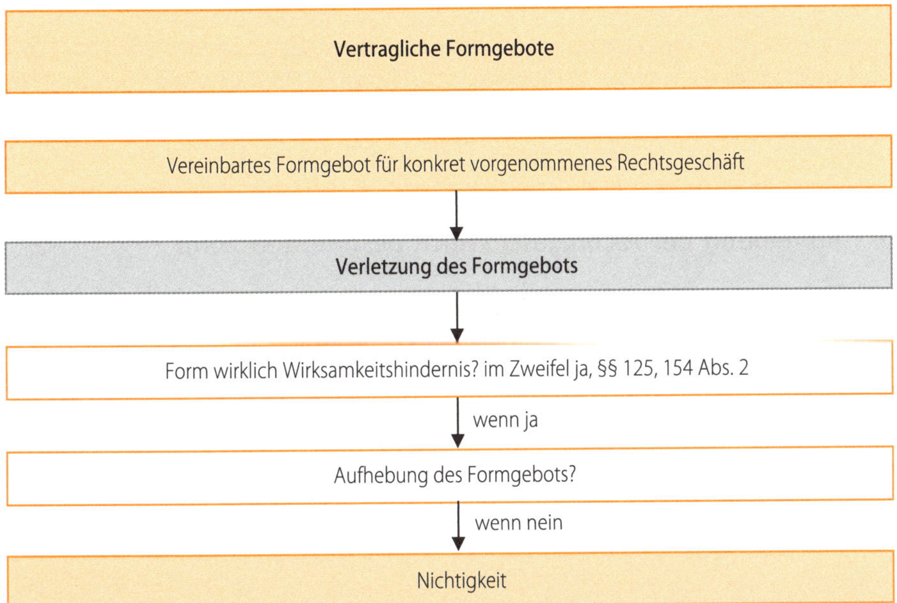

Ob die vertraglich verabredete Form ebenfalls **Wirksamkeitsvoraussetzung** sein soll oder lediglich **Beweiszwecken** dient, ist **durch Auslegung zu ermitteln** (§§ 133, 157). Dies ergibt sich aus § 125 S. 2, wonach Nichtigkeit bei Verletzung der durch Rechtsgeschäft bestimmten Form nur „im Zweifel" eintritt. 265 

JURIQ-Klausurtipp

In der Klausurprüfung könnte der Einstiegssatz lauten:

„Die Kündigung des A (oder ggf.: „Der Vertrag zwischen A und B") könnte jedoch entsprechend der Auslegungsregel des § 125 S. 2 nichtig sein. Dies setzt voraus, dass ..."

Bei Vertragsschlüssen ist § 154 Abs. 2 Parallelvorschrift zu § 125 S. 2. Diese erscheint dann als die vorzugswürdige Auslegungsregel, wenn eine bei einer Vertragsanbahnung vereinbarte Beurkundung (ob in schriftlicher oder in notarieller Form) vollständig ausgeblieben ist. Sie formulieren dann:

„Möglicherweise ist der Vertrag aber nach der Auslegungsregel des § 154 Abs. 2 wegen Ausbleibens der vereinbarten Beurkundung noch nicht wirksam geschlossen worden. Dies setzt voraus, dass ..."

266 In der Art der freiwillig gewählten Form sind die Parteien frei. Die Parteien müssen dabei nicht auf die im Gesetz geregelten Formvorschriften zurückgreifen, sie können **auch andere Formen** wählen. § 127 Abs. 1 ordnet lediglich für den Zweifelsfall an, dass die Vorschriften zur gesetzlichen Form auch für die entsprechende, rechtsgeschäftlich gewählte Form gelten sollen. Für die rechtsgeschäftlich vereinbarte Form gelten aber **Erleichterungen**, die in den **§§ 127 Abs. 2 und Abs. 3** festgelegt sind.

Beispiel[61] Die Parteien haben vereinbart, dass die Kündigung eines Gewerberaummietvertrages[62] nur „schriftlich per Einschreiben" erfolgen kann. Erklärt eine Partei die Kündigung per Fax, so ist nicht gleich die Nichtigkeit der Kündigung gemäß § 125 S. 2 anzunehmen. Hier liegt es näher, dass die Parteien die Kündigung per Einschreiben zur Schaffung von Beweisen vorgesehen haben. Geht nun also der einfache Brief der Gegenseite zweifellos zu, so ist der Beweis anderweitig als durch eingeschriebenen Brief erbracht worden. Es entspricht nicht dem mutmaßlichen Parteiwillen, dass die mangelnde Form im Punkt „Einschreiben" auch zur Nichtigkeit führen soll.[63] Anders als bei der gesetzlich angeordneten Schriftform wahrt das Fax im Zweifel die vertraglich vereinbarte Schriftform, § 127 Abs. 2 S. 1. Die Kündigung per Fax verletzt die vereinbarte Form daher nicht. ■

II. Aufhebung der rechtsgeschäftlich bestimmten Form

267 Vertraglich vereinbarte Formklauseln können jederzeit einvernehmlich wieder aufgehoben werden. Wie die Vereinbarung einer Form bedarf auch die einvernehmliche Aufhebung der Formvereinbarung zu ihrer Wirksamkeit keiner besonderen Form.

268 Dabei stellt sich häufig die Frage, ob eine solche Aufhebung konkludent durch eine nachträgliche mündliche Nebenabrede zu einem Vertrag geschehen ist, dessen Änderung bzw. Ergänzung vertraglich einem Formzwang unterworfen war. Die Formklausel kann dabei „einfach" oder „qualifiziert" sein.

61 Nach Urteil des *BGH* vom 21.1.2004 (Az: XII ZR 214/00) unter Ziff. II 1 = NJW 2004, 1320.
62 Die gesetzliche Formvorschrift des § 568 gilt hier nicht, vgl. § 578.
63 *BGH* Urteil vom 21.1.2004 (Az: XII ZR 214/00) unter Ziff. II 1 = NJW 2004, 1320.

Beispiele Grundtyp der einfachen Klausel:

„Nachträgliche Änderungen oder Ergänzungen dieser Vereinbarung bedürfen zu ihrer Wirksamkeit der Schriftform."

Qualifizierte Klausel:

„Nachträgliche Änderungen oder Ergänzungen dieser Vereinbarung bedürfen zu ihrer Wirksamkeit der Schriftform. Gleiches gilt für die Aufhebung der vorstehend vereinbarten Schriftform." ■

Die Lösung derartiger Fälle hängt zunächst entscheidend davon ab, ob die Schriftformklausel eine Allgemeine Geschäftsbedingung i.S.d. § 305 darstellt oder das Ergebnis einer Individualabrede ist. 269

1. Formularmäßige Formklausel

Unproblematisch ist die Situation, wenn die (einfache oder qualifizierte) Formklausel eine Allgemeine Geschäftsbedingung i.S.d. § 305 Abs. 1 darstellt. 270

Beispiel V vermietet dem M eine Wohnung. Als M einmal seine Miete nicht zahlen kann, einigen sich V und M mündlich auf den Erlass der offenen Monatsmiete.

Im vorformulierten Mietvertrag heißt es:

„Nachträgliche Änderungen oder Ergänzungen zu dieser Vereinbarung bedürfen zu ihrer Wirksamkeit der Schriftform. Dies gilt auch für diese Schriftformabrede."

Kann V die offene Miete noch fordern oder ist der Anspruch durch Erlassvertrag gem. § 397 erloschen? ■

Vereinbaren die Parteien nach dem Abschluss eines Formularvertrages eine Änderung dieses Vertrages mittels Individualabsprache, so hat diese **Änderung nach § 305b Vorrang vor kollidierenden Allgemeinen Geschäftsbedingungen**. 271

Das folgt aus Sinn und Zweck des § 305b. Der in § 305b niedergelegte Grundsatz besagt, dass vertragliche Vereinbarungen, die die Parteien **für den Einzelfall** getroffen haben, nicht durch davon abweichende Allgemeine Geschäftsbedingungen durchkreuzt, ausgehöhlt oder ganz oder teilweise zunichte gemacht werden können. Er beruht auf der Überlegung, dass Allgemeine Geschäftsbedingungen als **generelle Richtlinien für eine Vielzahl von Verträgen** abstrakt vorformuliert und daher von vornherein auf Ergänzung durch die individuelle Einigung der Parteien ausgelegt sind. Sie können und sollen nur insoweit Geltung beanspruchen, als die von den Parteien getroffene Individualabrede dafür Raum lässt.[64] Wollen die Parteien – wenn auch nur mündlich – etwas anderes, so kommt dem der Vorrang zu.

Es kommt daher auch nicht darauf an, ob sich die Parteien der Kollision mit den Allgemeinen Geschäftsbedingungen bewusst geworden sind.[65] Ebenso wenig stellt § 305b darauf ab, ob die Individualvereinbarung ausdrücklich oder stillschweigend getroffen worden ist.[66] Den Vorrang gegenüber Allgemeinen Geschäftsbedingungen haben individuelle Vertragsabreden 272

64 Versäumnisurteil des *BGH* vom 21.9.2005 (Az: XII ZR 312/02) unter Ziff. 2a = BGHZ 164, 133 ff. = NJW 2006, 138 f.

65 Versäumnisurteil des *BGH* vom 21.9.2005 (Az: XII ZR 312/02) unter Ziff. 2a = BGHZ 164, 133 ff. = NJW 2006, 138 f.

66 Versäumnisurteil des *BGH* vom 21.9.2005 (Az: XII ZR 312/02) unter Ziff. 2a = BGHZ 164, 133 ff. = NJW 2006, 138 f.

ohne Rücksicht auf die Form, in der sie getroffen worden sind, somit auch dann, wenn sie auf mündlichen Erklärungen beruhen.[67] Nichts anderes gilt, wenn die Individualabrede(n) durch ein kaufmännisches Bestätigungsschreiben zusammengefasst werden und mangels Widerspruchs des Empfängers Geltung erlangen.[68]

Hinweis

Der Vorrang der Individualabsprache (§ 305b) greift somit auch gegenüber einer in AGB enthaltenen qualifizierten Schriftformklausel.

Auf die Unwirksamkeit der Formklausel nach §§ 307 ff. kommt es in diesen Fällen gar nicht an.[69] Dazu noch folgende Hinweise:

Sieht eine Klausel für einseitige Erklärungen des Vertragspartners des Verwenders eine schärfere Form als Schriftlichkeit vor, ist die Klausel nach § 309 Nr. 13 unwirksam. Das BAG hat eine qualifizierte Schriftformklausel in Arbeitsverträgen wegen unangemessener Benachteiligung des Arbeitnehmers nach § 307 Abs. 1 S. 1 als unwirksam betrachtet.[70]

273 Im *Beispiel* steht die formularmäßige Vereinbarung der Schriftform der Wirksamkeit des mündlich geschlossenen Erlassvertrages nicht entgegen. Der mündlich geschlossene Erlassvertrag genießt als Individualabsprache gem. § 305b Vorrang vor der Formularklausel zur Schriftform. Da der Erlassvertrag auch keinem gesetzlichen Formgebot unterworfen ist, ist er wirksam zustande gekommen und der Zahlungsanspruch damit erloschen.

2. Individualvertraglich vereinbarte Formklausel

274 Schwieriger liegen die Dinge, wenn die Formklausel keine Allgemeine Geschäftsbedingung, sondern ihrerseits eine individuelle Vereinbarung i.S.d. § 305b darstellt.

Beispiel (Abwandlung von oben)

V vermietet dem M eine Wohnung. Als M einmal seine Miete nicht zahlen kann, einigen sich V und M mündlich auf den Erlass der offenen Monatsmiete.

Im individuell ausgehandelten Mietvertrag heißt es:

„Nachträgliche Änderungen oder Ergänzungen zu dieser Vereinbarung bedürfen zu ihrer Wirksamkeit der Schriftform. Dies gilt auch für diese Schriftformabrede."

Kann V die offene Miete noch fordern oder ist der Anspruch durch Erlassvertrag gem. § 397 erloschen? ■

275 Da die Parteien eine Formvereinbarung jederzeit formfrei wieder aufheben können, bleibt es ihnen überlassen, ob sie eine bestimmte Vereinbarung auch ohne Form gelten lassen wollen. Entscheidend muss daher zunächst sein, **ob das unter Formverstoß vorgenommene Rechtsgeschäft gem. §§ 133, 157 so ausgelegt werden kann**, dass es unabhängig von

---

67 Versäumnisurteil des *BGH* vom 21.9.2005 (Az: XII ZR 312/02) unter Ziff. 2a = BGHZ 164, 133 ff. = NJW 2006, 138 f.

68 *BGH* NJW-RR 1995, 179.

69 Versäumnisurteil des *BGH* vom 21.9.2005 (Az: XII ZR 312/02) unter Ziff. 2a = BGHZ 164, 133 ff. = NJW 2006, 138 f.

70 *BAG* Urteil vom 30.5.2008 (Az: 9 AZR 382/07) = NJW 2009, 316 ff; dazu *Lingemann/Gotham*, NJW 2009, 268 ff.

einer besonderen Form **„auf jeden Fall" so gelten soll.**[71] Damit wären die in §§ 125 S. 2, 154 Abs. 2 angesprochenen „Zweifel" ausgeräumt.

Bei **qualifizierten Schriftformklauseln** haben die Parteien allerdings vorher vereinbart, dass sie eine stillschweigende Aufhebung der Schriftform gerade nicht wünschen. In diesen Fällen wird man für die Wirksamkeit einer später formlos getroffenen Nebenabrede verlangen müssen, dass die Parteien die in §§ 125 S. 2, 154 Abs. 2 genannten „Zweifel" eindeutig ausräumen und die qualifizierte Schriftform ausdrücklich aufheben.[72] **276**

Im *Beispiel* wurde eine qualifizierte Schriftform vereinbart. Sofern es sich um eine individuell vereinbarte Formklausel handelt, stünde der Wirksamkeit des Erlassvertrages grundsätzlich § 154 Abs. 2 entgegen. Die Zweifel lassen sich nur dadurch ausräumen, dass Sie in dem Erlass einer Mietforderungen keine „Nebenabrede" oder „Ergänzung" zum Mietvertrag sehen. Das Schriftformgebot würde dann so ausgelegt, dass es sich auf den Erlass einer Mietzinsforderung gar nicht bezieht. Wer dem folgt, kann dem M noch helfen und einen wirksamen Erlass nach § 397 bejahen. **277**

Online-Wissens-Check

Welche Folgen kann die Verletzung eines gesetzlichen Formgebots haben?

Überprüfen Sie jetzt online Ihr Wissen zu den in diesem Abschnitt erarbeiteten Themen. Unter **www.juracademy.de/skripte/login** steht Ihnen ein Online-Wissens-Check speziell zu diesem Skript zur Verfügung, den Sie kostenlos nutzen können. Den Zugangscode hierzu finden Sie auf der Codeseite.

C. Nichtigkeit wegen Verstoßes gegen Verbotsgesetz, § 134

Der Wirksamkeit eines Rechtsgeschäfts kann ein Verbotsgesetz i.S.d. § 134 als besonderes Wirksamkeitshindernis entgegenstehen. Danach ist ein (einseitiges oder mehrseitiges) Rechtsgeschäft, das gegen ein gesetzliches Verbot verstößt, nichtig, wenn sich nicht aus dem Gesetz ein anderes ergibt. An der Nichtigkeit zeigt sich der zwingende Charakter eines Verbotstatbestandes: Er ist dann kein dispositives Recht und niemand kann sich wirksam darüber hinwegsetzen.[73] **278**

I. Subsidiarität des § 134

Ist der Einfluss eines Umstandes auf die Wirksamkeit eines Rechtsgeschäfts in einer **bestimmten Norm ausdrücklich** geregelt, so geht diese Vorschrift der Regel des § 134 vor. Verbotsgesetze i.S.d. § 134 sind also solche Rechtsnormen, die **selbst keine eigene Aussage über die Wirksamkeit eines Rechtsgeschäfts** treffen.[74] **279**

71 Palandt-*Ellenberger* § 125 Rn. 19 m.w.N.
72 Palandt-*Ellenberger* § 125 Rn. 19 m.w.N.
73 Palandt-*Ellenberger* § 134 Rn. 1 m.w.N.
74 *Medicus/Petersen* Allgemeiner Teil des BGB Rn. 646.

Beispiel 1 Die Folgen eines Verstoßes gegen eine gesetzliche Formvorschrift (= „Verbot" abweichender Formen) ergeben sich nicht aus § 134, sondern aus der jeweiligen Formvorschrift (z.B. § 494 Abs. 1) oder allgemein aus § 125 S. 1. Die Nichtigkeit einer mündlich erklärten Kündigung eines Arbeitsvertrages folgt also aus §§ 125 S. 1, 623, 126 Abs. 1 und nicht aus § 134 i.V.m. § 623. ■

Beispiel 2 Wird der Käufer bei Abschluss des Vertrages durch den Verkäufer in betrügerischer Absicht getäuscht und dadurch zum Vertragsschluss bestimmt, so führt dies nicht zur Nichtigkeit des Kaufvertrages nach § 134 i.V.m. § 263 StGB. Vielmehr gewährt § 123 (nur) ein Anfechtungsrecht. Das Gesetz entscheidet sich hier also gegen die Nichtigkeit und für die bloße Anfechtbarkeit des – zunächst wirksam geschlossenen – Vertrages.[75] ■

280 Im Verhältnis zu § 138 gelten folgende Besonderheiten:

§ 134 geht dem Tatbestand des § 138 Abs. 1 vor, nicht jedoch § 138 Abs. 2!

§ 138 Abs. 2 geht § 134 i.V.m. § 291 StGB vor, da § 138 Abs. 2 sonst funktionslos wäre.[76] Im Übrigen sind die Verbotstatbestände im Sinne des § 134 die konkreteren und damit spezielleren Vorschriften als die Generalklausel des § 138 Abs. 1. Aus diesem Grunde ist zunächst § 134 i.V.m. dem spezielleren Verbotstatbestand zu prüfen. Der Vorrang des § 134 vor § 138 Abs. 1 darf dabei aber nicht in dem Sinne missverstanden werden, dass § 134 abschließenden Charakter hätte. Vielmehr kann sich auch bei Ablehnung des § 134 noch eine Nichtigkeit aus § 138 Abs. 1 ergeben. Dies ist etwa dann der Fall, wenn das Rechtsgeschäft gegen eine Norm verstößt, die kein Verbotsgesetz i.S.d. § 134 darstellt,[77] oder wenn weitere Umstände vorliegen, die von der Verbotsnorm nicht vollständig erfasst werden.[78]

II. Voraussetzungen eines Verbotsgesetzes

1. Rechtsnorm (Art. 2 EGBGB)

281 Bestimmen wir zunächst den Kreis der möglichen „Verbotsgesetze" i.S.d. § 134. Wenn das BGB in seinen Tatbeständen den Begriff „Gesetz" verwendet, bedienen wir uns zur Konkretisierung des Art. 2 EGBGB als definierende Hilfsnorm.[79] Nach **Art. 2 EGBGB ist Gesetz i.S.d. BGB „jede Rechtsnorm"**.

Als Verbotsgesetz i.S.d. § 134 kommt daher zunächst jedes **Gesetz im formellen Sinn** und eine Regelung aus einer **Rechtsverordnung** in Betracht.[80] Auch **Gewohnheitsrecht** kann eine Verbotsnorm begründen, wenn das Gewohnheitsrecht **ein Rechtsgeschäft unmissverständlich verwirft**, indem es sich gegen die Wirksamkeit eines bestimmten Rechtsgeschäfts richtet.[81]

---

75 MüKo-*Armbrüster* § 134 Rn. 53.
76 Palandt-*Ellenberger* § 138 Rn. 65.
77 Palandt-*Ellenberger* § 134 Rn. 2.
78 MüKo-*Armbrüster* § 134 Rn. 4; siehe dazu die Beispiele bei § 138 Abs. 1 unter Rn. 307 ff.
79 Zur Funktion von Hilfsnormen siehe im Skript „BGB AT I" Rn. 35.
80 Palandt-*Ellenberger* § 134 Rn. 2; MüKo-*Armbrüster* § 134 Rn. 30.
81 *BGH* Urteil vom 27.2.2007 (Az: XI ZR 195/05) Tz. 24 = NJW 2007, 2106, 2108 („Bankgeheimnis" kein gewohnheitsrechtliches Verbot bzgl. Abtretung von Kundenforderung durch Bank).

Grundrechte kommen ebenfalls als Verbotsgesetze i.S.d. § 134 in Betracht, **soweit sie unmittelbare Geltung nach Art. 1 Abs. 3 GG** beanspruchen.[82] Im Zivilrecht ist dies immer dann von Bedeutung, wenn eine Partei als Teil der vollziehenden Gewalt **im Bereich staatlicher Daseinsvorsorge** rechtsgeschäftlich tätig wird. Die öffentliche Hand ist auch dann unmittelbar an die Grundrechte gebunden, wenn sie öffentliche Aufgaben in privatrechtlicher Rechtsform wahrnimmt.[83] Außerhalb der unmittelbaren Grundrechtsgeltung nach Art. 1 Abs. 3 GG können Grundrechte nicht als Verbotsgesetze i.S.d. § 134 herangezogen werden. Die Wertungen des Grundgesetzes finden vielmehr im Rahmen der Generalklauseln der §§ 138, 242, 826 Eingang in die Bewertung von Rechtsgeschäften durch den – grundrechtsgebundenen (Art. 1 Abs. 3 GG!) – Richter.[84]

Verbote in **völkerrechtlichen Normen** fallen unter § 134, wenn sie nach Art. 25, 59 GG **in nationales Recht transformiert** worden sind.[85]

Keine Rechtsnormen und damit keine Verbotsgesetze i.S.d. § 134 stellen hingegen solche **Regelungen dar, die außerhalb einer öffentlich-rechtlichen Rechtssetzungskompetenz** geschaffen wurden und deshalb keinen allgemeinen Geltungsanspruch haben.[86] 282

Beispiel Regelungen in Verträgen, inkl. Allgemeinen Geschäftsbedingungen, Regelungen in Gesellschaftsverträgen bzw. Satzungen, Richtlinien oder Empfehlungen eines Verbandes. ■

2. Verbotscharakter

Wie bereits eben unter Rn. 279 ausgeführt, tritt § 134 systematisch hinter solchen Normen zurücktritt, die selber eine Regelung zur Wirksamkeit eines Rechtsgeschäftes treffen. Deshalb können Verbotsgesetze i.S.d. § 134 **nur solche Rechtsnormen sein, die ein bestimmtes Tun oder Unterlassen verbieten, ohne eine Aussage über die rechtsgeschäftliche Wirksamkeit eines dem Verbot widersprechenden Rechtsgeschäftes zu treffen.**[87] Der **Verbotscharakter** der Regelung kann sich aus der **Formulierung** (z.B. „ist verboten", „darf nicht", „wird bestraft, wenn") oder aus dem **Gesamtzusammenhang der Regelung** ergeben.[88] 283

3. Verbot bestimmter Rechtsfolgen eines Rechtsgeschäfts

Ein Rechtsgeschäft ist **nicht automatisch nichtig**, wenn die Parteien mit der Art seiner Vornahme oder wegen seines Inhalts ein Verbot übertreten. Vielmehr heißt es in § 134, dass der Verstoß nur dann zur Nichtigkeit des Rechtsgeschäfts führt, „wenn sich nicht aus dem Gesetz ein anderes ergibt". Es ist also stets **nach Sinn und Zweck der Norm zu entscheiden, ob der Verstoß zur Nichtigkeit des Rechtsgeschäfts führen soll.**[89] Das ist dann der Fall, wenn sich eine Verbotsnorm nicht allein gegen die Umstände des Zustandekommens eines 284

82 MüKo-*Armbrüster* § 134 Rn. 33.
83 *BGH* Urteil vom 11.3.2003 (Az: XI ZR 403/01) unter Ziff. II 2a aa = NJW 2003, 1658 (zur Kündigung eines Girokontos durch Sparkasse).
84 MüKo-*Armbrüster* § 134 Rn. 33 m.w.N.
85 Palandt-*Ellenberger* § 134 Rn. 3; MüKo-*Armbrüster* § 134 Rn. 39.
86 MüKo-*Armbrüster* § 134 Rn. 30 f.
87 *Medicus/Petersen* Allgemeiner Teil des Rn. 646.
88 Palandt-*Ellenberger* § 134 Rn. 2; MüKo-*Armbrüster* § 134 Rn. 41 f.
89 *BGH* NJW 2000, 1186, 1187 unter Ziff. 3 b: „§ 134 kann deshalb nicht ohne Rückgriff auf das verletzte Verbot angewendet werden"; *Medicus/Petersen* Allgemeiner Teil des BGB Rn. 647 ff.; *Faust* BGB AT § 9 Rn. 1 f.

Rechtsgeschäfts,[90] sondern **gerade gegen den Inhalt des Rechtsgeschäfts** richtet.[91] Im Zweifel lässt sich § 134 aufgrund seiner Formulierung die Vermutung entnehmen, dass sich Sinn und Zweck eines Verbots nur durch eine Nichtigkeitsfolge erreichen lassen.[92]

Beispiel 1 Verkauft ein Händler seine Ware außerhalb der gesetzlich zugelassenen Ladenöffnungszeiten, sind weder der außerhalb der Ladenöffnungszeiten zustande gekommene Kaufvertrag noch das Erfüllungsgeschäft (z.B. Übereignung gem. § 929) nach § 134 nichtig.

Die in den Ländergesetzen geregelten Ladenöffnungszeiten enthalten zwar bußgeldbewehrte Verbote, außerhalb der gesetzlich bestimmten Ladenöffnungszeiten Verkaufsstellen zu öffnen bzw. Waren zum gewerblichen Verkauf anzubieten.[93] Als formelles Gesetz stellen die Bestimmungen zur Ladenöffnungszeit auch Rechtsnormen und damit Gesetze i.S.d. § 134 dar (Art. 2 EGBGB). Die Bestimmungen über die Ladenöffnungszeiten gebieten ihrem Sinn und Zweck nach aber keine Nichtigkeit des verbotswidrig geschlossenen Kaufvertrages und sind deshalb keine „Verbotsgesetzes" i.S.d. § 134. Die Regelungen über die Ladenöffnungszeiten dienen der Schaffung und Sicherung einer allgemeinen Ladenöffnungszeit für Verkaufsstellen sowie dem Schutz der Sonn- und Feiertagsruhe.[94] Die Regeln wenden sich also ausschließlich gegen den Zeitpunkt des verbotswidrig geschlossenen Kaufvertrages, aber nicht gegen den mit ihm verfolgten Zweck, nämlich den Austausch der vereinbarten Leistungen. Es handelt sich damit um reine Ordnungsvorschriften, deren Einhaltung durch andere Sanktionen, insbesondere Bußgelder,[95] ausreichend sichergestellt werden kann. Eine Nichtigkeit der außerhalb der gesetzlich zugelassenen Öffnungszeiten vorgenommenen Rechtsgeschäfte ginge über Sinn und Zweck dieser Regelung hinaus.[96] ■

Beispiel 2 Anders liegen die Dinge bei der so genannten „Schwarzarbeit". Die Schwarzarbeit ist in § 1 SchwarzArbG gesetzlich definiert und liegt beispielsweise vor, wenn ein Werkunternehmer mit dem Besteller vereinbart, über den Werklohn ganz oder teilweise keine Rechnung zu stellen. Denn in diesem Fall will der Werkunternehmer Werkleistungen erbringen und dabei seine sich aufgrund der Werkleistungen ergebenden Steuerpflichten nicht erfüllen (§ 1 Abs. 2 Nr. 2 SchwarzArbG). Die fehlende Dokumentation des tatsächlich vereinbarten Werklohns dient dazu, die aus dem „schwarzen" Werklohn geschuldete Umsatzsteuer nicht abführen zu müssen und zugleich ein Teil der auf den Werklohn entfallenden Einkommensteuer zu hinterziehen.

Zwar enthält § 1 Abs. 2 SchwarzArbG kein ausdrückliches Verbot; aber es wird ausdrücklich klargestellt, dass Zweck des Gesetzes die Intensivierung der Bekämpfung der Schwarzarbeit sei. Dem gesamten Gesetz und den in ihm unter anderem enthaltenen Ordnungswidrigkeitstatbeständen entnimmt man den Charakter eines Verbotsgesetzes im Sinne des § 134. Es genügt, wenn Sie hier § 1 Abs. 2 SchwarzArbG mit dem jeweils einschlägigen Tatbestand zitieren.

---

90 Wendet sich eine Verbotsnorm allein gegen die Art und Weise des Zustandekommens eines Rechtsgeschäfts, spricht man auch von einer „Ordnungsvorschrift".

91 *BAG* Urteil vom 3.11.2004 (Az: 5 AZR 592/03) unter Ziff. I 1a) = NZA 2005, 1409; *BGH* Urteil vom 25.7.2002 (Az: III ZR 113/02) unter Ziff. 2b) = NJW 2002, 3015.

92 Palandt-*Ellenberger* § 134 Rn. 7; MüKo-*Armbrüster* § 134 Rn. 103, m.w.N. auch zur Gegenansicht.

93 Z.B. § 4 Ladenöffnungsgesetz (LÖG) NRW vom 16.11.2006.

94 Vgl. etwa § 1 LÖG NRW.

95 Vgl. § 13 LÖG NRW.

96 Palandt-*Ellenberger* § 134 Rn. 8; MüKo-*Armbrüster* § 134 Rn. 60; *Medicus/Petersen* Allgemeiner Teil des BGB Rn. 650.

§ 1 Abs. 2 Nr. 2 SchwarzArbG beschreibt den tatsächlichen Vollzug von Leistungserbringung und pflichtwidrigen Handeln. Der Abschluss schuldrechtlicher Verträge wird dort nicht aufgeführt. Gleichwohl entnimmt man § 1 Abs. 2 SchwarzArbG das Verbot zum Abschluss von Dienst-bzw. Werkverträgen, wenn diese Regelung enthalten, die dazu dienen, dass eine Partei als Steuerpflichtige ihre sich aufgrund der nach dem Vertrag geschuldeten Werkleistungen ergebenden steuerlichen Pflichten nicht erfüllt. Dem genügt die anfangs genannte „Ohne Rechnung"-Abrede. Hinzu kommen muss weiter, dass der Unternehmer vorsätzlich hiergegen verstößt und der Besteller den Verstoß des Unternehmers kennt und bewusst zum eigenen Vorteil ausnutzt.[97] Der Verbotstatbestand richtet sich gegen beide Seiten, da erst der Auftrag des Bestellers den Unternehmer veranlasst, die Pflichtwidrigkeit herbeizuführen.[98] ■

4. Adressatenkreis

Nach herrschender Ansicht ist ein Rechtsgeschäft, das gegen eine Verbotsnorm verstößt, die sich **nur gegen eine Partei eines mehrseitigen Rechtsgeschäfts** richtet, **im Zweifel gültig**. Die Nichtigkeit nach § 134 erfordert also eine **Verbotsnorm, die sich gegen beide Teile des Rechtsgeschäfts richtet.**[99] 285

Eine **Ausnahme** wird dann gemacht, w**enn der Zweck des Verbotstatbestandes die Nichtigkeit des Rechtsgeschäfts gebietet**, obwohl sich das Verbot nur an einen Teil richtet.[100] Dies ist beispielsweise beim Verstoß gegen das Verbot des Geheimnisverrats nach § 203 StGB in der Fall (vgl. Rn. 287).

Beispiel Hehler H verkauft und übereignet im Einverständnis mit Dieb D die von diesem gestohlene Sache an den gutgläubigen Abnehmer K.

Verwirklicht jemand bei Abschluss eines Kaufvertrages den **Tatbestand der Hehlerei** nach § 259 StGB,[101] verletzt er zweifellos einen gesetzlichen Verbotstatbestand. Damit ist aber noch nicht gesagt, dass Kaufvertrag und Erfüllungsgeschäft nach § 134 i.V.m. § 259 StGB nichtig sind.

Die Nichtigkeitsfolge des § 134 wird grundsätzlich nur dann ausgelöst, wenn sich der Verbotstatbestand gegen beide Teile des Rechtsgeschäfts richtet.

Im *Beispiel* verstößt nur der Hehler, nicht aber der ahnungslose Erwerber K gegen die Verbotsnorm. Der gutgläubige Erwerber ist weder Täter noch Teilnehmer einer Hehlerei i.S.d. § 259 StGB. Im *Beispiel* käme eine Nichtigkeit nach § 134 somit nur in Betracht, wenn es mit dem Zweck des Verbotsgesetzes unvereinbar wäre, die durch das Rechtsgeschäft getroffene rechtliche Regelung hinzunehmen und bestehen zu lassen.[102] Dafür besteht im vorliegenden Fall aber kein Grund. Der Eigentümer ist durch seine Herausgabeansprüche aus § 985 (§ 935!) gegen den Erwerber ausreichend geschützt. Außerdem stehen ihm Schadensersatzansprüche gegen den Hehler zu. Umgekehrt erscheint es unbillig, dem

97 *BGH* Urteil vom 1.8.2013 (Az: VII ZR 6/13) Tz. 13, 22.

98 *BGH* a.a.O. Tz. 23 f.

99 *BGH* in BGHZ 143, 283 ff. unter Ziff. 3c = NJW 2000, 1186, 1187; BGHZ 115, 123ff. unter Ziff. II 2a = NJW 1991, 2955, 2956; Palandt-*Ellenberger* § 134 Rn. 9; *Faust* AT § 9 Rn. 3; a.A. MüKo-*Armbrüster* § 134 Rn. 47 f.: Adressatenzahl keine unmittelbare Relevanz.

100 Palandt-*Ellenberger* § 134 Rn. 8 f.

101 Dazu ausführlich das Skript „Strafrecht Besonderer Teil II" Rn. 787 ff.

102 BGHZ 115, 123 ff. unter Ziff. II 2b = NJW 1991, 2955.

ahnungslosen K seine vertraglichen Ansprüche aus dem Kaufvertrag wegen Nichterfüllung (§ 311a Abs. 2) zu nehmen. Gerade mit derartigen, auf das positive Interesse gerichteten Vertragsansprüchen wird der Hehler zusätzlich belastet. Im Falle einer Nichtigkeit des Kaufvertrages stünden dem gutgläubigen Erwerber lediglich auf das negative Interesse gerichtete Schadensersatzansprüche aus §§ 280 Abs. 1, 311 Abs. 2 Nr. 1, § 826 und Herausgabeansprüche aus § 812 Abs. 1 S. 1 zu. Die Haftung des Hehlers würde durch Anwendung des § 134 gegenüber K deshalb erleichtert! Deswegen wird der Kaufvertrag im *Beispiel* nicht nach § 134 i.V.m. § 259 StGB als nichtig angesehen.[103]

Demgegenüber entspricht es Sinn und Zweck des § 259 StGB, der sich ja gerade gegen das einverständliche Zusammenwirken zwischen Vortäter und Hehler richtet, einen **zwischen Dieb und Hehler** geschlossenen Kaufvertrag nach § 134 als nichtig anzusehen.[104]

Die Übereignung der gestohlenen Sache ist in beiden Fällen hingegen schon wegen § 935 Abs. 1 unwirksam, da weder der Dieb noch der Hehler wirksam über das fremde Eigentum an der gestohlenen Sache verfügen können. Auf § 134 kommt es bei der Übereignung nicht an. ■

5. Subjektiver Tatbestand

286 Die Nichtigkeitsfolge wird in § 134 nicht von subjektiven Voraussetzungen abhängig gemacht. **Grundsätzlich genügt deshalb ein objektiver Verstoß**, wenn die Verbotsnorm den Verstoß nicht an subjektiven Voraussetzungen knüpft.[105]

Bei **Strafnormen** müssen hingegen regelmäßig objektiver und subjektiver Tatbestand erfüllt sein, weil nur die subjektiv vorwerfbare Tat unter Strafe gestellt ist.[106] Auf die – im Strafrecht gesondert zu prüfende – Schuld kommt es hingegen nicht an. Die Verwirklichung nur des objektiven Straftatbestandes soll für die Nichtigkeitsfolge nach § 134 genügen, wenn der Zweck der Strafnorm sonst nicht erreicht werden könnte (siehe dazu das nachfolgende *Beispiel* unter Rn. 287).[107]

III. Umfang der Nichtigkeit

287 Ob der Verstoß gegen ein Verbotsgesetz die Nichtigkeit des Verpflichtungsgeschäfts, des Verfügungsgeschäfts oder mehrerer Geschäfte anordnet, ist **durch Auslegung zu entscheiden**. Sie können sich dabei folgende Regel merken:

103 *Faust* AT § 9 Rn. 3; diesen Ansatz verfolgt auch der *BGH* in BGHZ 132, 313 ff. unter Ziff. II 3b bb = NJW 1996, 812 ff.; a.A. MüKo-*Armbrüster* § 134 Rn. 53.

104 MüKo-*Armbrüster* § 134 Rn. 53.

105 *BGH* in BGHZ 115, 123ff. unter Ziff. II 2b ff = NJW 1991, 2955, 2957; Palandt-*Ellenberger* § 134 Rn. 12a; *Faust* BGB AT § 9 Rn. 4.

106 *BGH* in BGHZ 132, 313ff. unter Ziff. II 3b aa = NJW 1996, 1812, 1813; Palandt-*Ellenberger* § 134 Rn. 24; *Faust* BGB AT § 9 Rn. 4.

107 *BGH* in BGHZ 115, 123ff. unter Ziff. II 2b ff = NJW 1991, 2955, 2957; Palandt-*Ellenberger* § 134 Rn. 24; *Faust* BGB AT § 9 Rn. 4.

Richtet sich eine Verbotsnorm gegen ein Verfügungsgeschäft und kann dieses wegen § 134 nicht wirksam vorgenommen werden, ist grundsätzlich auch das auf die verbotswidrige Erfüllung gerichtete Verpflichtungsgeschäft nach § 134 nichtig.[108]

Beispiel Nach § 203 StGB ist es bestimmten Personen verboten, die ihnen bekannt gewordenen Geheimnisse unbefugt zu offenbaren. Verkauft ein Geheimnisträger (z.B. Rechtsanwalt[109]) unbefugt einen Datenträger mit Geheimnissen (z.B. „brisante" Auszüge aus Akten), verletzt er durch Erfüllung des Kaufvertrages den objektiven Tatbestand des § 203 Abs. 1 StGB. Gleiches gilt bei der Veräußerung von Forderungen durch einen Geheimnisträger (z.B. Honoraransprüche des Arztes oder Rechtsanwaltes), wenn der Veräußerer durch die Abtretung gem. § 402 verpflichtet wird, zur Durchsetzung der Forderungen notwendige Geheimnisse zu offenbaren.

In beiden Fällen richtet sich der Verbotstatbestand allerdings nur gegen das Erfüllungsgeschäft und den veräußernden Geheimnisträger. Der Erwerber wird weder durch den Kaufvertrag noch durch das Erfüllungsgeschäft zur Offenbarung der von ihm erworbenen Geheimnisse veranlasst. Geht man davon aus, dass eine Verbotsnorm, die sich nur gegen einen Beteiligten richtet, die Gültigkeit des zu beurteilenden Rechtsgeschäfts regelmäßig nicht berührt, wären in den „Geheimnis-Fällen" sowohl Verpflichtungs- als auch Verfügungsgeschäft wirksam. Damit wäre dem Schutzbedürfnis der vom Geheimnisverrat betroffenen Person (z.B. Mandant, Patient) aber nicht ausreichend Rechnung getragen. Zwar kann sich die durch § 203 StGB geschützte Person gegen die Offenbarung ihrer Geheimnisse analog § 1004 mit Unterlassungsansprüchen zur Wehr setzen. Doch kann dadurch eine tatsächliche Offenbarung nicht verhindert werden. Zum Schutz der Privatsphäre des Mandanten/Patienten sind hier bei der Anwendung des § 134 deshalb zwei „Besonderheiten" zu beachten:

(1) Zunächst ist es notwendig, die Nichtigkeitsfolge des § 134 i.V.m. § 203 StGB trotz lediglich einseitigen Verstoßes eingreifen zu lassen (vgl. oben unter Rn. 285).

(2) Um einen möglichst effektiven Schutz zu erreichen, soll es zum zweiten unerheblich sein, ob auch der subjektive Tatbestand des § 203 StGB erfüllt ist (vgl. oben Rn. 286).[110]

Die Nichtigkeitsfolge des § 134 bezieht sich hier nicht nur auf das Verfügungsgeschäft (Übereignung der Kartei, Abtretung der Forderung), sondern auch auf das Verpflichtungsgeschäft.[111] Denn die Rechtsordnung muss solchen Verpflichtungsgeschäften die Anerkennung versagen, die nur unter Verstoß gegen ein Verbotsgesetz erfüllt werden könnten. Ansonsten würde eine wirksame Verpflichtung zu verbotenen Tun begründet, was nicht zu rechtfertigen ist. ■

108 *BGH* in BGHZ 116, 268 ff. unter Ziff. I 3e = NJW 1992, 737, 740; Palandt-*Ellenberger* § 134 Rn. 13; a.A. *Faust* BGB AT § 9 Rn. 5, der eine solche Regel ablehnt, um vertragliche Schadensersatzansprüche gewähren zu können.

109 Geheimnisträger nach § 203 Abs. 1 Nr. 3 StGB.

110 *BGH* a.a.O.; Palandt-*Ellenberger* § 134 Rn. 24; MüKo-*Armbrüster* § 134 Rn. 110.

111 Siehe zur Abtretung auch im Skript „Schuldrecht AT I" Rn. 32 ff.; *BGH* in *BGH* NJW 1996, 775f. unter Ziff. I 2; BGHZ 116, 268 ff. unter Ziff. I 3e = NJW 1992, 737, 740; BGHZ 115, 123 ff. unter Ziff. II 2b = NJW 1991, 2955, 2956; Palandt-*Ellenberger* § 134 Rn. 22a.

D. Nichtigkeit wegen Verstoßes gegen die guten Sitten, § 138

I. Einleitung zur Systematik des § 138

1. Generalklausel

288 Gem. § 138 Abs. 1 ist ein Rechtsgeschäft, das gegen die guten Sitten verstößt, nichtig. Der Unterschied zu § 134 besteht darin, dass der Bewertungsmaßstab nicht einer konkreten Verbotsnorm entnommen wird, sondern einer allgemeineren Wertentscheidung.

Unsere Rechtsordnung verweigert über § 138 unsittlichen Geschäften ihre Anerkennung und damit die Möglichkeit, erzwingbare Rechtsfolgen aus einem unsittlichen Rechtsgeschäft abzuleiten. Sie haben sicherlich schon von der berühmt-berüchtigten Definition gehört, dass ein Rechtsgeschäft dann gegen die guten Sitten im Sinne des § 138 verstoße, wenn es dem „Anstandsgefühl aller billig und gerecht Denkenden widerspricht". Sie wissen sicherlich auch, dass diese Floskel nichtssagend und für eine Subsumption unbrauchbar ist.[112] Die von der Rechtsprechung in jüngerer Zeit verwendete Formulierung:

„Als sittenwidrig im Sinne dieser Vorschrift ist ein Rechtsgeschäft zu beurteilen, wenn es nach seinem aus der Zusammenfassung von Inhalt, Beweggrund und Zweck zu entnehmenden Gesamtcharakter mit den grundlegenden Wertungen der Rechts- und Sittenordnung nicht zu vereinbaren ist.[113]*"*

klingt moderner, bringt uns in der Sache aber auch nicht näher.

Angesichts der generalklauselartigen Fassung des § 138 und der genannten Floskeln überrascht es nicht, dass sich Fallgruppen herausgebildet haben, an denen man sich bei der Bewertung eines Rechtsgeschäfts orientieren kann und – aus Gründen der Rechtssicherheit – auch soll. Es kann von Ihnen nicht verlangt werden, alle Fallgruppen des § 138 zu kennen. Sie sollten sich vielmehr die wichtigsten Fallgruppen einprägen, wobei je nach Rechtsgeschäft unterschiedliche „Standardfälle" zu berücksichtigen sind. Wir können hier nur einen Überblick geben. Wir werden in dieser Skriptenreihe deshalb bei jedem Thema, wo Sie in der Klausur typischerweise eine Sittenwidrigkeit nach § 138 zu beachten haben, auf die jeweilige Fallgruppe zurückkommen.[114]

2. Subsidiarität

289 Wie wir bereits bei § 134 festgestellt haben, kommt § 138 Abs. 1 erst nach § 134 zur Anwendung. Verstößt ein bestimmtes Verhalten gegen eine Verbotsnorm, ist also erst § 134 zu prüfen. § 138 Abs. 1 kann erst dann zur Anwendung kommen, wenn entweder gegen keine Verbotsnorm verstoßen wurde oder wenn über die Verletzung der Verbotsnorm hinaus weitere Umstände hinzutreten.

112 Prägnant dazu *Medicus/Petersen* Allgemeiner Teil des Rn. 681 ff.

113 Z.B. im Urteil des *BGH* vom 3.4.2008 (Az: III ZR 190/07) unter Tz. 21 = NJW 2008, 2026 ff.

114 Zur Sittenwidrigkeit eines durch „kollusives" Zusammenwirken von Stellvertreter und Drittem vorgenommenen Geschäfts siehe oben Rn. 91.

Hinweis

Noch einmal: Anders liegt es beim Wuchertatbestand des § 138 Abs. 2. Dieser geht § 134 i.V.m. § 291 StGB vor, da er andernfalls keinen Anwendungsbereich hätte.[115]

Außerdem gilt § 138 Abs. 1 nur subsidiär zu anderen Nichtigkeitsgründen, wie etwa die Inhaltskontrolle der §§ 305c, 307 ff.[116] oder die Anfechtungsregel des § 123.[117] § 138 Abs. 1 ist nur anwendbar, wenn weitere Umstände hinzutreten, die ein bestimmter Tatbestand, der sich mit der Wirksamkeit eines Rechtsgeschäfts beschäftigt, noch nicht erfasst hat. Im Falle einer arglistigen Täuschung bzw. Drohung i.S.d. § 123 Abs. 1 müssten also weitere Umstände hinzukommen, um den § 138 Abs. 1 anwenden zu können.

3. Objektiver und subjektiver Tatbestand

Die Sittenwidrigkeit eines Rechtsgeschäfts ergibt sich aus der Zusammenschau von **objektiven Umständen (Inhalt und Zweck des Rechtsgeschäfts)** und **subjektiven Beweggründen**, in denen eine **„verwerfliche" Gesinnung** zum Ausdruck kommen muss.[118] **290**

Die Nichtigkeit eines Rechtsgeschäfts nach § 138 setzt nach ganz überwiegender Auffassung **nicht voraus**, dass den Beteiligten **die Bewertung ihres Rechtsgeschäfts als sittenwidrig auch bewusst** ist.[119] Andernfalls hinge die Wirksamkeit des Rechtsgeschäfts ja von der normativen „Feinfühligkeit" der konkret beteiligten Personen ab, was im Einzelfall zu unvertretbaren Ergebnissen führen würde. Es würden diejenigen privilegiert, die sich keine Gedanken über die guten Sitten machen. Abgesehen davon wird der Nachweis des Bewusstseins sittenwidrigen Handelns in der Praxis kaum gelingen. **291**

Es genügt, wenn der Handelnde die Tatsachen kennt, aus denen sich die Sittenwidrigkeit ergibt.[120] Außerdem lässt die überwiegende Ansicht es **genügen**, wenn sich die Parteien dieser Erkenntnis bzw. der Folgen **grob fahrlässig verschließen**.[121] Anders liegt es nur beim Wuchertatbestand des § 138 Abs. 2 (dazu sogleich).

Unter **grober Fahrlässigkeit** ist ein Handeln zu verstehen, bei dem die erforderliche Sorgfalt nach den gesamten Umständen in ungewöhnlich großem Maße verletzt worden ist und bei dem dasjenige unbeachtet geblieben ist, was im gegebenen Falle jedem hätte einleuchten müssen[122]

115 Palandt-*Ellenberger* § 138 Rn. 65; MüKo-*Armbrüster* § 138 Rn. 4.
116 Palandt-*Ellenberger* § 138 Rn. 16.
117 Siehe Rn. 427.
118 Z.B. *BGH* Urteil vom 9.10.2009 (Az: V ZR 178/08) unter Tz. 6 = NJW 2010, 363 ff.
119 *Medicus/Petersen* Allgemeiner Teil des Rn. 689.
120 *BGH* in BGHZ 94, 268, 272 unter Ziff. III 4 = NJW 1985, 2405, 2406.
121 *BGH* Urteil vom 19.1.2001 (Az: V ZR 437/99) unter Ziff. II 1b = BGHZ 146, 298 ff. = NJW 2001, 1127; Palandt-*Ellenberger* § 138 Rn. 8.
122 Siehe im Skript „Schuldrecht AT II" Rn. 69.

Handelt lediglich **eine Partei sittenwidrig und ist die andere Partei Opfer des sittenwidrigen Handelns**, dann genügt es, **wenn lediglich die sittenwidrig tätige Partei in subjektiver Weise vorwerfbar handelt**. Sie muss also den anstößigen Zweck bzw. die unsittlichen Folgen des Rechtsgeschäfts kennen, bzw. sich dieser Erkenntnis grob fahrlässig verschließen.[123]

292 Die Kenntnis der Sittenwidrigkeit bzw. grob fahrlässige Unkenntnis der dafür maßgeblichen Tatsachen **eines Vertreters** ist dem Vertretenen nach **§ 166 Abs. 1 zuzurechnen**.[124]

293 Der maßgebliche Zeitpunkt für die Beurteilung der objektiven und subjektiven Elemente ist der Moment, in dem das zu beurteilende **Rechtsgeschäft vorgenommen wurde** und nicht derjenige, in dem die mit ihm verfolgten Wirkungen eintreten.[125]

II. Wucher, § 138 Abs. 2

294 Nach § 138 Abs. 2 ist Wucher ein Rechtsgeschäft, bei dem jemand unter Ausbeutung der Zwangslage, der Unerfahrenheit, des Mangels an Urteilsvermögen oder der erheblichen Willensschwäche eines anderen sich oder einem Dritten für eine Leistung Vermögensvorteile versprechen oder gewähren lässt, die in einem auffälligen Missverhältnis zu der Leistung stehen.

1. Objektiver Tatbestand

a) Gegenseitiger Vertrag

295 Aus der Formulierung des Wuchertatbestandes in § 138 Abs. 2 wird zunächst deutlich, dass er **nur bei gegenseitigen Verträgen** i.S.d. §§ 320 ff. Anwendung finden kann.

Beispiel Kauf-, Werk- und Mietvertrag sind gegenseitige Verträge und können daher wegen Wuchers nichtig sein.[126] Hingegen ist die Bürgschaft ein einseitig verpflichtender Vertrag und kann daher niemals wegen Wuchers nichtig sein.[127] ■

b) Auffälliges Missverhältnis zwischen Leistung und Gegenleistung

296 Ein **„auffälliges Missverhältnis"** zwischen Leistung und Gegenleistung i.S.d. § 138 Abs. 2 liegt vor, wenn die vom Schuldner zu erbringende Leistung **um 100 % oder mehr über dem Wert der Gegenleistung liegt (sog. „Grenze des Doppelten")**.[128]

---

123 Palandt-*Ellenberger* § 138 Rn. 8. Das zeigt sich deutlich am Wuchertatbestand des § 138 Abs. 2, bei dem der Wucherer in unsittlicher Weise tätig wird und es genügt, wenn dieser „unter Ausbeutung der Zwangslage oder einer sonstigen Unterlegenheit seines Gegenübers" handelt. „Ausbeuten" kann nur derjenige, der die besondere Unterlegenheit seines Gegenübers kennt.

124 *BGH* NJW 1992, 310, 311 unter Ziff. I 2.

125 *BGH* vom 29.6.2007 (Az: V ZR 1/06) unter Tz. 13 = NJW 2007, 2841; Palandt-*Ellenberger* § 138 Rn. 9; *Medicus/Petersen* Allgemeiner Teil des Rn. 691.

126 Siehe dazu im Skript „Schuldrecht BT II" unter Rn. 65 ff.

127 Siehe zur Sittenwidrigkeit von Bürgschaften im Skript „Sachenrecht III" unter Rn. 61 ff.

128 *BGH* Urteil vom 18.12.2007 (Az: XI ZR 324/06) unter Tz. 31 = NJW-RR 2008, 1436, 1438 und vom 29.6.2007 (Az: V ZR 1/06) unter Tz. 16 = NJW 2007, 2841 f; Palandt-*Ellenberger* § 138 Rn. 67; *Faust* AT § 10 Rn. 3.

Beispiel V verkauft dem K ein Grundstück, dessen Verkehrswert 100 000 € beträgt, für 210 000 €. Würde der Verkehrswert des Grundstücks nach Vertragsschluss steigen (z.B. auf 150 000 €), ändert dies an dem Tatbestand des auffälligen Missverhältnisses nichts, da es auf die Umstände bei Vertragsschluss ankommt. Andernfalls bestünde stets eine nur schwebende Unwirksamkeit, die aber von § 138 Abs. 2 gerade nicht angeordnet wird.[129] Vielmehr führt § 138 Abs. 2 (Wirksamkeitshindernis!) zur endgültigen Unwirksamkeit eines Rechtsgeschäfts. ■

c) Weitere objektive Umstände auf Seiten des Bewucherten

In objektiver Hinsicht erfordert der Wuchertatbestand zusätzlich mindestens noch eines der in § 138 Abs. 2 genannten Merkmale auf Seiten des Bewucherten: **Zwangslage, Unerfahrenheit, Mangel an Urteilsvermögen oder erhebliche Willensschwäche.** 297

2. Subjektiver Tatbestand

In **subjektiver Hinsicht** muss der Wucherer die Schwächen auf Seiten des Bewucherten „**ausgebeutet**" haben. 298

Ein **Ausbeuten** i.S.d. § 138 Abs. 2 liegt vor, wenn eine Partei (= der Wucherer) Kenntnis vom Missverhältnis der Leistungen hat und sich die Zwangslage bzw. Unerfahrenheit etc. der anderen Partei bewusst zunutze macht.[130] Eine besondere Ausbeutungsabsicht ist nicht erforderlich.

Beispiel V bietet dem K den Kauf eines Gemäldes im Wert von 30 000 € für 12 000 € an, weil er in Zahlungsschwierigkeiten steckt und dringend auf das Geld angewiesen ist. K ist sich sowohl der Wertverhältnisse als auch der finanziellen Notsituation des V bewusst und nimmt das Angebot an. V übereignet dem K gegen Barzahlung der 12 000 € das Gemälde. Da eine besondere Ausbeutungsabsicht nicht erforderlich ist, sondern Kenntnis der objektiven Tatbestandsmerkmale genügt, steht dem Wuchertatbestand nicht entgegen, dass das Angebot für den Kaufvertrag von V selber ausgegangen ist.[131] Sowohl der Kaufvertrag als auch die Übereignung des Gemäldes sind gem. § 138 Abs. 2 nichtig.

Nichtigkeit wegen Wuchers wäre hingegen zu verneinen, wenn der K von den Wertverhältnissen oder der finanziellen Notsituation des V keine Kenntnis gehabt hätte – grobe Fahrlässigkeit genügt für ein „Ausbeuten" nicht! ■

3. Umfang der Nichtigkeitsfolge

Aus der Formulierung „sich versprechen oder gewähren lässt" folgt weiter, dass **nicht nur das wucherische Verpflichtungsgeschäft, sondern auch das zum Nachteil des Bewucherten vollzogene Verfügungsgeschäft nichtig** ist.[132] Das **Verfügungsgeschäft auf Kosten des Wucherers** wird hingegen **nicht** von § 138 Abs. 2 erfasst. 299

---

129 Palandt-*Ellenberger* § 138 Rn. 66; *Medicus/Petersen* Allgemeiner Teil des Rn. 691.

130 Palandt-*Ellenberger* § 138 Rn. 74; *Faust* AT § 10 Rn. 3.

131 *BGH* NJW 1985, 3006, 3007 unter Ziff. II 4a; Palandt-*Ellenberger* § 138 Rn. 74.

132 Palandt-*Ellenberger* § 138 Rn. 75; *Faust* AT § 10 Rn. 3.

Die Nichtigkeit erfasst grundsätzlich die Rechtsgeschäfte im Ganzen, da es an einer wirksamen Vereinbarung über eine Hauptleistungspflicht und damit an der notwendigen Festlegung der essentialia negotii fehlt.[133] Eine Teilnichtigkeit und Aufrechterhaltung im Übrigen über § 139 kommt nur in Ausnahmefällen in Betracht, wenn (1) der sittenwidrige Teil klar ausgrenzbar ist und (2) die Aufrechterhaltung des rechtlichen Teils dem Willen der Parteien entspricht.

Hinweis

Der Kondiktionsanspruch des Wucherers aus § 812 Abs. 1 S. 1 Var. 1 wird regelmäßig durch den Einwendungstatbestand des § 817 S. 2 ausgeschlossen sein, der auf alle Leistungskondiktionen Anwendung findet.[134]

III. Wucherähnliches Rechtsgeschäft, § 138 Abs. 1

1. Kein Fall des § 138 Abs. 2

300 In der Praxis besteht die große „Schwäche" des Wuchertatbestandes nach § 138 Abs. 2 darin, dass das Merkmal des „Ausbeutens" sowohl Vorsatz in Bezug auf das Missverhältnis als auch in Bezug auf die Zwangslage oder sonstige Schwäche des anderen Teils erfordert: Ein solcher Vorsatz lässt sich aber kaum nachweisen.

Wenn der Nachweis des Wuchers nicht gelingt, operiert die Rechtsprechung seit langem mit der Fallgruppe des „wucherähnlichen Geschäfts", die systematisch § 138 Abs. 1 zugeordnet wird.

2. Auffälliges Missverhältnis bei einem gegenseitigen Vertrag

301 Gegenseitige Verträge, bei denen der Wuchertatbestand des § 138 Abs. 2 in seinen Voraussetzungen nicht vollständig erfüllt ist, sind als wucherähnliche Rechtsgeschäfte nach § 138 Abs. 1 nichtig, wenn zwischen Leistung und Gegenleistung **objektiv ein auffälliges Missverhältnis besteht und der Begünstigte das Rechtsgeschäft in verwerflicher Gesinnung vornimmt**. Ein auffälliges Missverhältnis alleine reicht dagegen nicht aus.[135]

3. Verwerfliche Gesinnung des Begünstigten

302 Eine verwerfliche Gesinnung des Begünstigten liegt vor, wenn er etwa die wirtschaftlich schwächere Position des anderen Teils bewusst zu seinem Vorteil ausgenutzt oder sich **zumindest grob fahrlässig** der Erkenntnis verschlossen hat, dass sich der andere nur unter

133 Palandt-*Ellenberger* § 138 Rn. 19 – beim Mietwucher wird allerdings zum Schutz des Mieters eine Ausnahme gemacht und der Mietvertrag mit angepasstem Mietzins aufrechterhalten; gleiches gilt im Arbeitsrecht beim wucherischen Arbeitsvertrag, der mit angemessenem Entgelt aufrechterhalten wird.

134 Palandt-*Ellenberger* § 138 Rn. 75.

135 Z.B. Urteil des *BGH* vom 9.10.2009 (Az: V ZR 178/08) unter Tz. 6 = NJW 2010, 363 ff; Palandt-*Ellenberger* § 138 Rn. 34; *Faust* AT § 10 Rn. 4.

dem Zwang der Verhältnisse auf den für ihn ungünstigen Vertrag eingelassen hat.[136] Der entscheidende Punkt besteht beim wucherähnlichen Geschäft also zunächst darin, dass eine **grobe Fahrlässigkeit** in subjektiver Hinsicht beim Begünstigten genügt.

Nun geht man in der Praxis noch einen Schritt weiter: Liegt ein **„auffälliges Missverhältnis"** **303**
i.S.d. § 138 Abs. 2 vor (siehe Rn. 296), begründet dies eine – **widerlegbare** – **Vermutung für die erforderliche verwerfliche Gesinnung**, also für eine bewusste oder zumindest grob fahrlässige Ausnutzung eines den Vertragspartner in seiner Entscheidungsfreiheit beeinträchtigenden Umstands.[137] Diese Vermutung beruht auf der allgemeinen Erfahrung, dass sich niemand ohne Not oder einen sonstigen die Entscheidungsfreiheit hemmenden Umstand (Unverstand, Unerfahrenheit, Willensschwäche) zu einer für ihn besonders nachteiligen Leistung verpflichtet. Mit anderen Worten: Weil keiner seine Leistung freiwillig deutlich unter Wert erbringt, muss sich einem die Not des Schuldners bei Überschreitung der „Grenze des Doppelten" förmlich aufdrängen. Es wird also vermutet, dass jeder vernünftige Geschäftspartner in solchen Fällen erkennen muss, „an der Sache sei etwas faul".

Hinweis

Der Begünstigte muss das objektive Missverhältnis nicht tatsächlich kennen.[138] Auch insoweit besteht also eine Vermutung dafür, dass man ein derartiges Missverhältnis zumindest grob fahrlässig verkannt und „die Augen davor verschlossen hat".

Die Fallgruppe des wucherähnlichen Geschäfts darf aber nicht dahingehend missverstanden **304**
werden, dass über § 138 Abs. 1 faktisch ein „Schnäppchenverbot" begründet wird. § 138 Abs. 1 setzt einer bewussten privatautonomen Preisgestaltung keine Grenze.

Die Vermutung für ein verwerfliches Vorgehen des Begünstigten **kann deshalb durch die Umstände des Einzelfalls widerlegt werden**.

Wenn der Benachteiligte das Geschäft **unter Abwägung der Vor- und Nachteile bewusst mit einem miserablen Preis-Leistungsverhältnis abschließt**, macht er von seiner privatautonomen Gestaltungsfreiheit Gebrauch – die Wirksamkeit des Geschäfts scheitert dann nicht an § 138 Abs. 1.[139]

Beispiel 1 Kaufmann V verkauft dem K im Räumungsverkauf einen Fernseher im Wert von 800 € für 350 €, um die Ware möglichst schnell loszuschlagen. ■

Beispiel 2 V veräußert über „eBay" im Bieterverfahren ein Auto (Wert: 1000 €) und setzt als Mindestgebot 1 € an. Da die Gebotsfrist in die Sommerferien fällt, erfreut sich sein Angebot keines besonderen Interesses. K gibt mit 329 € das höchste Gebot ab und schließt

---

136 *BGH* Urteil vom 19.1.2001 (Az: V ZR 437/99) unter Ziff. II 1b = BGHZ 146, 298 ff. = NJW 2001, 1127; Palandt-*Ellenberger* § 138 Rn. 34.

137 *BGH* Urteil vom 9.10.2009 (Az: V ZR 178/08) unter Tz. 6 ff. = NJW 2010, 363 ff. mit weiteren Ausführungen zur Darlegungs- und Beweislast; Palandt-*Ellenberger* § 138 Rn. 34a f.

138 *BGH* Urteil vom 19.1.2001 (Az: V ZR 437/99) unter Ziff. II 2 = BGHZ 146, 298 ff. = NJW 2001, 1127, 1128; Palandt-*Ellenberger* § 138 Rn. 34a ff.

139 *BGH* Urteil vom 6.5.2003 (Az: XI ZR 226/02) unter Ziff. II 2 = NJW 2003, 2230, 2231; Palandt-*Ellenberger* § 138 Rn. 34c.

dadurch den Vertrag mit V.[140] Mit der Entscheidung für das Bieterverfahren ist V bewusst das Risiko eines schlechten Preises eingegangen – seine Hoffnung richtete sich natürlich auf ein wechselseitiges „Hochbieten" und einen Verkauf über Wert. ■

305 Eine verwerfliche Gesinnung ist ebenfalls zu verneinen, wenn sich der Begünstigte über den Wert falsche, nämlich überhöhte Vorstellungen gemacht hat, die kein Missverhältnis begründen würden.[141]

Beispiel 3 V verkauft dem K ein Grundstück mit einem tatsächlichen Wert von 400 000 € zu einem Preis von 180 000 €. V hatte dem K vor Abschluss des Kaufvertrages ein Wertgutachten überlassen, das den Wert mit 200 000 € ausgewiesen hatte. ■

4. Umfang der Nichtigkeitsfolge

306 Beim wucherähnlichen Tatbestand gelten die gleichen Grundsätze wie beim wucherischen Geschäft im Sinne des § 138 Abs. 2. Das **wucherähnliche Verpflichtungsgeschäft** ist nach § 138 Abs. 1 im Ganzen **nichtig**. Das **Verfügungsgeschäft auf Kosten des Benachteiligten** (z.B. Übereignung der unter Wert verkauften Sache) wird **von der Nichtigkeitsfolge ebenfalls erfasst**. **Ausgenommen** von der Nichtigkeitsfolge bleibt dagegen das **Verfügungsgeschäft des verwerflich handelnden Geschäftspartners**. Der Benachteiligte kann daher seiner Leistung gemäß §§ 985, 812 zurückfordern. Dem verwerflich Handelnden steht nur ein Anspruch aus § 812 Abs. 1 S. 1 Var. 1 zu, der aber regelmäßig nach § 817 S. 2 ausgeschlossen ist.[142]

IV. Weitere wichtige Fallgruppen des § 138 Abs. 1

1. „Kriminelle" Verträge

307 Wie wir oben unter Rn. 285 gesehen haben, kann ein Rechtsgeschäft grundsätzlich nur dann nach § 134 nichtig sein, wenn beide Parteien mit dem Rechtsgeschäft gegen ein Verbotsgesetz verstoßen. Ein einseitiger Verstoß berührt die Gültigkeit des Rechtsgeschäfts grundsätzlich nicht.

Gleichwohl ist es ein merkwürdiges Ergebnis, wenn unsere Rechtsordnung Ansprüche unterstützt, die im Ergebnis auf die Herbeiführung von verbotenen Handlungen bzw. Zuständen gerichtet sind. Darf ein Richter den Schuldner zu einer verbotenen Leistung verurteilen und darf diese notfalls mit Hilfe der staatlichen Zwangsvollstreckung erzwungen werden? Allerdings haben wir auch gesehen, dass einem „gutgläubigen" Vertragspartner die Vertragsgrundlage nicht ohne zwingenden Grund entzogen werden sollte, um ihm seine vertraglichen Sekundäransprüche gegen den „bösgläubigen" Vertragspartner zu erhalten.

§ 138 Abs. 1 bietet hier ein flexibles Instrument, das Interesse der Allgemeinheit an einer wirkungsvollen Durchsetzung der Verbote zu sichern. Es sind – wie immer – eine objektive und eine subjektive Komponente erforderlich, um den Vorwurf der Sittenwidrigkeit zu begründen.

140 Siehe zum Vertragsschluss im Rahmen einer solchen „Internetauktion" auch die Grundsatzentscheidung des *BGH* vom 7.11.2001 (Az: VIII ZR 13/01) = BGHZ 129, 149 ff. = NJW 2003, 363 ff.

141 *BGH* Urteil vom 18.12.2007 (Az: XI ZR 324/06) unter Tz. 36 = NJW-RR 2008, 1438, 1439; Palandt-*Ellenberger* § 138 Rn. 34a.

142 *BGH* Urteil vom 19.1.2001 (Az: V ZR 437/99) unter Ziff. III 1 = BGHZ 146, 298 ff. = NJW 2001, 1127, 1129; Palandt-*Ellenberger* § 138 Rn. 20, 75.

In **objektiver Hinsicht** kann die Sittenwidrigkeit eines Vertrages damit begründet werden, dass der Vertrag der **Vorbereitung, Förderung, Durchführung oder Ausnutzung einer unerlaubten Handlung** dient.[143] 308

In **subjektiver Hinsicht** müssen die Parteien des Rechtsgeschäfts **in verwerflicher Gesinnung** gehandelt haben, etwa weil ihnen der verbotene Zweck bekannt war oder sie sich dieser Erkenntnis **grob fahrlässig** verschlossen haben. 309

Beispiel V verkauft dem K. ein „Radarwarngerät" mit einer Basis-Codierung für Deutschland zu einem Preis von 1 000 €. Es soll den Fahrer eines PKW auf polizeiliche Radarmessstellen im Bundesgebiet durch ein Warnsignal aufmerksam machen.

Der vorliegende Kaufvertrag ist wegen Verstoßes gegen die guten Sitten nach § 138 Abs. 1 nichtig.[144] Er ist auf die Begehung eines nach § 23 Abs. 1b StVO ordnungswidrigen Verhaltens im Straßenverkehr durch den Erwerber[145] gerichtet, das im Interesse der Verkehrssicherheit in Deutschland verboten ist. Einem solchen Rechtsgeschäft, das – für beide Seiten erkennbar – dem Gemeinwohlinteresse an der Sicherheit im Straßenverkehr zuwiderläuft, ist die rechtliche Anerkennung zu versagen.

Dem Verbot des § 23 Abs. 1b StVO liegt die Überlegung zu Grunde, dass die Verwendung eines Radarwarngeräts geeignet ist, die präventive Wirkung drohender Geschwindigkeitskontrollen zu unterlaufen und dadurch risikolose Geschwindigkeitsübertretungen mit erhöhten Gefahren für Leib und Leben Dritter zu fördern.

Das Verbot, ein solches Gerät im Straßenverkehr mitzuführen, war beiden Parteien des Kaufvertrages auch subjektiv ohne weiteres erkennbar. Wenn ihnen die Verbotswidrigkeit nicht tatsächlich bekannt war, so haben sie sich dieser Erkenntnis zumindest grob fahrlässig verschlossen, was für den subjektiven Tatbestand des § 138 Abs. 1 genügt.

Eine Rückforderung der – als solche wirksam ausgetauschten – Leistungen aus § 812 Abs. 1 S. 1 Var. 1 ist für beide Seiten nach § 817 S. 2 ausgeschlossen.[146] ■

2. „Knebelungswirkung"

Knebelungsverträge sind solche Verträge, die die wirtschaftliche Freiheit des anderen Teils so sehr beschränken, dass dieser seine freie Selbstbestimmung ganz oder im Wesentlichen einbüßt.[147] Die „Knebelungsfälle" finden Sie insbesondere im **Kreditsicherungsrecht**, wenn sich ein Gläubiger zur Absicherung seiner Forderung eine Sicherheit (Eigentum, Pfandrecht, Forderungen des Schuldners) geben lässt, die sein Sicherungsbedürfnis von Anfang an bei weitem übersteigt **(„anfängliche Übersicherung")**. Dem Sicherungsgeber (Schuldner oder Dritter) werden dadurch unnötig viele Vermögenswerte entzogen, über die er nicht mehr verfügen und für andere Zwecke (etwa andere Sicherungsgeschäfte) nicht mehr verwenden kann. 310

143 *BGH* NJW – RR 1990, 1521, 1522 unter Ziff. II 1a; Palandt-*Ellenberger* § 138 Rn. 42.

144 *BGH* Urteil vom 23.2.2005 (Az: VIII ZR 129/04) unter Ziff. II 1 = NJW 2005, 1490, 1491.

145 Wegen des einseitig gegen K gerichteten Verbots scheidet eine Nichtigkeit nach § 134 aus, vgl. oben unter Rn. 285.

146 *BGH* Urteil vom 23.2.2005 (Az: VIII ZR 129/04) unter Ziff. II 2 = NJW 2005, 1490, 1491; der *BGH* hat in seinem Urteil vom 25.11.2009 (Az: VIII ZR 318/08) allerdings anerkannt, dass die Nichtigkeit ein nach §§ 355, 312d a.F. (= § 312g Abs. 1 n.F.) bestehendes Widerrufsrecht nicht berührt und dem Käufer eines Radarwarngerätes im Fall über §§ 357 Abs. 1 a.F., 346 Abs. 1 einen Rückzahlungsanspruch zuerkannt!

147 Palandt-*Ellenberger* § 138 Rn. 39.

In subjektiver Hinsicht setzt eine Sittenwidrigkeit wegen anfänglicher Übersicherung voraus, dass der Gläubiger **die Umstände der Übersicherung kannte oder kennen musste**.

Diese Fälle werden ausführlich im Kreditsicherungsrecht behandelt.[148]

311 Aber auch außerhalb des Kreditsicherungsrechtes kann es Vertragsgestaltungen mit Knebelungswirkung geben, die bei verwerflicher Gesinnung des „Knebelnden" zur Nichtigkeit nach § 138 Abs. 1 führen.

Beispiel A betrieb auf einem ihm gehörenden Grundstück ein Hotel mit angeschlossenem Restaurant. Mit notariellem Vertrag verkaufte er das Anwesen an den B. Neben der Zahlung eines Festbetrages verpflichtete sich der B, dem A eine Rente von 5 000 € monatlich zu zahlen. Zur Absicherung dieser Verpflichtung wurde eine Reallast an den zu übertragenden Grundstücken bestellt (vgl. §§ 1105 ff.).

Ferner enthält der Vertrag ein Belastungsverbot und eine Verfallklausel, die wie folgt lauten:

„Der Käufer verpflichtet sich, die Vertragsgrundstücke zu Lebzeiten des A weder ganz noch teilweise zu veräußern und nicht mit Grundpfandrechten zu belasten, ausgenommen eine Grundschuld bis zu 80 000 € ohne Zinsen und ohne Nebenleistungen. Wenn der Käufer gegen diese Verpflichtung verstößt oder der Käufer mit der Rentenzahlung mit mehr als zwei Monatsbeträgen im Rückstand ist, sind alle Grundstücke samt Zubehör an A zurück zu übertragen. Der bezahlte Kaufpreis und die bezahlten Rentenbeträge sind nicht zurückzuerstatten."

A wusste, dass B über wenige finanzielle Reserven verfügte.

Der *BGH* hielt den Vertrag wegen Knebelung nach § 138 Abs. 1 für nichtig.[149] Das Grundstück stand aufgrund des vereinbarten Belastungsverbotes faktisch als Sicherheit für Kredite nicht mehr zur Verfügung. Zwar wäre eine dingliche Verfügung nach § 137 S. 1 als solche wirksam. Die Unterlassungsverpflichtung würde gem. § 137 S. 2 davon aber nicht berührt. Ihre Verletzung würde die im Vertrag drastisch geregelte Rückgewährpflicht auslösen. Da ein erheblicher Teil der laufenden Einnahmen aus dem Hotel an A zu zahlen ist, kann B – obwohl er als Grundstückseigentümer und Betriebsinhaber das volle unternehmerische Risiko trägt – zu Lebzeiten des A keine größeren Mittel aufbringen, um das Hotel durch laufende Investitionen auf einem neuzeitlichen Stand zu halten und für Gäste attraktiv zu gestalten. Der wirtschaftliche Erfolg ist durch die Vertragsgestaltung erheblich gefährdet. Dies war auch für A ohne weiteres erkennbar, da A wusste, dass B über keine nennenswerten finanziellen Reserven verfügte. Die weitreichende Beschränkung der wirtschaftlichen Handlungsfreiheit des B war auch nicht durch ein Sicherungsbedürfnis des A gerechtfertigt. Seinem Interesse, die Grundstücke zur Sicherung seines Rentenanspruchs zu nutzen, war bereits durch die zu seinen Gunsten eingetragene, etwaigen späteren Belastungen des Grundstücks im Rang vorgehende Reallast Rechnung getragen. ■

148 Siehe dazu im Skript „Sachenrecht III" bei den jeweiligen Sicherungsinstituten, dort auch zur Behandlung einer nachträglichen Übersicherung.

149 *BGH* Urteil vom 17.10.2008 (Az: V ZR 14/08) unter Tz. 8 f. = NJW 2009, 1135 ff.

3. Überforderung eines Teils aufgrund strukturellen Ungleichgewichts

Ebenfalls im Kreditsicherungsrecht begegnen wir den Fallgruppen, in denen ein Rechtsgeschäft deswegen nichtig ist, weil es das Ergebnis und Ausdruck eines strukturellen Ungleichgewichts zwischen den Vertragspartnern ist, dass sich der überlegene Vertragspartner in verwerflicher Weise zunutze gemacht hat.[150] Diese Fallgruppe ist dann nicht vom Wuchertatbestand oder als wucherähnliches Rechtsgeschäft erfasst, wenn es sich um ein lediglich einseitig verpflichtendes Rechtsgeschäft handelt. Hier kann es kein „auffälliges Missverhältnis" zwischen Leistung und Gegenleistung geben (siehe oben unter Rn. 296, 301). Deswegen überrascht es nicht, dass dieser Fallgruppe bei der Bürgschaft überragende Bedeutung zukommt.[151] 312

In diesen Fällen übernimmt jemand einseitig eine mit seinen Einkommens- und Vermögensverhältnissen unvereinbare, **finanziell krass überfordernde Belastung**.[152] Die Übernahme einer derartigen Belastung genügt für die Annahme einer Sittenwidrigkeit aber noch nicht, da zur privatautonomen Handlungsfreiheit auch die Verantwortung gehört, für alle freiwillig übernommenen Verbindlichkeiten einstehen zu müssen.[153] Einen vom Prinzip des Sozialstaates her gebotenen Schutz bieten hier die Vollstreckungsbeschränkungen in der ZPO. 313

» Lesen Sie hierzu die §§ 811– 812, 850 ZPO «

Wenn die Übernahme einer ruinösen Verbindlichkeit jedoch **Ausdruck einer strukturellen Unterlegenheit** ist, kann die Grenze zur Sittenwidrigkeit überschritten sein. Das ist dann der Fall, wenn die Übernahme der Verbindlichkeit nicht mehr Ausdruck einer gleichberechtigten Teilhabe am Rechtsverkehr, sondern Ergebnis einer **emotional geprägten Motivation** oder einer **anderen Zwangslage** ist.[154] Das Rechtsgeschäft ist davon geprägt, dass der überforderte Partner kein eigenes wirtschaftliches Interesse verfolgt, er mit dem ruinösen Geschäft also kein selbstständiges unternehmerisches Risiko eingeht.[155] 314

Beispiel Übernahme einer ruinösen Bürgschaft durch Ehegatten oder Kinder des Schuldners allein aufgrund des persönlichen Näheverhältnisses. ■

Auch in diesen Fällen muss der **Begünstigte** verwerflich gehandelt haben, indem er die **objektiven Umstände kannte** oder sich einer Kenntnis **in grober Fahrlässigkeit verschlossen** hat.[156] 315

150 *BVerfG* in BVerfGE 89, 214 ff. = NJW 1994, 36 ff.
151 Ausführlich dazu im Skript „Sachenrecht III".
152 Palandt-*Ellenberger* § 138 Rn. 37.
153 Palandt-*Ellenberger* § 138 Rn. 36.
154 Grundlegend *BVerfG* in BVerfGE 89, 214 ff. = NJW 1994, 36 ff.
155 Palandt-*Ellenberger* § 138 Rn. 38 ff. m.w.N.
156 Vgl. *BGH* Urteil vom 25.1.2005 (Az: XI ZR 28/04) = NJW 2005, 971 f.

E. Nichtigkeit wegen Anfechtung, § 142 Abs. 1

PRÜFUNGSSCHEMA

316 **Nichtigkeit wegen Anfechtung, § 142 Abs. 1**

[Anknüpfungspunkt im Gutachten: Vertragsschluss oder bei einseitigen Rechtsgeschäften nach Prüfung der einseitigen Willenserklärung]

I. Anwendbarkeit der §§ 119 ff.
- Anfechtung nichtiger Geschäfte Rn. 329 ff.

II. Wirkung der Anfechtung
1. Rückwirkende Nichtigkeit nach § 142 Abs. 1
2. Ausnahmsweise Nichtigkeit nur „ex nunc"
   a) Bereits in Vollzug gesetztes Arbeitsverhältnis
   b) Bereits in Vollzug gesetzter Gesellschaftsvertrag

III. Anfechtungserklärung
1. Abgabe
2. Zugang beim richtigen Empfänger, § 143 Abs. 2–4
3. Inhalt
   - Erkennbarkeit des Anfechtungswillens Rn. 334 ff.

IV. Anfechtungsgründe
1. Anfechtung nach § 119 Abs. 1
   - Rechtsfolgenirrtum Rn. 364 ff.
   - Reuerecht Rn. 375 ff.
2. Anfechtung nach § 119 Abs. 2
   - Kalkulationsirrtum Rn. 398 ff.
3. Anfechtung nach § 120
4. Anfechtung nach § 123
   - Anfechtung bei Täuschung durch Dritte Rn. 412 ff.

V. Ausschlussfristen nach §§ 121, 124

I. Einführung

317 Die Person, die ein Rechtsgeschäft aktiv vornimmt, hat ein Interesse daran, dass durch das Rechtsgeschäft nur die ihrem Willen entsprechenden Rechtsfolgen herbeigeführt werden. Auf der anderen Seite hat eine von einem Rechtsgeschäft unmittelbar oder mittelbar betroffene Person ihrerseits ein Interesse an einer verlässlichen, klaren und möglichst fairen privatautonomen Gestaltung. Schließlich muss sie auf die Erklärung des anderen angemessen und sachgerecht reagieren.

Unsere Rechtsordnung muss jeweils entscheiden, wie diese Interessen bei Konfliktfällen in Einklang gebracht werden können und welchem Interesse im Einzelfall der Vorzug zu geben ist.

318 Die Anfechtungsregeln in den §§ 119 ff. schaffen einen **Interessenausgleich** in den Fällen, in denen **eine Willenserklärung** und die **damit herbeigeführten Rechtsfolgen nicht dem Willen des Erklärenden entsprechen**. Zu diesem Auseinanderfallen von Willen und privatautonom herbeigeführten Rechtsfolgen kann es auch unterschiedlichen Gründen kommen. Es

kommen zunächst unbemerkte „technische" Pannen bei der Vornahme des Rechtsgeschäfts in Betracht, die dazu führen, dass ein redlicher Empfänger die Erklärung anders versteht und dieses Verständnis nach §§ 133, 157 maßgeblich ist.[157]

Zum anderen kann es sein, dass sich die aktiv handelnde Person im Vorfeld ihrer privatautonomen Gestaltung ein falsches Bild von den Umständen gemacht hat und sie das Rechtsgeschäft bei näherer Betrachtung so nicht vorgenommen hätte. **319**

Die Anfechtungsregeln in §§ 119 ff. sind nicht abschließend. Es finden sich Sonderregelungen im Familienrecht bei der Eheschließung (§ 1314 Abs. 2 und § 15 Abs. 2 S. 2 LPartG), im Erbrecht (§§ 1949 ff., 2078 ff., 2281 ff., §§ 2340 ff.) und im Gesellschaftsrecht in Bezug auf die Anfechtung von Beschlüssen (§§ 243 ff. AktG). Diese Sonderregelungen sind aber nicht Gegenstand des vorliegenden Skripts, sondern gehören in die Darstellung dieser besonderen Gebiete. **320**

Nicht verwechselt werden darf das vorliegende Thema mit der „Anfechtung" in anderen Zusammenhängen. Das Zivilrecht verwendet nämlich den Begriff der „Anfechtung" auch bei anderen Fallgruppen. Dort geht es nicht um die Vernichtung einer Willenserklärung, sondern um eine Änderung der Rechtslage auf andere Weise: So zum Beispiel die Anfechtung der Vaterschaft in §§ 1599 ff. und die Anfechtung von Rechtshandlungen eines Schuldners in oder außerhalb eines Insolvenzverfahrens nach §§ 129 ff. InsO bzw. nach den Regeln des Anfechtungsgesetzes (AnfG). Diese speziellen Anfechtungstatbestände gehören nicht zum Allgemeinen Teil des BGB und sind daher nicht Gegenstand dieses Skriptes. **321**

II. Die Anfechtungswirkungen

1. Regelfall (§ 142 Abs. 1)

Ausgangspunkt für die Anfechtungswirkung ist § 142 Abs. 1. Danach ist ein anfechtbares Rechtsgeschäft nach erfolgter Anfechtung als von Anfang an nichtig anzusehen. **322**

Nach der Formulierung des § 142 Abs. 1 bezieht sich die Anfechtung also auf ein „anfechtbares Rechtsgeschäft". **323**

Demgegenüber sprechen die §§ 119, 120, 123 davon, dass „die Willenserklärung" angefochten werden kann. Die §§ 119, 120, 123 gewähren also Anfechtungsbefugnisse nicht in Bezug auf das Rechtsgeschäft als solchem, sondern in Bezug auf die Willenserklärung.

Anfechtbar ist auch das **Schweigen**, wenn es (ausnahmsweise) den **Erklärungswert einer Zustimmung** hat.[158]

Beispiele Schweigen auf kaufmännisches Bestätigungsschreiben, Schweigen auf befristetes Schenkungsangebot (§ 516 Abs. 1 S. 2), Erbschaftsannahme durch Verstreichen der Ausschlagungsfrist (§ 1943 Hs. 2). ■

157 Ausführlich zur Auslegung im Skript „BGB AT I" unter Rn. 192 ff.

158 Palandt-*Ellenberger* § 119 Rn. 4, keine Anfechtungsmöglichkeit besteht hingegen, wenn das Schweigen den Erklärungswert einer Ablehnung hat.

Denn es kann keinen Unterschied machen, ob man ausdrücklich mit „ja" geantwortet hat, oder ob ein Schweigen kraft Gesetzes dieselbe Erklärungsbedeutung hat.[159]

324 Was nun eigentlich Gegenstand der Anfechtung ist - das Rechtsgeschäft oder die Willenserklärung - scheint nach den Anfechtungsregeln nicht eindeutig bestimmt zu sein,

325 Bei genauer Betrachtung löst sich diese Ungereimtheit jedoch auf: Die Anfechtungsbefugnisse der §§ 119 ff. können sich nur auf die eigene Willenserklärung des Anfechtenden beziehen. Die Anfechtungsregeln wollen ja Willensmängel im Hinblick auf eigene Erklärungen korrigieren. Die §§ 119 ff. gewähren selbstverständlich kein Recht, fremde Willenserklärungen anzufechten, nur weil sie dem eigenen Willen widersprechen.

Beispiele Der Vermieter kann die Kündigungserklärung eines Mieters nicht anfechten, weil er das Mietverhältnis gerne mit ihm fortsetzen möchte;

der Verkäufer kann die Rücktrittserklärung des Käufers wegen Mängeln des Kaufgegenstandes nicht anfechten, weil ihm eine Minderung lieber wäre. ■

326 Da **jedes Rechtsgeschäft** aber **nur durch eine oder mehrere wirksame Willenserklärung zustande kommen kann**,[160] führt die **Anfechtbarkeit einer Willenserklärung gleichzeitig zur Anfechtbarkeit des Rechtsgeschäfts**, das durch die anfechtbare Willenserklärung zustande gekommen ist. **Mit der rückwirkenden Nichtigkeit der angefochtenen Willenserklärung „fällt" automatisch das Rechtsgeschäft, ob einseitig oder mehrseitig, „in sich zusammen"**.

Beispiel 1 Mieter M will die Kündigung seines unbefristeten Mietervertrages mit V zum 30.9. erklären. In seinem Brief an V gibt er den Termin versehentlich mit 30.6. an. V hat von dem Schreibfehler keine Kenntnis und geht redlicherweise von einer Kündigung zum 30.6. aus. Ficht der Mieter seine Kündigungserklärung wegen Irrtums (§ 119 Abs. 1 Var. 2) fristgerecht (§ 121) an, hat sich zugleich das Rechtsgeschäft „Kündigung zum 30.6." erledigt und ist als nichtig anzusehen. ■

Beispiel 2 V trägt dem K den Verkauf seines Autos schriftlich zum Preis von 3500 € an. Dabei hatte er sich verschrieben – eigentlich soll sein Angebot auf den Betrag von 5300 € lauten. Der K hat von dem Versehen keine Kenntnis und erklärt deshalb die Annahme, so dass ein Kaufvertrag über 3500 € zustande gekommen ist. Wenn V nun seine Erklärung fristgerecht nach §§ 119 Abs. 1 Var. 2, 121 anficht, vernichtet er seine Willenserklärung und damit zugleich den Kaufvertrag. Der Vertrag setzt eine wirksame Einigung voraus, an der es nunmehr (rückwirkend) fehlt. ■

327 Sie werden sich möglicherweise fragen, warum wir auf diesem Thema hier so „herumreiten". Es scheint sich ja lediglich um einen rein dogmatischen Streit zu handeln. Die praktische „Brisanz" zeigt sich im **Prüfungsaufbau** bei der **Begutachtung von Verträgen**:

Man kann die Ansicht vertreten, dass die Anfechtung bereits bei der anfechtbaren Willenserklärung zu prüfen ist. Dann gehört das Thema unter den Prüfungspunkt „Zustandekommen des Vertrages". Dort ist es je nach Anfechtbarkeit entweder beim Angebot oder bei der Annahme zu untersuchen. Ist die Anfechtung wirksam ausgeübt worden, ist der Vertrag dann wegen § 142 Abs. 1 nicht zustande gekommen.

---

159 Palandt-*Ellenberger* § 119 Rn. 4.

160 Ausführlich dazu das Skript „BGB AT I" unter Rn. 89 ff.

Folgt man hingegen der Formulierung des § 142 Abs. 1, muss die **Anfechtung nach dem Zustandekommen des Vertrages als Wirksamkeitshindernis geprüft werden**. Denn vor Feststellung des Vertragsschlusses ist das vertragliche Rechtsgeschäft ja noch gar nicht zustande gekommen. § 142 Abs. 1 setzt aber voraus, dass ein Rechtsgeschäft zustande gekommen ist, und zwar durch wirksame, aber anfechtbare Erklärung(en).

Sie sollten der zweiten Auffassung folgen. Dies entspricht der ausdrücklichen Formulierung des § 142 und trägt der Tatsache Rechnung, dass der Vertrag ja zunächst zustande gekommen ist und seine Wirkung erst durch die spätere Anfechtung verloren hat.[161]

JURIQ-Klausurtipp

In der Klausur steigen Sie über § 142 Abs. 1 in das Anfechtungsthema ein, da diese Norm als Rechtsfolge die Nichtigkeit des Rechtsgeschäfts vorsieht. In der Prüfung könnte der Einstiegssatz beispielsweise wie folgt lauten:

„Der zwischen A und B geschlossene Kaufvertrag könnte jedoch wegen einer von A erklärten Anfechtung gem. § 142 Abs. 1 als von Anfang an nichtig anzusehen sein. Dies setzt voraus, dass …" oder

„Die von A erklärte Aufrechnung könnte jedoch wegen einer von A erklärten Anfechtung gem. § 142 Abs. 1 als von Anfang an nichtig anzusehen sein."

2. Ausnahmen von der Rückwirkung

Von dem Grundsatz, dass die Anfechtung immer zurückwirkt („… als von Anfang an nichtig 328
anzusehen") gibt es zwei wichtige Ausnahmen. Im Falle eines bereits **in Vollzug gesetzten Arbeitsverhältnisses** oder eines bereits **in Vollzug gesetzten Gesellschaftsvertrages** begründet die Anfechtung nur eine sofortige Auflösung dieses Vertrages ex nunc, also sofort und für die Zukunft.[162] Die Beschränkung der Anfechtungswirkung auf die Zukunft hängt damit zusammen, dass man in diesen Fällen eine Rückabwicklung nach bereicherungsrechtlichen Grundsätzen vermeiden möchte.

3. Anfechtung nichtiger Geschäfte

Man könnte nach der Formulierung „anfechtbares Rechtsgeschäft" in § 142 Abs. 1 annehmen, 329

dass die Anfechtung eines bereits früher wirksam angefochtenen[163] oder aus anderen Gründen – z.B. § 108 Abs. 1 oder § 138 – unwirksamen Rechtsgeschäfts ins Leere geht. Solche Rechtsgeschäfte sind ja bereits nichtig und deshalb möglicherweise nicht mehr anfechtbar.

Eine solche Auffassung führt zu unbilligen Nachteilen für den Anfechtungsberechtigten und 330
wird deswegen ganz überwiegend abgelehnt. **Auch ein nichtiges Rechtsgeschäft kann angefochten werden, um die Vorteile einer Anfechtung nutzen zu können.**[164]

161 So *Leenen* BGB AT § 6 Rn. 136 ff.; Palandt-*Ellenberger* § 142 Rn. 3 und Überbl. v. § 104 Rn. 33; *Medicus/Petersen* Allgemeiner Teil des BGB vgl. Rn. 243; a.A. *Faust* BGB AT § 23 Rn. 9 m.w.N.

162 Palandt-*Ellenberger* § 142 Rn. 2.

163 Z.B. Anfechtung erst wegen Irrtums nach § 119 Abs. 1 BGB und später nach § 123 Abs. 1 BGB wegen arglistiger Täuschung: Im einen Fall haftet der Anfechtende nach § 122 BGB, im anderen Fall nicht!

164 Palandt-*Ellenberger* § 142 Rn. 1; *Leenen* BGB AT § 14 Rn. 137 ff.; *Faust* BGB AT § 23 Rn. 16.

Zum einen kann die Anfechtung zur Verbesserung der Verteidigung im Prozess nötig sein, wenn die Anfechtung unproblematisch möglich ist, aber der andere Nichtigkeitsgrund (z.B. § 134) hinsichtlich der damit verbundenen Rechtsfragen oder anhand der zur Verfügungen stehenden Beweismittel nicht eindeutig beurteilt werden kann. Der Richter kann dann auf die Anfechtung zurückgreifen und andere Nichtigkeitsgründe offen lassen.

Zum anderen kann die Anfechtung eines nichtigen Rechtsgeschäfts weitere rechtliche Wirkungen herbeiführen oder zerstören.[165]

Beispiel A ficht den mit B geschlossenen Vertrag wegen Irrtums nach § 119 Abs. 2 an. Entdeckt er später, dass sein Irrtum durch arglistige Täuschung des B hervorgerufen wurde, kann er das bereits durch Anfechtung vernichtete Rechtsgeschäft noch wegen Täuschung anfechten, um seiner Haftung aus § 122 zu entgehen. ■

331 Wie sich aus § 142 weiter ergibt, führt nur die **Ausübung der Anfechtung zur Nichtigkeit des Rechtsgeschäfts**. Es handelt sich bei der Anfechtung um ein Gestaltungsrecht, das durch einseitiges Rechtsgeschäft („Anfechtung") ausgeübt wird. Das Anfechtungsrecht gibt somit dem Erklärenden ein **Wahlrecht**. Er kann wählen, ob er seine Willenserklärung so gelten lässt wie bisher oder mithilfe der Anfechtung „wieder aus dem Verkehr zieht". Solange er diesbezüglich keine Entscheidung getroffen hat, bleibt es bei dem bisherigen Rechtszustand. Das Anfechtungsrecht als solches, also das bloße Erfüllen des objektiven Anfechtungstatbestandes, hat somit auf das anfechtbare Rechtsgeschäft überhaupt keine Auswirkungen.

332 Die **bloße Anfechtbarkeit** wirkt sich aber auf **akzessorische Sicherheiten** aus. So steht dem Bürgen, dem Eigentümer einer verpfändeten beweglichen Sache, dem Eigentümer eines mit einer Hypothek belasteten Grundstücks und dem Inhaber eines verpfändeten Rechts eine **Einrede** für den Fall zu, dass der Schuldner das Schuldverhältnis, dessen Erfüllung sie absichern wollen, durch Anfechtung wieder beseitigen könnte (vgl. §§ 770, 1137 Abs. 1 S. 1, 1211 Abs. 1 S. 1). Solange also der Schuldner noch die Wahl hat, ob er das Schuldverhältnis durch Anfechtung wieder zu Fall bringt, **dürfen diese Sicherungsgeber sich dem Zugriff des Gläubigers auf ihr Vermögen bzw. auf die Pfandsache widersetzen**. Erst wenn feststeht, dass der Schuldner keine Anfechtungsmöglichkeit besitzt und damit die Schuld nicht mehr beseitigt werden kann, entfällt auch dieser Einredetatbestand.

III. Anfechtungserklärung

333 Die Anfechtung wird durch eine **empfangsbedürftige Willenserklärung** des Anfechtungsberechtigten gegenüber dem Anfechtungsgegner ausgeübt, § 143 Abs. 1. Es handelt sich somit um ein **einseitiges Rechtsgeschäft**, das durch **wirksame Anfechtungserklärung zustande kommt.** Da das angefochtene Rechtsgeschäft seine Wirksamkeit grundsätzlich rückwirkend („ex tunc") verliert, § 142 Abs. 1 und diese Gestaltung alleine von der Wahl des Anfechtungsberechtigten abhängt, ist das Anfechtungsrecht zugleich ein **Gestaltungsrecht**.

165 MüKo-*Busche* § 142 Rn. 12; *Faust* BGB AT § 23 Rn. 16.

1. Inhalt der Anfechtungserklärung

a) Anfechtungswille und angefochtenes Rechtsgeschäft

Eine Anfechtungserklärung ist jede Willenserklärung, die – aus der Sicht eines redlichen Empfängers (§§ 133, 157) – erkennen lässt, dass ein bestimmtes Rechtsgeschäft rückwirkend beseitigt werden soll.[166] Es bedarf dabei nicht des ausdrücklichen Gebrauchs des Wortes „anfechten". In jedem Fall ist aber erforderlich, dass sich aus der Äußerung für den Empfänger **der Wille des Erklärenden ergibt, ein bestimmtes Geschäft gerade wegen eines Willensmangels nicht bestehen lassen zu wollen.**[167] 334

Beispiel A will auf der Internetplattform von eBay den Kauf seiner Waschmaschine per „Sofortkauf" für 300 € anbieten. Bei der Eingabe vertippt sich der A aber, so dass sein Angebot mit einem Preis von 200 € erscheint. B nimmt das Angebot von A an. Als B von A die Übereignung und Übergabe der Waschmaschine verlangt, teilt A dem B mit:

„Ihre Auffassung, wonach zwischen uns ein Kaufvertrag über die Waschmaschine zu einem Preis von 200 € zustandegekommen sein soll, trifft nicht zu. Ich bin zu einer Lieferung für 200 € nicht bereit, sondern nur für 300 €."

Diese Formulierung bringt auch bei redlichem Verständnis noch keinen Anfechtungswillen zum Ausdruck und genügt daher nicht.[168]

Anders wäre es schon, wenn A formuliert hätte:

„Ich hatte mich bei Eingabe des Preises leider vertippt und war von Anfang an nur zu einer Lieferung für 300 € bereit. Ich lehne einen Verkauf für 200 € deshalb ab." ■

Die Anfechtungserlärung muss nicht nur den Anfechtungswillen erkennen lassen, sondern **auch, welches Rechtsgeschäft angefochten werden soll**. Bei der Anfechtung von Verträgen stellt sich im Hinblick auf das **Trennungsprinzip**[169] die Frage, ob nur der schuldrechtliche Vertrag, nur der dingliche Vertrag oder beide Verträge angefochten werden sollen. Dem Anfechtenden wird häufig gar nicht bewusst sein, dass im deutschen Recht eine derartige Unterscheidung existiert. Für die Auslegung vom Empfängerhorizont gem. §§ 133, 157 ist hier entscheidend, welchen Anfechtungsgrund die Erklärung erkennen lässt (siehe dazu sogleich unter Rn. 336) und ob dieser Anfechtungsgrund nur beim schuldrechtliche oder nur beim dinglichen Geschäft oder bei beiden Rechtsgeschäften eine Rolle gespielt haben kann. Ob sich der Anfechtungsgrund auch tatsächlich auf das jeweilige schuldrechtliche oder dingliche Rechtsgeschäft ausgewirkt hat, ist eine Frage der Kausalität und (erst) bei der Anfechtungsberechtigung zu prüfen. 335

JURIQ-Klausurtipp

Im Zweifel ist die Anfechtungserklärung weit auszulegen und eine Anfechtungserklärung sowohl in Bezug auf das schuldrechtliche als auch auf das dingliche Rechtsgeschäft anzunehmen. Auf der Ebene der Kausalitätsprüfung im Rahmen der Anspruchsberechtigung ist dann zu prüfen, ob sich der Anfechtungsgrund überhaupt auf das jeweilige Rechtsgeschäft ausgewirkt hat. Diese Frage sollten Sie möglichst noch nicht bei der Anfechtungserklärung erörtern.

---

166 BGHZ 91, 324 ff. unter Ziff. II 1; Palandt-*Ellenberger* § 143 Rn. 3.
167 BGHZ 91, 324 ff. unter Ziff. II 1.
168 BGHZ 91, 324 ff. unter Ziff. II 1 im berühmten „Sparkassenfall" zu einer ähnlichen Formulierung.
169 Siehe dazu im Skript „BGB AT I" unter Rn. 80 ff.

Beispiel V verkauft dem K ein Handy und tippt dabei wegen eines „Zahlendrehers" versehentlich einen zu niedrigen Preis in die Kasse. Der Kaufvertrag wird mit dem „falschen" Preis geschlossen. Der Fehler klärt sich erst nach beiderseitiger Erfüllung des Kaufvertrages auf. V erklärt gegenüber K die Anfechtung „unseres Geschäfts", weil er sich bei der Preisangabe geirrt hätte. Hier ergibt die Auslegung, dass V mit „Geschäft" im Zweifel den gesamten Veräußerungsvorgang, also sowohl das schuldrechtliche als auch das dingliche Rechtsgeschäft gemeint hat und seine Anfechtung auf beide Rechtsgeschäfte beziehen will. Denn es ist nicht davon auszugehen, dass ihm die Trennung des Veräußerungsvorganges in schuldrechtliches und dingliches Geschäft überhaupt geläufig ist.

Der geltend gemachte Anfechtungsgrund (Erklärungsirrtum i.S.d. § 119 Abs. 1 Var. 2, vgl. Rn. 354 ff.) kann sich aber nur auf das schuldrechtliche Rechtsgeschäft, den Kaufvertrag, ausgewirkt haben. Bei der Übereignung des Handys nach § 929 S.1 spielte der Preis keine Rolle, weil sich dieses Rechtsgeschäft in der Verschaffung des Eigentums an dem Handy erschöpft. Der Preis gehörte dort nicht zum Erklärungstatbestand. Eine Anfechtungsbefugnis scheidet damit in Bezug auf das dingliche Rechtsgeschäft aus. ■

b) Begründung

336 Das Gesetz verlangt in § 143 oder an anderer Stelle nicht, dass der Anfechtende in seiner Anfechtungserklärung den Anfechtungsgrund angeben müsste. Daraus könnte man den Schluss ziehen, die Anfechtungserklärung sei auch ohne Angaben von Gründen wirksam. Eine solche Betrachtung würde den Anfechtungsgegner aber benachteiligen, da diesem dann eine Überprüfung der Anfechtungsberechtigung erschwert wird. Die herrschende Meinung beantwortet die Frage nach dem Anfechtungsgrund folgendermaßen: Eine Begründung muss der Anfechtende nicht ausdrücklich nennen. Der Anfechtungsgrund muss dem Anfechtungsgegner aber zumindest anhand der Erklärung oder aus den Umständen im Wege der Auslegung (§§ 133, 157) **erkennbar sein**.[170]

337 Jedes „**Nachschieben**" von zunächst nicht erkennbaren Gründen stellt bei dieser Betrachtung eine **neue Anfechtungserklärung** dar, die nach Ablauf der Anfechtungsfristen nicht mehr wirksam erklärt werden kann. Ein „Nachschieben" von zunächst nicht erkennbaren Gründen ist somit nur innerhalb der Anfechtungsfristen möglich.[171]

c) Bedingungs- und Befristungsfeindlichkeit

338 Wie jede Gestaltungserklärung ist auch die Anfechtungserklärung nach dem Rechtsgedanken des § 388 S. 2 **bedingungs- und befristungsfeindlich**.[172]

Beispiel Die Anfechtungserklärung lautet: „Ich fechte mein Verkaufsangebot wegen meines Schreibfehlers („Kaufpreis: 200 €" statt korrekt: „Kaufpreis: 300 €") **unter der Bedingung an, dass meine Freundin dieser Anfechtung zustimmt**."

Diese Erklärung ist unwirksam, da die Anfechtungswirkung von einem ungewissen tatsächlichen Ereignis (Zustimmung der Freundin) abhängig gemacht wird. ■

170 *Medicus/Petersen* Allgemeiner Teil des BGB Rn. 724; Palandt-*Ellenberger* § 143 Rn. 3.
171 Palandt-*Ellenberger* § 143 Rn. 3 m.w.N.
172 *Medicus/Petersen* Allgemeiner Teil des BGB Rn. 725; Palandt-*Ellenberger* § 143 Rn. 3.

Der Zwang zur unbedingten und unbefristeten Ausübung des Anfechtungsrechts ist der Preis, den der Anfechtungsberechtigte für die einseitig ihm zugewiesene Gestaltungsmacht zu zahlen hat. Er muss den Anfechtungsgegner anhand seiner Erklärung eindeutig darüber in Kenntnis setzen, ob das angefochtene Rechtsgeschäft nun weiterhin gilt oder nicht. Der Empfänger als rein passiv Beteiligter darf über die Wirkung der Anfechtungserklärung nicht in weiterer Ungewissheit gelassen werden. **339**

Zulässig ist lediglich eine Anfechtung unter einer **Rechtsbedingung**, indem sie nur für den Fall erklärt wird, dass sich die Rechtsansicht des Anfechtenden, sei Erklärung sei aus anders auszulegen oder ohnehin nichtig, als falsch erweist. **340**

Beispiel „**Sollte mein Vertragsangebot tatsächlich so auszulegen sein**, dass ich Ihnen den Verkauf meiner Waschmaschine zu einem Preis von 200 € angetragen habe, erkläre ich hiermit die Anfechtung dieses Angebots. Ich habe mich leider verschrieben. Korrekt hätte mein Angebot über einen Betrag von 300 € lauten sollen." ■

Die Wirkung der Anfechtung hängt hier gerade nicht von dem ungewissen Eintritt tatsächlicher Umstände ab. Vielmehr kann der Bedingungseintritt gleichzeitig mit der Anfechtungsberechtigung überprüft werden, weil die maßgebliche Rechtslage zum Zeitpunkt der Anfechtungserklärung objektiv schon feststeht und ein Gericht – wenn es zu einer gerichtlichen Auseinandersetzung über diese Frage käme – sowohl die Bedingung als auch die Anfechtung in demselben Verfahren beurteilen würde.[173]

Der Anfechtende muss seine Anfechtung nicht auf das gesamte Rechtsgeschäft beziehen, sondern kann die Anfechtung auf einen Teil beschränken. Eine solche **Teilanfechtung** setzt aber voraus, dass das Rechtsgeschäft teilbar ist und der angefochtene Teil eine abtrennbare Einheit darstellt. Anderenfalls ist die Teilanfechtung unwirksam.[174] Die Wirkungen einer (wirksamen) Teilanfechtung auf das unangefochtene Rechtsgeschäft bestimmen sich nach § 139 (dazu unter Rn. 453 ff. unten). **341**

Beispiel V verkauft dem K nicht nur ein Handy, sondern auch ein passendes Ladekabel. Wieder wird der Preis für das Handy aufgrund eines Tippfehlers zu niedrig angegeben, der Preis für das Ladekabel hingegen korrekt. Hier läge ein Kaufvertrag über das Handy und den passenden Zubehörartikel vor. Da es sich um zwei selbständige Kaufobjekte handelt, lässt sich der Kaufvertrag entsprechend in den Teil „Handy" und „Ladekabel" trennen. Wenn V nun wirksam den Teil „Verkauf Handy" anficht, bleibt der Verkauf des Ladekabels übrig. Da das Ladekabel ohne das passende Handy für K nutzlos ist, führt die Anwendung des § 139 zu Nichtigkeit auch dieses Teils. ■

2. Erklärungsempfänger

Die Anfechtungserklärung ist eine empfangsbedürftige Willenserklärung, die nach § 143 Abs. 1 durch **Zugang beim Anfechtungsgegner** wirksam wird.[175] § 143 Abs. 2–4 bestimmen den jeweiligen Anfechtungsgegner, gegenüber dem die Anfechtung zu erklären ist. **342**

173 *BGH* NJW 1968, 2099; Palandt-*Ellenberger* § 143 Rn. 2; *Leenen* BGB AT § 14 Rn. 19 ff.
174 Palandt-*Ellenberger* § 143 Rn. 2.
175 Zum Zugang ausführlich im Skript „BGB AT I" unter Rn. 123 ff.

a) Anfechtungsgegner bei Verträgen

343 Bei der Anfechtung der auf Abschluss eines Vertrages gerichteten Willenserklärung ist Anfechtungsgegner „der andere Vertragsteil", § 143 Abs. 2 Hs. 1, also derjenige der **Vertragspartner** geworden ist.

Hinweis

Wurde die andere Partei bei Vertragsschluss wirksam vertreten, ist nach § 164 Abs. 1 der Vertretene Vertragspartner geworden. Anfechtungsgegner ist der Vertretene und nicht etwa der Stellvertreter!

344 Für den Fall der arglistigen Täuschung bei Abschluss eines echten Vertrages zugunsten Dritter ist nach § 143 Abs. 2 Hs. 2 der Dritte Anfechtungsgegner: Er hat ja nach § 328 Abs. 1 unmittelbar aus dem Vertrag den Leistungsanspruch erworben und muss deshalb über den beabsichtigten Fortfall des Vertrages durch Anfechtungserklärung informiert werden.

b) Anfechtungsgegner bei einseitigen Rechtsgeschäften

345 Bei einseitigen Rechtsgeschäften differenzieren § 143 Abs. 3 und Abs. 4 je nachdem, ob das Rechtsgeschäft aus einer empfangsbedürftigen oder nicht empfangsbedürftigen Willenserklärung bestand.[176]

aa) Fälle des § 143 Abs. 3

346 Besteht das einseitige Rechtsgeschäft aus einer **empfangsbedürftigen Willenserklärung**, ist die Anfechtung dieser Erklärung an diejenige Person zu richten, der gegenüber die Erklärung abgegeben wurde, § 143 Abs. 3 S. 1.

Beispiel Die Anfechtung einer Kündigungs-, Rücktritts-, Widerrufs-, Aufrechnungs- oder einer Zustimmungserklärung oder einer Vollmachtserteilung muss durch Erklärung gegenüber dem Empfänger der angefochtenen Erklärung erfolgen. ■

347 Stellt das Gesetz dem Erklärenden – wie beispielsweise in § 875 Abs. 1 S. 2 – neben einer Person **alternativ eine Behörde** als Empfänger zur Verfügung, ist die Anfechtung nach § 143 Abs. 3 S. 2 **stets gegenüber der Person** zu erklären. Denn nur diese wird in den einschlägigen Fällen durch die Anfechtung in ihren Rechten betroffen und muss daher zwingend von der Anfechtung erfahren.

bb) Fälle des § 143 Abs. 4

348 § 143 Abs. 4 behandelt schließlich die einseitigen Rechtsgeschäfte „anderer Art". Das sind diejenigen einseitigen Rechtsgeschäfte, die auf einer Willenserklärung beruhen, die **entweder überhaupt nicht empfangsbedürftig ist**

Beispiele Auslobung (§ 657) oder Aufgabe des Eigentums an beweglichen Sachen (§ 959) ■

oder **nur gegenüber einer Behörde** abzugeben war.

Beispiel Aufgabe des Eigentums an Grundstücken gem. § 928 Abs. 1 ■

176 Im Familien- und Erbrecht finden sich auch hier wieder Sondervorschriften.

Hier ist Anfechtungsgegner jeder, der „auf Grund des Rechtsgeschäfts unmittelbar einen rechtlichen Vorteil erlangt hat". Bei gegenüber einer Behörde abzugebenden Erklärungen kann die Erklärung auch wahlweise nur der Behörde gegenüber angefochten werden. 349

Beispiel Die Kundgabe der Absicht, das Eigentum an einer beweglichen Sache aufzugeben (§ 959) ist also gegenüber demjenigen anzufechten, der sich diese Sache daraufhin nach § 958 angeeignet hat.[177] Besteht über die Identität dieser Person Ungewissheit, muss die Anfechtungserklärung gem. § 132 Abs. 2 öffentlich zugestellt werden. ■

IV. Allgemeine Wirksamkeitshindernisse

Als einseitiges Rechtsgeschäft unterliegt die Anfechtung den allgemein für einseitige Rechtsgeschäfte geltenden Wirksamkeitshindernissen, **insbesondere den §§ 111, 174, 180**. 350

Gesetzliche Formgebote bestehen für die Anfechtung grundsätzlich nicht,[178] selbst dann nicht, wenn sie sich gegen ein förmlich vorzunehmendes Rechtsgeschäft richtet. Die Anfechtungserklärung kann folglich **in jedweder Form, also auch durch konkludentes Handeln** zum Ausdruck gebracht werden. 351

V. Anfechtungsrecht nach § 119 Abs. 1 wegen Irrtums

1. Irrtum

352

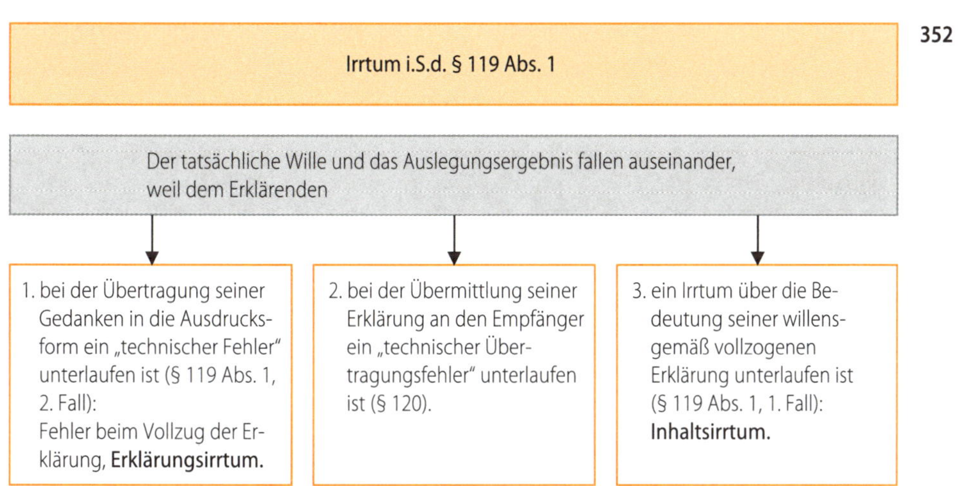

§ 119 Abs. 1 gewährt ein Anfechtungsrecht in den Fällen, in denen der Inhalt der Erklärung nicht vom tatsächlichen Willen des Erklärenden gedeckt ist. **Wille und Erklärung fallen hier unbewusst auseinander**. Das Gesetz nennt das unbewusste Auseinanderfallen von Willen und Erklärung in § 119 einen „Irrtum" des Erklärenden.

Zu einem unbewussten Auseinanderfallen von Willen und Inhalt der Erklärung kommt es immer dann, wenn die Erklärung durch Auslegung einen anderen Inhalt bekommt, als der Erklärende ihr beigemessen hatte. Der Erklärende hat also seinen Willen nicht klar genug ver- 353

177 Palandt-*Ellenberger* § 143 Rn. 7.

178 Im Familien- und Erbrecht finden sich allerdings Sondervorschriften.

mittelt. Dieser Fehler soll erst einmal zu seinen Lasten gehen, da der Erklärende das Risiko für die korrekte Vermittlung seines Willens trägt. **Die Erklärung gilt also zunächst mit dem durch Auslegung ermittelten Inhalt.**[179]

§ 119 gewährt dem Erklärenden aber ein **Anfechtungsrecht** und hilft ihm, seine missverstandene Erklärung wieder aus dem Verkehr zu ziehen und damit das ungewollte Rechtsgeschäft zunichte zu machen. Der Preis für diese Reparaturmöglichkeit ist die in **§ 122 angeordnete Schadensersatzhaftung**.[180]

Hinweis

Eine Ausnahme davon macht § 118 für den Sonderfall der Scherzerklärung, der nicht bloß Anfechtbarkeit, sondern automatische Nichtigkeit des Rechtsgeschäfts anordnet.

2. Ausdrucksfehler bei Abgabe („Erklärungsirrtum", § 119 Abs. 1 Fall 2)

354 § 119 Abs. 1 Fall 2 behandelt den Fall, dass der Erklärende „eine Erklärung diesen Inhalts überhaupt nicht abgeben wollte".

a) „Technische" Ausdrucksfehler

355 Unter § 119 Abs. 1 Fall 2 fassen wir die Fälle zusammen, in denen dem Erklärenden beim Äußerungsvorgang unbewusst ein Ausdrucksfehler, sozusagen ein „technischer" Fehler, unterlaufen ist. Dem Erklärenden misslingt eine korrekte Abgabe seiner Erklärung. Deshalb ist es auch nicht verwunderlich, dass seine Erklärung objektiv einen anderen Inhalt bekommt als von ihm gewollt. Die Erklärung ist ja bereits objektiv falsch auf den Weg gebracht worden.

Hinweis

Bei § 119 Abs. 1 Fall 2 irrt der Erklärende über das, was er sagt.

Beispiele Der Erklärende verspricht oder verschreibt sich und gibt die Erklärung mit dem zunächst nicht erkannten Fehler ab. Erst später erkennt er den Fehler. ■

b) Fehlendes Erklärungsbewusstsein

356 § 119 Abs. 1 Fall 2 gilt – direkt[181] oder analog[182] – auch dann, wenn dem Erklärenden bei Abgabe seiner Äußerung das Erklärungsbewusstsein fehlte und seine Erklärung nach der „Lehre vom potenziellen Erklärungsbewusstsein" als wirksame, aber anfechtbare Erklärung anzusehen ist.[183] Denn auch in diesem Fall wollte der Erklärende eine „Erklärung diesen Inhalts nicht abgeben." Dem Erklärenden ist hier sozusagen versehentlich durch seine Äußerung eine Willenserklärung „herausgerutscht".

---

179 Vgl. dazu im Skript „BGB AT I" unter Rn. 192 ff.
180 Siehe dazu unter Rn. 434 ff.
181 BGHZ 91, 324, 329; Palandt-*Ellenberger* § 119 Rn. 22; *Leenen* BGB AT § 14 Rn. 46.
182 So z.B. *Köhler* BGB AT § 7 Rn. 5.
183 Vgl. dazu im Skript „BGB AT I" unter Rn. 228 ff.

3. Fehler bei Vollzug der Übermittlung, § 120

a) Bedeutung des § 120

Empfangsbedürftige Willenserklärungen werden erst durch Zugang beim Empfänger wirksam. Technische Fehler beim Vollzug der Erklärung sind hier nicht nur im Stadium der Abgabe denkbar, sondern auch beim Transport zum Empfänger. 357

Der Fehler kann darin bestehen, dass die Erklärung nicht beim Adressaten ankommt. Dann fehlt es bereits am Zugang und die Frage der Anfechtung stellt sich gar nicht. 358

Es ist aber auch denkbar, dass die **Erklärung auf dem Weg zum Empfänger inhaltlich verändert** wird. 359

Beispiel Versprechen des Erklärungsboten bei Übermittlung einer mündlichen Erklärung; Veränderung einer über das Internet versendeten Erklärung durch Softwareprogramm. ■

Wenn die Erklärung fehlerhaft an den Empfänger übermittelt wird, so stellt dies ebenfalls einen „technischen Fehler" dar. Dies stellt § 120 klar, der letztlich nichts anderes ist als eine besondere Regelung des Erklärungsirrtums.

b) Einschaltung eines Übermittlers

§ 120 setzt voraus, dass sich der Erklärende zur Übermittlung einer Person oder „Einrichtung" bedient. 360

Beispiele Erklärungsbote, Dolmetscher, E-Mail, SMS oder WhatsApp ■

> **Hinweis**
>
> Die Benutzung eines Telefons ist nicht die Einschaltung einer „Einrichtung" zur Übermittlung. Versprecher am Telefon fallen direkt unter § 119 Abs. 1 Var. 2, da es sich hier um eine Abgabe unter Anwesenden handelt.[184]
>
> Der Empfangsbote fällt ebenfalls nicht unter § 120, da diese Regel nur die Übermittlung bis zum Machtbereich des Empfängers meint, dem er Empfangsbote ja bereits angehört. Eine

184 Vgl. dazu ausführlich im Skript „BGB AT I" unter Rn. 128 f.

unrichtige Weiterleitung durch den Empfangsboten fällt in die Risikosphäre des Empfängers.

Schließlich fällt auch der Vertreter nicht unter § 120, da er keine fremde Willenserklärung übermittelt, sondern eine eigene Erklärung abgibt.

361 Wenn ein Dritter unbefugtermaßen eine Erklärung übermittelt, bedarf es keiner Anfechtung. Hier fehlt es ja bereits an einem ausreichenden Zurechnungsgrund, nämlich der „Einschaltung" durch einen entsprechenden Auftrag.[185]

c) Unrichtige Übermittlung

362 Nach h.M. gilt § 120 nur für den Fall einer unbewusst unrichtigen Übermittlung. Bei absichtlicher Verfälschung der Erklärung überschreitet der Bote seine Botenmacht, weshalb eine Zurechnung ausscheidet und eine Wirksamkeit wie beim Vertreter ohne Vertretungsmacht lediglich analog § 177 durch Genehmigung in Betracht kommt.[186]

4. Fehlerhafte Wahl des richtigen Ausdrucksmittels (Inhaltsirrtum), § 119 Abs. 1 Fall 1

363 Nach § 119 Abs. 1 Fall 1 kann auch derjenige eine Willenserklärung anfechten, der bei ihrer Abgabe „über deren Inhalt im Irrtum war". Hier irrt sich der Erklärende über die Bedeutung des gewählten Ausdrucksmittels. Dieses bedeutet bei Auslegung nach dem objektiven Empfängerhorizont gem. §§ 133, 157 etwas anderes, als er gemeint hat. Die Fehlerquelle liegt hier bei der Auswahl des geeigneten Ausdrucksmittels.[187]

Hinweis

Bei § 119 Abs. 1 Fall 1 irrt der Erklärende nicht über das, was er sagt, sondern über das, was er mit seiner Äußerung zum Ausdruck bringt.

Beispiel K unterschreibt ein Formular in der Meinung, es handle sich um die Beauftragung eines kostenlosen „Schnupper-Eintrags" seiner Firma in ein Branchenverzeichnis im Internet für die Dauer von sechs Monaten. Tatsächlich sieht das Formular aber am Ende einen Preis für den Eintrag vor, was K übersehen hat. Geht das Formular nun dem (richtigen) Empfänger zu, ist ein Angebot des K über einen entgeltpflichtigen Eintrag zugegangen, das der Empfänger annehmen könnte und damit einen entgeltlichen Vertrag zwischen ihm und K zustande bringen.

K kann den Vertrag wegen Inhaltsirrtums anfechten. ■

185 *BGH* Urteil vom 21.5.2008 (Az: IV ZR 238/06) unter Tz. 35 f. = NJW 2008, 2702, 2704 f. (Widerruf eines Übermittlungsauftrages vor Weiterleitung); *Medicus/Petersen* Allgemeiner Teil des BGB Rn. 747.

186 Palandt-*Ellenberger* § 120 Rn. 4 m.w.N.; a.A. *Faust* § 29 Rn. 16 jeweils m.w.N.

187 Palandt-*Ellenberger* § 119 Rn. 11 ff. mit zahlreichen Beispielen.

5. Sonderfall Rechtsfolgeirrtum

Beim Rechtsfolgeirrtum könnte man zum einen einen Inhaltsirrtum annehmen, weil der Erklärende über den Inhalt, nämlich die rechtliche Tragweite seiner Erklärung im Irrtum gewesen ist; dann wäre die Erklärung nach § 119 Abs. 1 Fall 1 anfechtbar. Man kann aber auch an einen unbeachtlichen Motivirrtum denken und in der unrichtigen Beurteilung der Rechtslage nur das Motiv für die spätere Erklärung sehen. 364

Beispiel 1 K kauft dem V dessen alten Pkw ab in der Meinung, das Gesetz gewähre jedem Käufer eine zweijährige Garantie gegenüber dem Verkäufer in Bezug auf alle etwaigen Mängel in dieser Zeit. Als er nach Vertragsschluss von V eines Besseren belehrt wird, ficht er seine auf Abschluss des Vertrags gerichtete Erklärung umgehend wegen Rechtsirrtums an. ■

Beispiel 2 E wurde kraft Testamentes zum Alleinerben berufen bin. Da E die Erbschaft nicht fristgerecht ausgeschlagen hatte, galt die Erbschaft als angenommen (§ 1943 Hs. 2).[188]

Der Nachlass war derart mit Vermächtnissen belastet, dass sogar der Pflichtteil des E wertmäßig gefährdet war. E glaubte jedoch, er dürfe die Erbschaft nicht ausschlagen, um seinen Anspruch auf den Pflichtteil nicht zu verlieren. Er irrte bei Verstreichen der Ausschlagungsfrist also darüber, dass er die mit Vermächtnissen belastete Erbschaft hätte ausschlagen müssen, um den von ihm erstrebten Pflichtteilsanspruch zu erlangen (§ 2306 Abs. 1).

Nach erkennen des Irrtums ficht E die Annahme der Erbschaft wegen Irrtums an und schlug die Erbschaft aus allen Berufungsgründen ohne jede Bedingung aus. ■

Entscheidend ist der Sinn und Zweck des § 119: Nach dieser Vorschrift darf der Erklärende mittels Anfechtung die mit seiner Erklärung verbundenen Rechtsfolgen verhindern, weil er sie nicht gewollt hat. Wenn er sie hinzunehmen hätte, widerspräche das der Privatautonomie. 365

Diese Erwägung führt beim Rechtsfolgenirrtum dazu, dass der Erklärende **nur dann anfechten kann, wenn er die mit seiner Erklärung unmittelbar bezweckten Rechtsfolgen wegen entgegenstehender gesetzlicher Regelungen nicht bzw. nur unter wesentlichen Abweichungen erzeugen kann**. Dagegen ist eine Anfechtung nach § 119 Abs. 1 dann **nicht möglich**, wenn das Rechtsgeschäft **auch unerkannte bzw. ungewollte Rechtsfolgen hat, die kraft Gesetzes neben die gewollten Rechtsfolgen hinzutreten**.[189] 366

Im *Beispiel 1* scheidet eine Anfechtung aus, da es sich bei der Garantie nur um eine Nebenfrage handelt, die das Gesetz abweichend von der Vorstellung des K regelt. Die mit dem Kaufvertrag hauptsächlich erstrebte Verpflichtung des V, dem K das Eigentum am Pkw zu übertragen, hat K ja erreicht. Hätte K die Garantiefrage zu einem wesentlichen Bestandteil des Rechtsgeschäfts machen wollen, hätte er diesem Verlangen ja Ausdruck verleihen können. Sein Geschäftswille ging nicht dahin, unbedingt eine Garantie haben zu wollen.

Im *Beispiel 2* erreicht E hingegen mit dem Verstreichen der Ausschlagungsfrist genau das Gegenteil dessen, was er mit der Erbschaftsannahme erreichen wollte, nämlich die Sicherung seines Pflichtteilsanspruches. Damit liegt ein beachtlicher Rechtsfolgeirrtum vor.[190]

---

188 Und deswegen hat das „Schweigen" hier Zustimmungswirkung und kann deshalb angefochten werden, vgl. Rn. 323.

189 Palandt-*Ellenberger* § 119 Rn. 15.

190 *BGH* Beschluss vom 5.7.2006 (Az: IV ZB 39/05) = BGHZ 168, 210 ff. = NJW 2006, 3353 ff.

JURIQ-Klausurtipp

In der Klausur empfiehlt es sich, zunächst zu prüfen, ob sich die Person überhaupt Gedanken über die unerwünschte Rechtsfolge gemacht hat. Einem Irrtum kann schließlich nur derjenige unterliegen, der sich explizit bestimmte Vorstellungen über das Vorhandensein oder Nicht-Vorhandensein von gesetzlichen „Risiken und Nebenwirkungen" gemacht hat.

6. Sonderfall Kalkulationsirrtum[191]

367 Ein sog. „Kalkulationsirrtum" (oder: „Berechnungsirrtum") liegt dann vor, wenn der Erklärende in seiner Willenserklärung einen Wert (in der Regel einen bestimmten Betrag als Preis für eine Leistung) angibt und diesen auch angeben will. Er verspricht oder vertippt sich hier also bei Abgabe nicht (sonst § 119 Abs. 1 Var. 2) und es liegt auch kein Fall des § 120 vor. Vielmehr beruht der angegebene Wert auf einer fehlerhaften Ermittlung (Kalkulation).

Bei der Lösung dieser Fälle ist danach zu unterscheiden, ob die Kalkulation „verdeckt" in der internen Sphäre des Erklärenden geblieben oder offen zutage getreten ist. Um es vorwegzunehmen: Eine Anfechtungsmöglichkeit besteht in beiden Fällen nicht, gleichwohl ist die Unterscheidung für die Lösung der Fälle wichtig:

a) verdeckter Kalkulationsirrtum

368 **Beispiel** K will bei Juwelier J eine Uhr der Marke „Unruh" erwerben und entscheidet sich für das Modell „24/7". Der bei J angestellte Verkäufer V sieht in einer Preisliste nach, von der er nicht bemerkt, dass sie veraltet ist. Die Preise für „Unruh-Modelle" wurden in der Zwischenzeit um 20 % erhöht, was sich in der aktuellen Preisliste des J widerspiegelt. V nennt dem K deshalb einen zu niedrigen Preis. K ist überrascht, weil er die aktuellen Marktpreise für die Unruh-Uhren kennt und nimmt das günstige Angebot strahlend an. ■

Enthält die Erklärung lediglich den Wert, also das Berechnungsergebnis, und nicht die fehlerhafte Kalkulation als solche, spricht man von einem „verdeckten" Kalkulationsirrtum. Dieser **berechtigt nicht zur Anfechtung** nach § 119 Abs. 1, weil es sich um einen Motivirrtum **in der Phase vor Abgabe der Erklärung** handelt.[192]

Im *Beispiel* kann J also nicht nach § 119 Abs. 1 anfechten, weil dem V der Fehler vor Abgabe seines Angebots unterlaufen ist.[193]

369 **Härtefälle** versucht man, mit Hilfe von **§ 242** in den Griff zu bekommen.[194]

Die Korrektur aus dem Gesichtspunkt von **Treu und Glauben (§ 242)** wirkt hier **dogmatisch als Einwand rechtsmissbräuchlichen Verhaltens und steht Ansprüchen aus dem Vertrag entgegen**, der auf der fehlerhaften Kalkulationsgrundlage geschlossen wurde. Der Vorwurf des Rechtsmissbrauches richtet sich gegen den anderen Teil und setzt zwei Umstände voraus[195]:

---

191 Siehe dazu auch Übungsfall „Verkalkuliert" unter Rn. 398 f.

192 Palandt-Ellenberger § 119 Rn. 18; *Leenen* BGB AT § 14 Rn. 38 ff.

193 Vgl. berühmte „Papagenos"-Entscheidung des *LG Bremen* in NJW 1992, 915.

194 Der von der Rechtsprechung weiter erwogene Lösungsansatz über einen Schadensersatzanspruch aus §§ 280 Abs. 1, 311 Abs. 2 (c.i.c.) läuft leer, weil er nur dann bejaht wird, wenn ohnehin § 242 als Einwand greift, vgl. Palandt-*Ellenberger* § 119 Rn. 18.

195 Palandt-*Ellenberger* § 119 Rn. 18 m.w.N.

(1) Der Erklärungsempfänger hat erkannt, dass dem Erklärenden ein Kalkulationsfehler unterlaufen ist.[196]

(2) Der Erklärungsempfänger hat außerdem erkannt, dass die Vertragsdurchführung für den Erklärenden schlechthin unzumutbar ist, etwa weil er dadurch in erhebliche wirtschaftliche Schwierigkeiten geriete.

Entscheidend ist die Kenntnis des Erklärungsempfängers im Zeitpunkt seiner Annahmeerklärung, da dies der Zeitpunkt ist, wo ihm der Vorwurf eines treuwidrigen Verhaltens gemacht wird.[197]

Im *Beispiel* kannte K zwar die Preisdifferenz. Jedoch konnte er nicht wissen, dass V den Preis anhand einer veralteten Preisliste genannt hatte. Es hätte sich ebenso um ein Sonderangebot des J handeln können, um neue Kunden zu gewinnen. Außerdem muss K bei einer Preisdifferenz von 20 % nicht von einer Unzumutbarkeit ausgehen.

b) offener Kalkulationsirrtum

Beim „offenen Kalkulationsirrtum" ist nicht nur der Endbetrag, sondern auch die Kalkulationsgrundlage Gegenstand der Erklärung.[198] Hier kommen **folgende Lösungsansätze** in Betracht, je nachdem ob **nach der Auslegung vom Empfängerhorizont (§§ 133, 157) die Kalkulationsmethode, der Betrag oder beides zugleich als maßgeblich anzusehen ist.** 370

Die Auslegung vom Empfängerhorizont (§§ 133, 157) der Erklärung kann ergeben, dass die Kalkulationsgrundlage bzw. der Berechnungsmodus entscheidend sein soll und der angegebene Endbetrag lediglich als Beleg und Illustration der gewünschten Kalkulationsmethode anzusehen ist. Dann gilt der zutreffend ermittelte Preis, die **Angabe des falschen Betrages ist nach dem „falsa demonstratio"-Grundsatz** unbeachtlich.[199] Eine Anfechtung ist hier unnötig. 371

Beispiel Unternehmer U bietet dem Besteller B den Aus- und Einbau von neuen Fenstern in dessen Wohnung für „1000 €" das Stück an und nennt als Gesamtpreis „9000 €". Tatsächlich sind nicht neun, sondern zehn Fenster auszutauschen, so dass der Endbetrag richtigerweise 10 000 € lauten muss. ■

Ergibt die Auslegung, dass **der falsch angegebene Betrag und die offen gelegte Methode seiner Berechnung gleichwertig sind**, kann ein Vertrag nicht zustande kommen: Die Parteien hätten sich wegen der Widersprüchlichkeit („Perplexität") der Erklärung nicht auf ein essentialia negotii verständigt.[200] Auch hier ist eine Anfechtung unnötig. 372

Beispiel Nehmen wir im vorigen Beispiel an, U hätte den Endbetrag von „9000 €" als „Festpreis" bezeichnet. Dann wäre nicht mehr deutlich, ob es sich immer noch um einen schlichten (unbeachtlichen) Additionsfehler oder um die bewusste Festlegung eines Sonderpreises („10 Fenster zum Preis von 9") handelte. ■

196 Den wahren Preis hat er dabei aber nicht erkannt, weil sonst nach dem „falsa demonstratio"-Grundsatz der tatsächlich gewollte Preis gelten würde.

197 BGHZ 139, 177 ff. = NJW 1998, 3192 ff.

198 Palandt-*Ellenberger* § 119 Rn. 19 m.w.N.

199 Palandt-*Ellenberger* § 119 Rn. 20 m.w.N.

200 *Faust* BGB AT § 21 Rn. 19; etwas anders in der Begründung Palandt-*Ellenberger* § 119 Rn. 21, der diesen Fall als „Dissens" ansieht.

373 Schließlich kann die Auslegung ergeben, dass **nur der Betrag als maßgeblich anzusehen ist und nicht seine Berechnungsweise**. Dann ist der Kalkulationsfehler **grundsätzlich unbeachtlich und berechtigt wie beim „verdeckten" Kalkulationsirrtum nicht zur Anfechtung.**[201]

Beispiel Nehmen wir noch einmal unser Uhrenbeispiel: V verkauft dem K im Namen des Juweliers J eine Uhr „zum aktuellen Listenpreis" und nennt als Betrag „1500 €" statt den aktuellen Listenpreis von 1800 €, weil er in einer veralteten Liste nachgesehen hatte.

K kommt es darauf an, welchen Betrag er bezahlen muss und nicht, welcher Liste der Betrag entnommen wurde. Die Auslegung entscheidet also für den Betrag und nicht für den tatsächlichen Listenpreis.[202] Eine Anfechtungsmöglichkeit besteht nicht. ■

Liegen die in Rn. 369 genannten Voraussetzungen für ein rechtsmissbräuchliches Verhalten des anderen Teils bei Vertragsschluss vor, steht dies auch beim „offenen" Kalkulationsirrtum den vertraglichen Ansprüchen als rechtshindernder Einwand entgegen.[203]

7. Erheblichkeit des Irrtums

374 Wie sich aus § 119 Abs. 1 ergibt, genügt der Irrtum als solcher für eine Anfechtung noch nicht. Vielmehr verlangt § 119 Abs. 1 Hs. 2, dass anzunehmen ist, dass der Erklärende die angefochtene Erklärung „bei Kenntnis der Sachlage und **bei verständiger Würdigung** des Falles nicht abgegeben haben würde".

Anfechtbar ist die Erklärung also nur dann, wenn (1) der Irrtum für die Abgabe der Erklärung ursächlich war und (2) auch ein vernünftiger Dritter die Erklärung in Kenntnis des Irrtums so nicht abgegeben hätte.[204]

Beispiel Ein Anfechtungsrecht besteht aus diesen Gründen nicht, wenn der Erklärende durch den Irrtum wirtschaftlich überhaupt keine Nachteile erlitten hat,[205] wenn die Abgabe der Erklärung rechtlich geboten war,[206] oder wenn sich der Irrtum ausschließlich auf unwesentliche Nebenpunkte bezieht.[207] ■

8. Beschränkung des Anfechtungsrechts nach § 242

375 Die Anfechtung führt nach § 142 Abs. 1 zur vollständigen Vernichtung des angefochtenen Rechtsgeschäfts. Die Rechtsfolge besteht also nicht etwa darin, dass das angefochtene Rechtsgeschäft insoweit bestehen bleibt, als es dem Willen des Erklärenden entsprochen hätte. Dies ist dann nachteilig für den Erklärungsempfänger, wenn dieser das Geschäft auch im tatsächlich gewollten Umfang ebenfalls durchgeführt hätte. Umgekehrt kann der Irrtum für den Erklärenden so zum „Glücksfall" werden, wenn er das von ihm tatsächlich gewollte Geschäft zwischenzeitlich aus anderen Gründen bereut hatte.

---

201 Palandt-*Ellenberger* § 119 Rn. 21a.
202 Vgl. *Faust* BGB AT § 21 Rn. 19.
203 Palandt-*Ellenberger* § 119 Rn. 21b.
204 Palandt-*Ellenberger* § 119 Rn. 31.
205 *BGH* NJW 1988, 2597.
206 *OLG München* WRP 1985, 237.
207 Palandt-*Ellenberger* § 119 Rn. 31.

Beispiel V will dem K seinen alten Pkw zum Preis von 9500 € anbieten. Er übermittelt dem K sein Angebot schriftlich. Dabei verschreibt er sich versehentlich und gibt ein Angebot zu einem Preis von 5900 € ab. K weiß von dem Schreibversehen nichts und ist hocherfreut über das günstige Angebot und erklärt gegenüber V die Annahme.

Zunächst ergibt die Auslegung der wechselseitigen Erklärungen gem. §§ 133, 157, dass ein Kaufvertrag über den Pkw zu einem Preis von 5900 € zustande gekommen ist.

Als sich der Irrtum aufklärt, ficht V sein Angebot an mit dem Hinweis, er habe den Pkw eigentlich zu einem Preis von 9500 € anbieten wollen. Selbst das scheine ihm jetzt aber viel zu niedrig. K ist sehr enttäuscht und erklärt gegenüber V, „zur Not" kaufe er den Wagen auch gerne für 9500 €, da das aus seiner Sicht immer noch ein günstiges Angebot ist. ■

Die heute ganz herrschende Meinung bejaht eine Pflicht des Erklärenden, seine Erklärung 376
wenigstens in dem von ihm gemeinten Sinn gelten zu lassen.[208] Schließlich verstößt der Erklärende gegen Treu und Glauben, wenn er die Anfechtung nur dazu benutzt, von einem inzwischen bereuten Geschäft loszukommen. Das soll aber nicht Sinn und Zweck der §§ 119 ff. sein. Diese Normen wollen lediglich dem Geschäftswillen des Erklärenden Geltung verleihen und stellen kein verkapptes Recht zum Rücktritt von einem Vertrag aus ganz anderen Motiven dar.

Im *Beispiel* ist V also zur Übereignung und Übergabe seines Wagens gegen Zahlung von 9500 € verpflichtet.

9. Ausschlussfrist (§ 121)

Die Anfechtung kann in den Fällen der §§ 119 Abs. 1, 120 nicht ewig erfolgen. Schließlich 377
muss ja das Interesse derjenigen beachtet werden, die durch die anfechtbare Willenserklärung unmittelbar oder mittelbar betroffen sind. Diese haben ein Interesse an einer möglichst verlässlichen Grundlage für ihre eigenen privatautonomen Entscheidungen. § 121 schafft zwischen beiden Interessen, nämlich dem Korrekturinteresse des Erklärenden einerseits und dem Interesse der betroffenen Dritten an Rechtssicherheit andererseits, einen Ausgleich durch Anordnung einer sehr kurzen Anfechtungsfrist. Damit wird der Tatsache Rechnung getragen, dass der Erklärende das Risiko einer fehlerhaften Vermittlung seines Willens selbst zu tragen hat.

Hinweis

Beachten Sie bitte, dass das Anfechtungsrecht nicht „verjähren" kann. Der Verjährung unterliegen gemäß § 194 nur Ansprüche, aber eben nicht die Gestaltungsrechte. Die Gestaltungsrechte werden stets durch „Ausschlussfristen" zeitlich begrenzt.

a) Regelfrist (§ 121 Abs. 1)

Im Regelfall muss die Anfechtung nach § 121 Abs. 1 S. 1 unverzüglich erfolgen. Unverzüglich 378
wird dort sogleich definiert als „ohne schuldhaftes Zögern".

208 *Medicus/Petersen* Allgemeiner Teil des BGB Rn. 781; Palandt-*Ellenberger* § 119 Rn. 2.

Diese Frist beginnt mit Kenntnis des Anfechtungsgrundes, also des Irrtums bzw. der falschen Übermittlung (§ 120). Das bloße Kennenmüssen genügt nicht, ebenso wenig das Bestehen von Verdachtsmomenten. Bei der Kenntnis geht es allerdings nicht um die Kenntnis des Anfechtungsrechts als solchem. Kennt der Berechtigte den Anfechtungsgrund, so ist dies auch dann ausreichend für den Beginn des Fristenlaufs, wenn er von der Notwendigkeit der Anfechtung und dem Anfechtungsrecht als solchem nichts weiß.[209]

Hinweis

Liegen mehrere Anfechtungsgründe vor, beginnt die Frist jeweils mit Kenntnis des einzelnen Anfechtungsgrundes. Sie müssen also für jeden Anfechtungsgrund gesondert die Ausschlussfrist prüfen.

379 „Ohne schuldhaftes Zögern" bedeutet nicht, dass die Anfechtung sofort erfolgen muss. Schuldhaftes Zögern tritt nur ein, wenn eine nach den Umständen angebrachte Prüfungs- und Überlegungsfrist überschritten wird. Welche Prüfungs- und Überlegungsfrist im Einzelfall angemessen ist, bedarf einer gesonderten Prüfung anhand der Umstände des konkreten Falles. In der Regel wird man eine Obergrenze von zwei Wochen ziehen können.[210]

Die Anfechtung unter Abwesenden ist rechtzeitig, wenn die Anfechtungserklärung unverzüglich abgesandt worden ist (§ 121 Abs. 1 S. 2). Verzögerungen bei der Übermittlung gehen zu Lasten des Anfechtungsgegners.

Hinweis

Das ändert natürlich nichts daran, dass die Anfechtungserklärung als empfangsbedürftige Willenserklärung erst mit dem Zugang beim Anfechtungsgegner wirksam wird. Sie müssen also immer zwischen dem Zugang einerseits und der Rechtzeitigkeit des Zugangs andererseits unterscheiden.

b) Höchstfrist (§ 121 Abs. 2)

380 Aus Gründen der Rechtssicherheit sieht § 121 Abs. 2 noch eine Höchstfrist für die Anfechtung vor. Sie beträgt zehn Jahre seit Abgabe der Erklärung. Ohne Rücksicht auf die Kenntnis vom Anfechtungsgrund ist die Anfechtung nach §§ 119 Abs. 1, 120 also in jedem Fall ausgeschlossen, wenn dieser Zeitraum verstrichen ist. Das Fristende berechnet sich nach §§ 187 Abs. 1, 188 Abs. 2 Var. 1.

381 Für die Rechtzeitigkeit der Anfechtungserklärung ist nicht auf die Rechtzeitigkeit der Abgabe der Erklärung nach § 121 Abs. 1 S. 2 abzustellen. Diese Regel findet auf die Ausschlussfrist nach § 121 Abs. 2 gerade keine Anwendung. Sie ist auch nicht analog anwendbar, so dass es dabei bleibt, dass die Anfechtungserklärung innerhalb der Zehnjahresfrist beim Anfechtungsgegner zugehen muss.[211]

---

209 Palandt-*Ellenberger* § 121 Rn. 2.
210 Palandt-*Ellenberger* § 121 Rn. 3.
211 Palandt-*Ellenberger* § 121 Rn. 5.

10. Abgrenzungen

a) Verhältnis zu §§ 116-118

Durch das unbewusste Auseinanderfallen von Wille und Erklärung unterscheiden sich die Fälle des § 119 von den Fällen des § 116, in denen sich der Erklärende von Vorneherein (insgeheim) darüber bewusst ist, dass seine Erklärung missverstanden werden könnte. Erkennt – im Falle einer empfangsbedürftigen Willenserklärung – der Empfänger den fehlenden Willen, kann die Äußerung von ihm redlicherweise nach §§ 133, 157 nicht mehr als verbindliche Willenserklärung verstanden werden. § 116 S. 2 stellt dies klar und spricht die Nichtigkeitsfolge aus. Der erkannte Willensmangel verhindert das Entstehen einer wirksamen Willenserklärung. Eine Irrtumslage liegt nicht vor – ein Anfechtungsrecht wäre außerdem unnötig. **382**

Erkennt der Empfänger den Willensvorbehalt nicht, erklärt § 116 Abs. 1 dies für unbeachtlich. § 119 gewährt mangels Irrtums des Erklärenden dann auch kein Anfechtungsrecht. Denn dem Erklärenden war die Möglichkeit eines Missverständnisses ja bewusst. **383**

Bei den Scheingeschäften des § 117 liegt ebenfalls kein Irrtum vor, da sich sowohl der Erklärende als auch der Erklärungsempfänger beide über den Scheincharakter der Erklärung einig sind. Der Empfänger versteht die Erklärung also genauso wenig als verbindliche Willenserklärung wie der Erklärende selbst. Auch hier kann es nicht zu einem Auseinanderfallen von Wille und Erklärung kommen. **384**

Erkennt der Empfänger die fehlende Ernstlichkeit der Äußerung i.S.d. § 118, kann sie nach §§ 133, 157 keinesfalls als verbindlich gemeinte Willenserklärung ausgelegt werden. Es besteht keine Irrtumslage, ein Anfechtungsrecht ist unnötig. **385**

Wenn der Empfänger die fehlende Ernstlichkeit der Äußerung jedoch nicht erkannt hat und deshalb von einer verbindlichen Willenserklärung ausgegangen ist, läge eigentlich ein Irrtum vor, der (nur) zur Anfechtung berechtigt. Das mit dem Anfechtungsrecht gewährte Wahlrecht – Willenserklärung bleibt in der Welt oder wird wieder aus dem Verkehr gezogen – macht in den Fällen des § 118 aber keinen rechten Sinn. Der Erklärende hatte sich ja von Anfang an entschieden, das Erklärte gar nicht zu wollen. Deshalb ordnet § 118 hier die automatische Nichtigkeit an, ohne dass es einer gesonderten (fristgebunden!) Anfechtungserklärung bedarf. **386**

Hinweis

Bei § 118 handelt es sich folglich um einen Sonderfall, der Rechtsunsicherheit schafft. Allerdings besteht eine Haftung nach § 122.

b) Verhältnis zur falsa demonstratio

Die Fälle der „falsa demonstratio" und die Irrtumsfälle des § 119 Abs. 1 haben gemein, dass der objektive Erklärungstatbestand und der tatsächliche Wille sich nicht decken. In den Fällen der falsa demonstratio hat dies aber keine Auswirkung, da der Empfänger den wahren Geschäftswillen des Erklärenden kennt. Der objektiv falsch getätigten Äußerung kann deshalb vom Empfänger redlicherweise nach §§ 133, 157 nur der wirklich gemeinte Sinn beigemessen werden. Anders als in den Fällen des § 119 führt der fehlerhafte Äußerungstatbe- **387** stand also nicht zu einer Willenserklärung, deren Inhalt sich nicht mit dem wahren Willen des Erklärenden deckt. Eine Irrtumslage besteht hier nicht, eine Anfechtung ist hier auch fehl am Platze, da sich die Parteien ja richtig verstanden haben.

VI. Fehlerhafte Vorstellung über verkehrswesentliche Eigenschaften des Vertragsgegenstandes (Eigenschaftsirrtum), § 119 Abs. 2

1. Überblick

388 **Zeitliche Entstehung von Anfechtungsgründen**

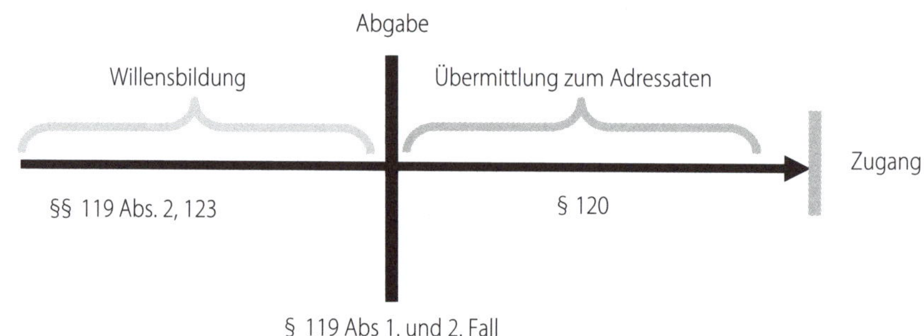

Inhalts- und der Erklärungsirrtum lassen sich nicht immer deutlich voneinander unterscheiden. Wer über den Inhalt einer Erklärung irrt (§ 119 Abs. 1 Fall 1), will regelmäßig auch eine Erklärung diesen Inhalts nicht abgeben (§ 119 Abs. 1 Fall 2). Aus beiden Fällen wird jedoch deutlich, dass das BGB dem Erklärenden kein Anfechtungsrecht für solche Irrtümer einräumen will, die nur zu einer fehlerhaften Willensbildung geführt haben. Vor der Abgabe einer Willenserklärung liegt die interne Phase der Motivation des Erklärenden, d.h. der Ausbildung seines später zum Ausdruck gebrachten konkreten Geschäftswillens. Fehlvorstellungen aus dieser Phase (sog. „Motivirrtümer" oder „Irrtum im Beweggrund") sind grundsätzlich nur beachtlich, wenn sie in einen nach § 119 Abs. 1 beachtlichen Irrtum münden. Der Motivirrtum als solcher berechtigt hingegen grundsätzlich nicht zur Anfechtung, da der – durch Auslegung ermittelte – Inhalt der Erklärung dem Willen des Erklärenden ja entspricht.

389 Der Geschäftswille ist vom Motivirrtum nicht direkt betroffen. Das, was Motiv ist, ist nicht Gegenstand des Geschäftswillens – es soll ja nicht inhaltlicher Bestandteil des Geschäfts werden.

Hinweis

Beim Motivirrtum irrt der Erklärende nicht darüber, was er sagt oder was er mit seiner Äußerung zum Ausdruck bringt, sondern über Umstände, die ihn zu der Erklärung gebracht (motiviert) hatten, aber selbst nicht Bestandteil des Rechtsgeschäfts werden sollten.

390 Allerdings lassen §§ 119 Abs. 2 wie auch 123 hiervon Ausnahmen zu. In besonderen Fällen soll also das Interesse des Erklärenden an einer fehlerfreien Willensgrundlage geschützt werden. Dabei unterscheiden die Vorschriften danach, ob es sich um einen eigenen, sozusagen

selbst verschuldeten, internen Fehler handelt und danach, ob dieser Fehler von außen hereingetragen wurde.

Hinweis

Die in den §§ 119 ff. vorgesehene Abwägung zwischen dem Interesse des Erklärenden an einer Verhinderung ungewollter Rechtsfolgen und dem Interesse der betroffenen Personen nach möglichst großer Rechtssicherheit stellt eine abschließende Abwägung dar. Eine Ausdehnung der §§ 119 ff. im Wege der Analogie kommt aufgrund des geschlossenen Anfechtungssystems nicht in Betracht.[212]

§ 119 Abs. 2 gibt ein Anfechtungsrecht für den Fall, dass die fehlerhafte Motivation auf einem **391** eigenen Irrtum beruht. § 119 Abs. 2 sieht dabei ein Anfechtungsrecht aber nur für ganz bestimmte Motivirrtümer vor, nämlich den Irrtum über solche Eigenschaften der vom Rechtsgeschäft betroffenen Person oder Sache, die im Verkehr als wesentlich angesehen werden.[213]

2. Eigenschaften einer Person oder Sache

„Eigenschaften" i.S.d. § 119 Abs. 2 sind neben den natürlichen Beschaffenheiten auch sonstige **392** tatsächliche oder rechtliche Verhältnisse, soweit sie für die Wertschätzung und Verwendbarkeit von Bedeutung sind und der Person bzw. Sache nicht nur vorübergehend unmittelbar anhaften.[214]

Eigenschaften sind alle für die Wertschätzung einer Sache bzw. Person im konkreten Fall Ausschlag gebenden Faktoren. Der Wert einer Sache als solcher ist demgegenüber keine „Eigenschaft".

Der Begriff der „Sache" ist unglücklich gewählt und der Tatbestand dadurch anerkannterma- **393** ßen zu eng geraten. Unter „Sache" versteht man bei § 119 Abs. 2 allgemein nicht nur körperliche Gegenstände i.S.d. § 90 oder Tiere (§ 90a), sondern auch alle nicht-körperlichen Gegenstände, wie Forderungen und Rechte, kurz: alle Rechtsobjekte.[215]

Beispiel Käufer K ficht gegenüber Autohändler V seine auf Abschluss eines Kaufvertrages über ein Auto gerichtete Willenserklärung an. Er begründet dies damit, dass es sich bei dem Auto um ein Geschenk für seine Tochter zu ihrem 18. Geburtstag gehandelt habe und diese sich über das Auto entgegen seiner Erwartungen aber gar nicht gefreut habe.

Die Freude seiner Tochter über das Auto war Hoffnung und Ziel des K, als er den Kaufvertrag mit V über das Auto schloss. Er wurde dadurch zu dem Kaufvertrag motiviert und hat auf der Grundlage dieser (und möglicherweise noch anderer Ziele) seinen Willen zum Abschluss des Kaufvertrages mit V gebildet. Die Freude der Tochter ist ein Motiv, aber

212 Grundsatzentscheidung des *BGH* in NJW 1998, 3192 ff. = BGHZ 139, 177 ff. zur analogen Anwendung des § 119 Abs. 1 BGB auf den Fall des erkannten Kalkulationsirrtums.
213 Eine weitreichendere Relevanz von Motivirrtümern sieht das Erbrecht in §§ 2078 Abs. 2, 2079, 2308 BGB vor.
214 Palandt-*Ellenberger* § 119 Rn. 24.
215 *Medicus/Petersen* Allgemeiner Teil des BGB Rn. 771; *Faust* BGB AT § 21 Rn. 11.

eben nicht der Inhalt seines bei Abschluss des Vertrages gebildeten Geschäftswillens. Andernfalls hätte K versucht, die Freude seiner Tochter zum Inhalt des Vertrages mit V zu machen, etwa in Form eines Rücktrittsvorbehalts. § 119 Abs. 2 gibt ein Anfechtungsrecht nur dann, wenn es sich um einen Irrtum handelt, der sich auf eine verkehrswesentliche Eigenschaft der Person oder Sache bezieht. Die Freude der Tochter ist aber keine Eigenschaft des verkauften Fahrzeugs. Ein Anfechtungsrecht scheidet demzufolge aus. ■

3. Verkehrswesentlichkeit

394 Die Verkehrswesentlichkeit einer Eigenschaft ist im Hinblick auf das konkret in Rede stehende Rechtsgeschäft zu bestimmen. Aus seinem Inhalt kann sich ergeben, dass bestimmte Eigenschaften wesentlich oder unwesentlich sind.[216]

Hinweis

Sie können von folgender „Faustformel" ausgehen: Bei den verkehrswesentlichen Eigenschaften i.S.d. § 119 Abs. 2 handelt es sich um solche Kennzeichen, die bei Rechtsgeschäften wie dem angefochtenen typischerweise zum Bestandteil des Vertrages oder zumindest der Vertragsverhandlungen gemacht werden.

Beispiele

- Zahlungsunfähigkeit ist wesentliche Eigenschaft des Kreditnehmers;
- bei gegenseitigem Vertrag ohne Vorleistungspflicht eines Vertragspartners wegen der Möglichkeit der Zurückbehaltung nach § 320 aber nicht wesentlich;[217]
- Sachkunde und Erfahrung ist wesentliche Eigenschaft eines mit der Begutachtung beauftragten Sachverständigen;
- Echtheit eines Kunstwerks ist wesentliche Eigenschaft beim Kauf vom Galeristen;[218]
- Herstellungsjahr, Kraftstoffverbrauch oder Fahrleistung sind wesentliche Eigenschaften eines Kraftfahrzeugs.[219] ■

4. Erheblichkeit des Irrtums und Ausschlussfrist

395 Im Übrigen gilt für das Anfechtungsrecht nach § 119 Abs. 2 dasjenige, was wir oben zu § 119 Abs. 1 ausgeführt haben. Es muss also auch hier gefragt werden, ob der Irrtum für die Abgabe der Erklärung bei verständiger Würdigung der Sachlage erheblich gewesen und ob die Anfechtung nach § 121 ausgeschlossen ist.

5. Abgrenzung zu besonderen Gewährleistungsregeln

396 Soweit sich der Erklärende über die verkehrswesentliche Eigenschaft einer Sache im Irrtum befindet, stellt sich die Frage nach der Konkurrenz des Anfechtungsrechts zu den Vorschriften über die Mängelhaftung im besonderen Schuldrecht.

---

216 Palandt-*Ellenberger* § 119 Rn. 25.
217 Palandt-*Ellenberger* § 119 Rn. 26; *Faust* BGB AT § 21 Rn. 13.
218 *BGH* NJW 1988, 2597.
219 Palandt-*Ellenberger* § 119 Rn. 27.

Nach überwiegender Auffassung wird § 119 Abs. 2 in Bezug auf Eigenschaften, die einen Mangel i.S.d. kaufrechtlichen Vorschriften darstellen, durch die Regeln der **kaufrechtlichen Mängelhaftung** ausgeschlossen.[220] Der Ausschluss der Anfechtung gilt nicht nur für die Zeit nach, sondern auch für die Zeit vor Gefahrübergang. Die Zulassung einer Anfechtung gemäß § 119 Abs. 2 würde dem Käufer andernfalls eine mit § 439 unvereinbare, sofortige Lösung vom Kaufvertrag ermöglichen und die Verjährungsregeln des § 438 unterlaufen. Auch das Anfechtungsrecht des Verkäufers ist ausgeschlossen, wenn er sich sonst der Mängelhaftung entziehen würde.[221] Der Vorrang der §§ 437 f. gilt nach der Gleichstellung von Sach- und Rechtsmängel auch für Rechtsmängel. Ein entsprechender Vorrang besteht auch beim UN-Kaufrecht sowie beim Werkvertragsrecht aus den gleichen Gründen. Umstritten ist die Sachlage jedoch beim Mietrecht. Darauf werden wir bei der Darstellung des Mietrechts näher eingehen. **397**

220 Palandt-*Ellenberger* § 119 Rn. 28; *Medicus/Petersen* Allgemeiner Teil des BGB Rn. 775.

221 *BGH* NJW 1988, 2597; Palandt-*Ellenberger* § 119 Rn. 28; *Medicus/Petersen* Allgemeiner Teil des BGB Rn. 775.

6. Übungsfall Nr. 4

398 „Verkalkuliert“

Die B GmbH (B) forderte im Frühjahr von verschiedenen Unternehmen Angebote für die Errichtung eines Bürohauses auf einem von ihr erworbenen Grundstück ein. B hatte die Angebotssumme intern auf 350 000 € geschätzt.

Am 15. April ging der B GmbH ein bis Ende April befristetes Angebot der U GmbH (U) zu, das mit einer Endsumme von 305 000 € abschloss.

Die nächstfolgenden Angebote lauteten auf 350 000 €, 410 000 € und auf 476 000 €. Mit Schreiben vom 28. April teilte der bei U tätige Prokurist P der B wahrheitsgemäß Folgendes mit:

„Wir müssen Ihnen zu unserem Bedauern mitteilen, dass uns bei der Kalkulation des Angebots vom 15. April ein Fehler unterlaufen ist. Die Transport- und Montagekosten wurden irrtümlich nicht einberechnet infolge einer momentanen Umstellung unserer EDV-Anlage. Wir bitten Sie deshalb, unser Angebot aus der Wertung zu nehmen und den Auftrag anderweitig zu vergeben. Mit freundlichen Grüßen, P, ppa.“

Dieses Schreiben ging B am 29. April zu. Die B nahm jedoch mit einem am selben Tag abgesendeten Fax das Angebot der U vom 15. April mit der Begründung an, der geltend gemachte Kalkulationsfehler sei unbeachtlich. Das Fax wurde am 29. April um 21 Uhr vom Empfangsgerät der U ausgedruckt. Am nächsten Tag heftete die Sekretärin das Fax versehentlich in einem Ordner ab, ohne dass es dem P oder der Geschäftsführung vorgelegt wurde. Erst als P am 2. Mai bei ihr nachfragte, ob sich B eigentlich noch einmal gemeldet habe, legte sie dem P das Schreiben vor.

P reagierte wütend und schreibt der B unter Hinweis auf sein Schreiben vom 28. April, die U sei nicht in der Lage, den Vertrag kostendeckend durchzuführen und lehne den Auftrag deshalb ab.

Eine Aufforderung der B vom 10. Mai, mit den Arbeiten bis spätestens 20. Mai zu beginnen, wurde von P „letztmalig“ zurückgewiesen.

Besteht ein wirksamer Vertrag zwischen B und U?

399 **Lösung**

In Betracht kommt hier der Abschluss eines Werkvertrages i.S.d. § 631. Dies erfordert zwei übereinstimmende, auf Abschluss eines Werkvertrages zwischen B und U gerichtete Willenserklärungen.

I. Zustandekommen des Vertrages

1. Angebot der U

Laut Sachverhalt hatte die U am 15. April ein Angebot abgegeben, mit dem sie der B antrug, das ausgeschriebene Werk zu einem Gesamtpreis von 305 000 € zu errichten. Das Angebot der U ist der B am gleichen Tag zugegangen und damit als empfangsbedürftige Willenserklärung wirksam geworden, § 130 Abs. 1 S. 1. Eine Unwirksamkeit des Angebots wegen Widerrufs scheidet bereits deshalb aus, weil ein Widerruf nach § 130 Abs. 1 S. 2 allgemein nur bis zum Zugang der widerrufenen Erklärung erklärt werden kann. Am 15. April ist der B aber kein Widerrufsschreiben der U zugegangen. Das spätere Schreiben der U vom 28. April kann deshalb nicht als Widerruf i.S.d. § 130 Abs. 1 S. 2 angesehen werden.

2. Annahme seitens B

Die B erklärte am 29. April, dass sie das Angebot der U annehme. Da eine Annahmeerklärung empfangsbedürftig ist, bedarf sie zu ihrer Wirksamkeit des Zugangs beim Anbietenden (§ 130 Abs. 1 S. 1). Zugegangen ist eine Willenserklärung unter Abwesenden dann, wenn sie in den Bereich des Empfängers gelangt ist und sobald mit der Möglichkeit der Kenntnisnahme durch den Empfänger unter gewöhnlichen Umständen zu rechnen ist.[222]

Willenserklärungen, die durch Telefax übermittelt werden, gehen zu, sobald der Druckvorgang am Empfangsgerät des Adressaten abgeschlossen und die Kenntnisnahme durch den Empfänger möglich und nach der Verkehrsanschauung zu erwarten ist. Daher ist auch bei einer Übermittlung per Telefax auf den Zeitpunkt abzustellen, in dem sich der Empfänger nach den Gepflogenheiten der Verkehrsanschauung Kenntnis vom Inhalt der Willenserklärung verschaffen konnte. Das Telefax war nach dem Sachverhalt am 29. April um 21.00 Uhr von dem Empfangsgerät der U GmbH ausgedruckt worden. Die Vertreter der V GmbH hatten zwar zu diesem Zeitpunkt unter gewöhnlichen Umständen noch keine Möglichkeit zur Kenntnisnahme. Diese bestand jedoch am Folgetag, als die Sekretärin das Fax bearbeitete. Da es beim Zugang verkörperter Willenserklärungen nicht auf die tatsächliche Kenntnisnahme ankommt, spielt es für den Zugang keine Rolle, dass der P das Fax erst am 2. Mai vorgelegt bekam. Die Annahmeerklärung ist der U somit am 30. April zugegangen.

3. Annahmefrist

Nach § 146 führt die Annahme eines Angebots nur dann zum Vertragsschluss, wenn sie rechtzeitig erfolgt ist. Maßgeblich ist hier die seitens U gesetzte Annahmefrist (§ 148), die Ende des Monats April ablaufen sollte. Aus § 192 folgt, dass die Frist mit Ablauf des 30. April endete. Die Frist wurde hier gewahrt, da die Annahme der U am 30. April zugegangen und damit noch innerhalb der Frist wirksam geworden ist.

222 Vgl. dazu ausführlich im Skript „BGB AT I" unter Rn. 126 ff.

II. Zwischenergebnis

Zwischen U und B ist somit ein Werkvertrag zustande gekommen, der die U zur Errichtung eines Bürohauses auf dem Grundstück der B gegen Zahlung von 305 000 € verpflichtete. Von einer wirksamen Vertretung der Parteien ist dabei auszugehen.

III. Nichtigkeit wegen Anfechtung nach § 142 Abs. 1

Möglicherweise ist das Angebot der U und damit der zwischen B und U zustande gekommene Werkvertrag nach § 142 Abs. 1 aufgrund einer Anfechtung der U von Anfang an als nichtig anzusehen.

1. Anfechtungserklärung

Dazu müsste der B zunächst eine Anfechtungserklärung seitens der U zugegangen sein.

Eine Anfechtungserklärung ist jede Willenserklärung, die erkennen lässt, dass ein bestimmtes Rechtsgeschäft rückwirkend beseitigt werden soll.[223] Es bedarf dabei nicht des ausdrücklichen Gebrauchs des Wortes „anfechten". In jedem Fall ist aber erforderlich, dass sich aus der Äußerung eindeutig der Wille ergibt, das Geschäft gerade wegen eines Willensmangels nicht bestehen lassen zu wollen.

Einen solchen Willen brachte der P in seinem Schreiben vom 28. April zum Ausdruck, in dem er der B mitteilt, das Angebot wegen eines Kalkulationsirrtums nicht mehr aufrechterhalten zu wollen. Das Schreiben konnte seitens der B nur dahingehend verstanden werden, dass U an ihrem Angebot wegen eines Mangels bei der Willensbildung nicht mehr festhalten wolle. Dieses Schreiben ist der B am nächsten Tag als maßgeblicher Empfängerin (§ 143 Abs. 1, Abs. 2 Hs. 1) zugegangen und damit als empfangsbedürftige Willenserklärung wirksam geworden.

2. Wirksame Stellvertretung

Diese Erklärung wirkt gem. § 164 Abs. 1 dann für und gegen U, wenn P bei Abgabe seiner Erklärung im Namen der U und innerhalb der ihm zustehenden Vertretungsmacht handelte.

223 BGHZ 91, 324 ff.

Ein offenkundiges Auftreten als Vertreter im Namen der U folgt hier aus dem Inhalt des Schreibens von P und seiner Unterzeichnung unter Hinweis auf seine Stellung als Prokurist der U (§ 51 HGB). Als Prokurist verfügte er gem. §§ 48 Abs. 1, 50 Abs. 1 HGB auch über die nach außen unbeschränkbare Vertretungsmacht, alle Arten von gerichtlichen und außergerichtlichen Geschäften vorzunehmen, die der Betrieb eines Handelsgewerbes mit sich bringt. Die Anfechtung eines Angebots gehört dazu und fällt auch nicht unter den Vorbehalt des § 48 Abs. 2 HGB.

Eine Unwirksamkeit nach § 180 S. 1 scheidet damit aus.

3. Anfechtungsrecht aus § 119 Abs. 1

Fraglich ist, ob die U zu diesem Zeitpunkt auch zur Anfechtung berechtigt war.

Nach § 119 Abs. 1 kann eine Willenserklärung wegen Inhaltsirrtums (§ 119 Abs. 1 Alt. 1) oder wegen Erklärungsirrtums (§ 119 Abs. 1 Alt. 2) angefochten werden, sofern der Erklärende die Willenserklärung bei Kenntnis der Sachlage und bei verständiger Würdigung des Falles nicht abgegeben haben würde (§ 119 Abs. 1 Hs. 2). Demgegenüber handelt es sich bei dem von der U geltend gemachten (einseitigen) Kalkulationsirrtum um einen schon im Stadium der Willensbildung unterlaufenden Irrtum im Beweggrund (Motivirrtum), der von keinem der in § 119 Abs. 1 vorgesehenen Anfechtungsgründe erfasst wird.

4. Anfechtungsrecht aus § 119 Abs. 2

Auch die Voraussetzungen des § 119 Abs. 2 sind vorliegend nicht erfüllt, da das Angebot nicht auf einem Irrtum über eine verkehrswesentliche Eigenschaft einer beteiligten Person oder des Vertragsgegenstandes beruhte. Das fehlerhafte Angebot beruhte nicht auf einer Fehlvorstellung über die Leistungsmerkmale des Bauvorhabens, sondern auf einer technischen fehlerhaften Berechnung des zutreffend erkannten Leistungsumfangs.

5. Anfechtungsrecht analog § 119 Abs. 1

Möglicherweise erscheint es aber geboten, der U in analoger Anwendung des § 119 Abs. 1 deswegen ein Anfechtungsrecht zuzubilligen, weil B vor Annahme ihren Kalkulationsirrtum erkannt hat.

Dies setzt zunächst eine planwidrige Regelungslücke voraus.

Nach der gesetzlichen Regelung in § 119 berechtigt ein interner Kalkulationsirrtum grundsätzlich nicht zur Anfechtung. Vielmehr soll derjenige, der seinem Angebot eine für richtig gehaltene, in Wirklichkeit aber unzutreffende Berechnungsgrundlage zugrunde legt, auch das Risiko dafür tragen, dass seine interne Kalkulation zutrifft.[224]

Die grundsätzliche Unbeachtlichkeit des Motivirrtums findet ihren Grund im Schutz des Verkehrsinteresses. Das berechtigte Vertrauen des Empfängers in den Bestand des Rechtsgeschäfts darf nicht enttäuscht werden. Wo ein Vertrauen des Erklärungsempfängers dagegen fehlt oder nicht berechtigt ist, weil der Erklärungsempfänger bemerkt, dass der genannte Preis nicht stimmt, steht dieser Gesichtspunkt einem Anfechtungsrecht nicht entgegen. Nur der unerkannt gebliebene Kalkulationsirrtum (Motivirrtum) ist dabei abschließend in die Risikosphäre des Erklärenden verwiesen.

Gegen eine analoge Anwendung des § 119 auf den Fall des erkannten Kalkulationsirrtums spricht ebenfalls nicht zwingend, dass der Kalkulationsirrtum als Motivirrtum in die Risikosphäre des Erklärenden fällt. Auch die in den §§ 119 Abs. 1, 120 anerkannten Anfechtungsgründe gehören ausschließlich der Risikosphäre des Erklärenden an. Trotzdem gewährt das Gesetz dort ein Anfechtungsrecht. Der das Verkehrsschutzinteresse zur Geltung bringende Risikoausgleich findet erst bei der kurzen Anfechtungsfrist des § 121 und den Anfechtungsfolgen in Form eines Schadensersatzanspruchs des Anfechtungsgegners statt, § 122 Abs. 1.

Eine Wertung, dass auch der erkannte Kalkulationsirrtum stets unbeachtlich sei, lässt sich den §§ 119 ff. also nicht entnehmen.

224 St. Rspr. zum Beispiel *BGH* NJW 1998, 3192 ff. = BGHZ 139, 177 ff.

Schwierigkeiten bereitet aber die Anwendung des auf rasche Klärung der Verhältnisse zielenden und insoweit ebenfalls dem Verkehrsschutz dienenden § 121 Abs. 1, wonach die Anfechtung unverzüglich nach Kenntnis des Anfechtungsberechtigten vom Anfechtungsgrund zu erfolgen hat. Soll die Kenntnis des Anfechtungsgegners von der fehlerhaften Kalkulation hier maßgeblich für das Entstehen eines Anfechtungsgrundes sein, käme es mithin darauf an, wann der Erklärende Kenntnis von der Kenntnis des Erklärungsempfängers erlangt. Mit einer solchen Häufung subjektiver Umstände würde jedoch die mit jeder Anfechtungsmöglichkeit ohnehin schon verbundene Rechtsunsicherheit in unzuträglichem Maße verstärkt. Ferner ist zu berücksichtigen, dass die Anfechtung als allgemeines Gestaltungsrecht nicht auf solche Willenserklärungen beschränkt ist, die der Hervorbringung schuldrechtlicher Rechtsbeziehungen dienen, sondern auch dingliche oder einseitige Rechtsgeschäfte betreffen kann. Eine Unsicherheit über die mit diesen Rechtsgeschäften herbeigeführten Rechtsfolgen will die Rechtsordnung aber möglichst vermeiden. Dem entspricht es, wenn bei einseitigen Rechtsgeschäften der Regel des § 388 der allgemeine Grundsatz zu entnehmen ist, dass die Gestaltungserklärungen bedingungs- und befristungsfeindlich sind. Bei dinglichen Rechtsgeschäften ist im Verkehrsinteresse regelmäßig ein Publizitätsakt (z.B. Übergabe bei §§ 929, 1205, Eintragung ins Grundbuch bei § 873) vorgesehen, der zur Entstehung eines Rechtsscheins (§§ 891, 1006) zugunsten des Erwerbers führt. Dieser Rechtsschein würde durch eine erweiterte Anfechtungsmöglichkeit über das ausdrücklich zugelassene Maß ausgehöhlt.

Aus beiden Gesichtspunkten folgt, dass die in den §§ 119 ff. vorgesehene Abwägung zwischen dem Interesse des Erklärenden an einer Verhinderung ungewollter Rechtsfolgen und dem Interesse der betroffenen Personen nach möglichst großer Rechtssicherheit eine abschließende Abwägung vorgenommen wurde. Eine Ausdehnung der §§ 119 ff. im Wege der Analogie kommt daher angesichts des geschlossenen Anfechtungssystems nicht in Betracht.[225]

6. Zwischenergebnis

Eine Anfechtungsmöglichkeit analog § 119 Abs. 1 scheidet damit aus.

IV. Einwand rechtsmissbräuchlichen Verhaltens (§ 242)

Möglicherweise ist es der B aber nach Treu und Glauben verwehrt, sich auf den trotz Kenntnis des Kalkulationsfehlers herbeigeführten Vertragsschluss zu berufen und daraus Rechte herzuleiten.

> **Hinweis**
>
> § 242 wirkt über sein Verbot rechtsmissbräuchlichen Verhaltens als inhaltliche Grenze von Rechten, die einer Person zustehen. Die gegen § 242 verstoßende Ausnutzung einer Rechtslage ist als Rechtsüberschreitung unzulässig.[226] Da es hier um den Vorwurf eines treuwidrigen Rechtserwerbs (Ansprüche aus Vertrag) durch eine Annahmeerklärung geht, wirkt § 242 als rechtshindernde Einwendung.[227]
>
> Vertretbar ist es auch, hier zur schärferen „Keule" des § 138 zu greifen.

Ob ein Verhalten des Erklärungsempfängers treuwidrig ist, lässt sich nur anhand aller Umstände des Einzelfalls beurteilen. Dabei kommt dem Ausmaß des Kalkulationsirrtums wesentliche Bedeutung zu. Zum einen ergibt sich schon aus § 119 Abs. 1 Hs. 2, dass ein Irrtum rechtlich nur dann relevant ist, wenn die Erklärung bei verständiger Würdigung des Falles nicht abgegeben worden wäre. Eine Korrektur aus dem Gesichtspunkt von Treu und Glauben darf außerdem nicht zu einer Aushöhlung der gesetzlich vorgesehenen Regel führen. Als mit den Grundsätzen von Treu und Glauben unvereinbar wird man die Annahme eines fehlerhaft berechneten Angebots nur dann ansehen können, wenn die Vertragsdurchführung für den Erklärenden schlechthin unzumutbar ist, etwa weil er dadurch in erhebliche wirtschaftliche Schwierigkeiten

225 Grundsatzentscheidung des *BGH* in NJW 1998, 3192 ff. = BGHZ 139, 177 ff.

226 Palandt-*Ellenberger* § 242 Rn. 41.

227 Palandt-*Ellenberger* § 242 Rn. 41.

geriete.[228] Entscheidend ist dabei die Kenntnis des Erklärungsempfängers im Zeitpunkt seiner Annahmeerklärung, da dies der Zeitpunkt ist, wo ihm der Vorwurf eines treuwidrigen Verhaltens gemacht wird.

Dem Schreiben der U vom 28. April war nicht zu entnehmen, wie hoch die nicht berücksichtigten Transport- und Montagekosten waren. Das Schreiben enthielt lediglich den Hinweis, dass die Transport- und Montagekosten irrtümlich nicht in dem Angebot enthalten seien. Welches wirtschaftliche Ausmaß der Berechnungsirrtum für U hatte, konnte B zum Zeitpunkt des Vertragsschlusses folglich nicht erkennen. Es hätte also auch sein können, dass der Kalkulationsfehler „bei verständiger Würdigung" des Falles entsprechend der Wertung des § 119 Abs. 1 Hs. 2 unbeachtlich ist.

Der Vorwurf rechtsmissbräuchlichen Verhaltens kann der B somit nicht gemacht werden.

V. Ergebnis

Damit ist ein wirksamer Vertrag zwischen B und U zustande gekommen.

228 *BGH* a.a.O.

VII. Anfechtung wegen arglistiger Täuschung (§ 123 Abs. 1 Var. 1)

1. Überblick

400

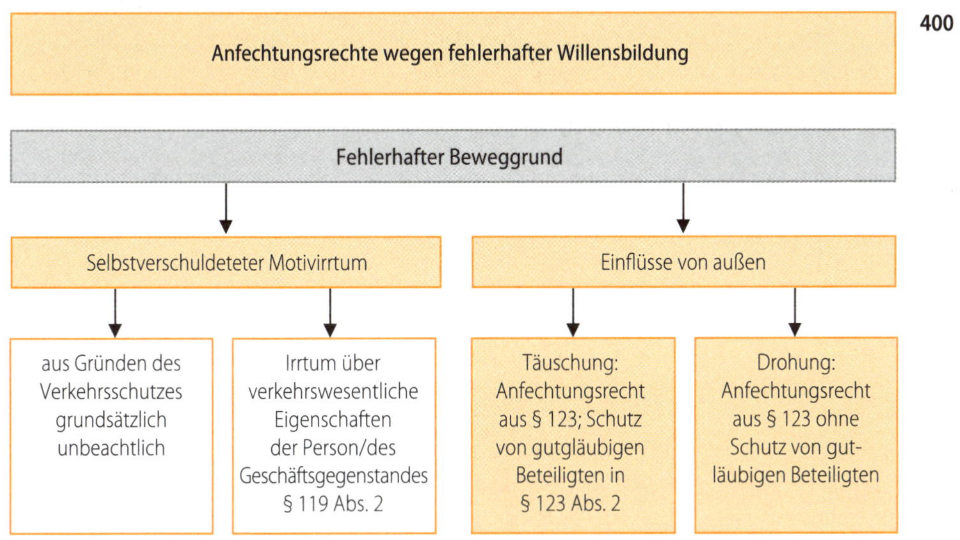

In § 123 hat der Gesetzgeber weitere Fälle geregelt, in denen die Erklärung auf einer fehlerhaften Grundlage beruht und es deshalb zu einer aus Sicht des Erklärenden nicht sachgerechten Motivation gekommen ist. Der Irrtum im Beweggrund ist hier aber fremdverschuldet. Es handelt sich also um einen von außen veranlassten Fehler bei der Motivation des Erklärenden zu seinem Rechtsgeschäft. Diese Veranlassung kann einmal durch Täuschung geschehen, oder durch das härtere Mittel der Drohung. Der Gesetzgeber reagiert auf diesen „Angriff von außen" mit einer deutlich erleichterten Anfechtungsmöglichkeit.

2. Irrtum und arglistige Täuschung

Ausgangspunkt für jede Anfechtung ist zunächst ein Irrtum des Erklärenden. Anders als bei § 119 spielt es bei § 123 zunächst keine Rolle, worin der Irrtum liegt und worauf er sich bezieht. Entscheidend ist erst einmal, ob der Irrtum auf einer „arglistigen Täuschung" beruht. 401

a) Täuschung durch aktives Tun

Unter **Täuschung** versteht man die Erregung oder Aufrechterhaltung eines Irrtums über innere oder äußere Tatsachen, das heißt über solche Umstände, die dem Beweise zugänglich sind.[229] 402

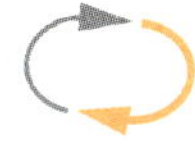

Die Täuschung kann durch positives Tun oder Unterlassen begangen werden. Die Täuschung wird durch aktives Tun begangen, indem dem Erklärenden falsche Tatsachen vorgespiegelt werden oder Tatsachen entstellt werden. Dies kann durch ausdrückliche oder schlüssige Erklärungen geschehen. Dagegen sind abzugrenzen die Fälle, in denen die Täuschung durch Unterlassung vollzogen wird.

229 Palandt-*Ellenberger* § 123 Rn. 2 f.

b) Täuschen durch Unterlassen

403 Täuschen durch Schweigen ist nur dann eine anfechtungsrelevante Täuschung, wenn hinsichtlich der verschwiegenen Tatsachen eine Pflicht verletzt wurde. Dabei gelten folgende Grundsätze, die letztendlich nichts anderes darstellen als eine Konkretisierung der sich im vorvertraglichen Stadium aus §§ 311 Abs. 2, 241 Abs. 2 ergebenden Rücksichtnahmepflicht.

aa) Aufklärungspflicht bei Fragen

404 Fragen des anderen Teils müssen grundsätzlich richtig und wahrheitsgemäß beantwortet werden. Wer Fragen des anderen Teils nicht richtig oder unvollständig beantwortet, begeht grundsätzlich eine Rücksichtspflichtverletzung.[230]

bb) Offenbarungspflicht hinsichtlich ungefragter Tatsachen

405 Bezüglich solcher Tatsachen, hinsichtlich derer der andere Teile um keinerlei Informationen gebeten hat, stellt sich die Rechtslage wie folgt dar:

Grundsätzlich ist jeder Teil für die Beschaffung seiner Informationen selbst verantwortlich. Etwas anderes gilt nur dann, wenn besondere Umstände die Offenbarung ausnahmsweise gebieten. Umstände, die für die Willensbildung des anderen Teils **offensichtlich von Ausschlag gebender Bedeutung** sind, müssen **ungefragt offenbart** werden, wenn der andere sie sich bei Anwendung der gebotenen Sorgfalt nicht ohne weiteres selbst verschaffen kann.[231] Das gilt vor allem für dem anderen Teil unbekannte Umstände, die den Vertragszweck vereiteln oder erheblich gefährden könnten.[232] Die Aufklärungspflicht kann sich darüber hinaus auch aus einer durch besonderes Vertrauen geprägten Beziehung der Parteien ergeben, so bei familiärer oder persönlicher Verbundenheit der Parteien, bei langjährig vertrauensvoller Geschäftsverbindung oder bei einem Anlageberatungsvertrag zwischen Kunden und seiner Bank.[233]

3. Rechtswidrigkeit

406 In § 123 Abs. 1 ist das Merkmal der „Widerrechtlichkeit" enthalten. Es scheint sich aber nur auf die zweite Variante, also auf die „Drohungsvariante" zu beziehen. Dies ergibt sich daraus, dass der Gesetzgeber davon ausging, dass die Täuschung von selbst rechtswidrig sei. Diese Auffassung ist inzwischen aber überholt. Es gibt unter gewissen Umständen ein „Recht zur Lüge".[234] Dies ist insbesondere bei der Anbahnung von Arbeitsverhältnissen anerkannt. Wir werden dort näher darauf eingehen.[235]

4. Kausalität

407 § 123 Abs. 1 verlangt die Kausalität der Täuschungshandlung für die Abgabe der angefochtenen Willenserklärung. Dies ergibt sich aus der Formulierung, dass der Erklärende durch die Täuschung „bestimmt" worden ist. Der täuschungsbedingte Irrtum muss für die Willenserklärung also ursächlich geworden sein. Das ist dann der Fall, wenn der Getäuschte die Willens-

230 Palandt-*Ellenberger* § 123 Rn. 5a.

231 Urteil des *BGH* vom 20.10.2000 (Az: V ZR 285/99) = NJW 2001, 64 f.

232 Palandt-*Ellenberger* § 123 Rn. 5a ff.

233 Beschluss des *BGH* vom 29.6.2010 (Az: XI ZR 308/09) zur Aufklärungspflicht einer Bank über von ihr erhaltene Rückvergütungen (sog. „Kick-Backs"); Palandt-*Ellenberger* § 123 Rn. 5c und 9.

234 *Faust* BGB AT § 22 Rn. 5; Palandt-*Ellenberger* § 123 Rn. 6, 10.

235 Siehe Skript „Arbeitsrecht".

erklärung ohne die Täuschung überhaupt nicht, mit einem anderen Inhalt oder zu einem anderen Zeitpunkt abgegeben hätte.[236] Mitursächlichkeit genügt – es reicht also aus, wenn die Täuschungshandlung eine von mehreren Ursachen ist und die Entschließung lediglich mit beeinflusst hat.[237] Anders als bei der Anfechtung nach § 119 setzt die Anfechtung gemäß § 123 nicht voraus, dass der Getäuschte die Erklärung „bei verständiger Würdigung des Falles" nicht abgegeben haben würde.

Hinweis

Auch insoweit ist die Anfechtung wegen Täuschung leichter als die Anfechtung eines selbst verschuldeten Irrtums!

5. Arglist

Schließlich muss die Täuschung „arglistig" vollzogen worden sein. „Arglist" meint nicht etwa ein besonders „bösartiges" Verhalten, sondern schlicht „vorsätzlich", wobei bedingter Vorsatz genügt.[238] **408**

Bedingter Vorsatz ist gegeben, wenn der Handelnde, obwohl er mit der Möglichkeit der Unrichtigkeit seiner Angaben rechnete, ins Blaue hinein unrichtige Behauptungen aufstellt. Der Vorsatz muss sich außerdem auf die Kausalität beziehen. Auch dort genügt bedingter Vorsatz, das heißt, es genügt, dass der andere es zumindest für möglich hält, dass seine unrichtige Erklärung für die Willensbildung des anderen Teils von Bedeutung ist.[239] Ein besonderer Schädigungsvorsatz ist nicht erforderlich, da das Anfechtungsrecht aus § 123 keine Schadensentstehung verlangt.

6. Person des Täuschenden

Aus Sicht des Getäuschten kann es keine Rolle spielen, wer ihn eigentlich getäuscht und damit zu einer fehlerhaften Entscheidung gebracht hat. Hingegen spielt diese Frage im Verhältnis zu denjenigen Personen eine wichtige Rolle, die durch die Anfechtung unmittelbar betroffen werden. Wenn diese Personen, die durch die Anfechtung unmittelbar betroffen werden, die Täuschungshandlung selbst nicht vorgenommen haben, werden sie überrascht sein, wenn nun der Erklärende ein Anfechtungsrecht „aus dem Hut zaubert", weil ein Dritter ihn getäuscht habe. Für diese Situation trifft § 123 Abs. 2 einen Interessenausgleich. **409**

a) Nicht empfangsbedürftige Willenserklärungen

Bei nicht empfangsbedürftigen Willenserklärungen, **410**

Beispiel Auslobung, Annahme nach § 151 ■

besteht immer ein Anfechtungsrecht, gleichgültig, wer die Täuschung verübt hat.

236 Palandt-*Ellenberger* § 123 Rn. 24.
237 Urteil des *BGH* vom 22.2.2005 (Az: X ZR 123/03) unter Ziff. 1a = NJW-RR 2005, 1082.
238 Palandt-*Ellenberger* § 123 Rn. 11; Urteil des *BGH* vom 22.2.2005 (Az: X ZR 123/03) unter Ziff. 1a = NJW-RR 2005, 1082.
239 Palandt-*Ellenberger* § 123 Rn. 11; Urteil des *BGH* vom 22.2.2005 (Az: X ZR 123/03) unter Ziff. 1a = NJW-RR 2005, 1082.

b) Empfangsbedürftige Willenserklärungen

aa) Täuschung durch Erklärungsempfänger oder Hilfspersonen

411 Bei empfangsbedürftigen Willenserklärungen ist dagegen zu unterscheiden. Hat der Erklärungsempfänger oder eine seiner Hilfspersonen getäuscht, besteht ein Anfechtungsrecht. Hilfspersonen sind die Vertreter und solche Personen, die mit Wissen und Wollen des Erklärenden bei der Vertragsanbahnung für ihn tätig werden, so dass er sich deren Täuschung (= vorvertragliches Verschulden) nach § 278 zurechnen lassen muss.[240]

Beispiele Organe, gesetzliche Vertreter, bevollmächtigte Vertreter, eingeschaltete Verhandlungsgehilfen ohne Vertretungsmacht ■

bb) Täuschung durch „Dritte"

412 Ist die Täuschung von einem „Dritten" verübt worden, kann die Erklärung nur angefochten werden, wenn der Erklärungsempfänger die Täuschung kannte oder hätte kennen müssen. „Dritter" ist weder der Erklärungsempfänger noch seine Vertreter und Gehilfen.

413 Mit Kennenmüssen ist die fahrlässige Unkenntnis gemeint, wie sich aus der Definition in § 122 Abs. 2 ergibt.

Bestehen Anhaltspunkte dafür, dass die Willenserklärung nicht einwandfrei zustande gekommen ist, muss der Erklärungsempfänger diesen nachgehen.[241] Begründet die Erklärung unmittelbar ein Recht für einen Dritten (Vertrag zugunsten Dritter i.S.d. § 328), so kann durch Erklärung gegenüber dem Dritten angefochten werden (vgl. § 143 Abs. 2), wenn der Dritte die Täuschung kannte oder kennen musste (§ 123 Abs. 2 S. 2). Der Vertrag zugunsten Dritter ist also anfechtbar, wenn der Dritte getäuscht hat oder er die Täuschung kannte oder kennen musste.

7. Beschränkungen des Anfechtungsrechts nach § 242

414 Auch das Anfechtungsrecht nach § 123 Abs. 1 kann aus Gründen von Treu und Glauben (§ 242) ausgeschlossen sein.

Anders als bei § 119 muss sich der Anfechtende hier allerdings nicht auf das Rechtsgeschäft verweisen lassen, zu dem er ohne Täuschung bereit gewesen wäre.[242] Im Falle eines durch Täuschung erreichten Vertragsschlusses würde der arglistig Handelnde ansonsten trotz seines rücksichtslosen Verhaltens immer noch in den Genuss eines inhaltlich modifizierten Vertrages kommen, was seine Vorgehensweise sogar fördern könnte.[243]

Jedoch ist anerkannt, dass die Anfechtungserklärung immer dann ausgeschlossen ist, wenn die Interessen des Getäuschten im Zeitpunkt der Anfechtung nicht mehr beeinträchtigt werden.[244] Entscheidend ist dabei der Zeitpunkt der Abgabe der Anfechtungserklärung, nicht der des Zugangs.[245]

---

240 Urteil des *BGH* vom 14.11.2000 (Az: XI ZR 336/99) = NJW 2001, 358.

241 *BGH* NJW-RR 1992, 1005.

242 Siehe oben unter Rn. 375.

243 Urteil des *BGH* vom 28.10.2009 (Az: IV ZR 140/08) = NJW 2010, 289 ff.

244 Urteile des *BGH* vom 30.6.2000 (Az: V ZR 149/99) unter Ziff. II 3 = NJW 2000, 2894 f.; Palandt-*Ellenberger* § 123 Rn. 25.

245 Urteile des *BGH* vom 30.6.2000 (Az: V ZR 149/99) unter Ziff. II 3 = NJW 2000, 2894 f.

Beispiel K schließt am 1.2. einen formgerechten Kaufvertrag über den Erwerb einer vermieteten Eigentumswohnung ab. Der Verkäufer V teilt ihm vor Vertragsschluss mit, es bestünden keine Forderungen des Mieters M aus dem Mietverhältnis. Bei Vertragsschluss bestanden aber tatsächlich erhebliche Mängel, deren Instandsetzung der M gefordert hatte. Dies war dem V bekannt. K wird nach Kaufpreiszahlung am 1.6. als neuer Eigentümer im Grundbuch eingetragen. Am 15.6. erklärt er gegenüber V die Anfechtung des Kaufvertrages wegen arglistiger Täuschung. Die Erklärung geht dem V erst am 30.6. zu. V ist überrascht, denn am 18.6. hatte er sämtliche Mängel in der verkauften Wohnung beseitigen lassen und damit alle Forderungen des M erfüllt.

K kann dennoch die Rückzahlung des Kaufpreises aus § 812 Abs. 1 S. 1 Var. 1 verlangen, da zum Zeitpunkt der Abgabe seiner Anfechtungserklärung die Mängel noch bestanden und er deshalb dem M nach §§ 535 Abs. 1, 566 auf Instandsetzung haftete. Auf die spätere Beseitigung seiner Haftung durch die Mängelbeseitigungsmaßnahmen des V kommt es nicht mehr an. ■

8. Ausschlussfrist

Anders als bei § 119 gilt für das Anfechtungsrecht des § 123 nicht die kurze Ausschlussfrist des § 121. Vielmehr ist der Ausschluss in § 124 geregelt. **415**

a) Regelfrist (§ 124 Abs. 1)

Nach § 124 Abs. 1 kann die Anfechtung nach § 123 binnen Jahresfrist erfolgen, wobei die Frist nach § 124 Abs. 2 Hs. 1 mit dem Zeitpunkt beginnt, in welchem der Anfechtungsberechtigte die Täuschung entdeckt. **416**

Der Gesetzgeber trägt mit dieser verhältnismäßig langen Frist dem Umstand Rechnung, dass die Erklärung durch eine Täuschung von „außen" veranlasst wurde. Die Anfechtung ist dadurch erheblich erleichtert.

Das Fristende berechnet sich nach §§ 187 Abs. 1, 188 Abs. 2 Var. 1. Die Frist kann nach § 124 Abs. 2 S. 2 i.V.m. §§ 206, 210 f. in besonderen Fällen gehemmt sein.

b) Höchstfrist (§ 124 Abs. 3)

Auch hier sieht das Gesetz eine Höchstfrist von zehn Jahren seit Abgabe vor, die also unabhängig von der Kenntnis des Anfechtungsgrunds beginnt (§ 124 Abs. 2). Für die Berechnung dieser Frist gelten wiederum §§ 187 Abs. 1, 188 Abs. 2 Var. 1. **417**

Hinweis

Zur Fristwahrung genügt in allen Fällen des § 124 niemals die rechtzeitige Absendung, sondern stets nur der fristgerechte Zugang beim Anfechtungsgegner. § 121 Abs. 1 2 gilt weder direkt noch ist er mangels planwidriger Regelungslücke analog anwendbar.

VIII. Anfechtung nach § 123 Abs. 1 Var. 2

418 Schließlich besteht noch ein Anfechtungsrecht nach § 123 Abs. 1 Var. 2 bei widerrechtlicher Drohung des Erklärenden. Es handelt sich hier um den schärfsten Eingriff in die Phase der Willensbildung, die daher unter den leichtesten Voraussetzungen möglich ist.

1. Drohung

419 Unter **Drohung** ist die Ankündigung eines künftigen Übels zu verstehen, auf dessen Eintritt oder Nicht-Eintritt der Drohende einwirken zu können behauptet, und das verwirklicht werden soll, wenn der Bedrohte nicht die vom Drohenden gewünschte Willenserklärung abgibt.[246]

Die Drohung muss nicht ausdrücklich ausgesprochen werden, sie kann vielmehr auch versteckt oder durch schlüssiges Verhalten erfolgen.[247] Maßgeblich für die Annahme, es liege eine ernst zu nehmende Drohung vor, **ist nicht die Meinung des Drohenden, sondern stets die Sicht des Bedrohten.**[248] Wurde eine entsprechende Ankündigung nicht als Drohung aufgefasst, so entsteht keine Anfechtbarkeit der Willenserklärung.

2. Kausalität

420 Wie in der Täuschungsvariante des § 123 Abs. 1, ergibt sich aus der Formulierung „bestimmt worden" in dieser Vorschrift, dass zwischen der Abgabe der Willenserklärung und der Drohung ein Kausalzusammenhang in der Weise bestehen muss, dass die Drohung zumindest mit ursächlich für die Abgabe der Willenserklärung gewesen ist.

3. Widerrechtlichkeit

421 Die Widerrechtlichkeit der Drohung kann sich zunächst daraus ergeben, dass das zur Drohung eingesetzte Mittel als solches rechtswidrig ist.

Beispiel Die Drohung mit einem strafbaren oder sittenwidrigen Verhalten berechtigt daher stets zur Anfechtung. ■

422 Die Widerrechtlichkeit kann sich aber auch aus der **Rechtswidrigkeit des mit der Drohung erstrebten Zwecks** ergeben. Dies ist immer dann der Fall, wenn der erzwungene Erfolg verboten oder sittenwidrig ist. Daraus folgt aber zugleich, dass dieser Fallgruppe keine Bedeutung zukommt. Denn wenn die erzwungene Willenserklärung ihrerseits verboten oder sittenwidrig ist, ist sie ohnehin nach §§ 134, 138 nichtig.[249]

423 Entscheidend ist vielmehr die dritte Fallgruppe, nämlich diejenigen Fälle, wo sich die Widerrechtlichkeit erst aus einer **Abwägung von Mittel und Zweck** ergibt. Die Willensbeeinflussung durch Drohung ist also auch dann widerrechtlich, wenn zwar Mittel und Zweck für sich betrachtet nicht rechtswidrig sind, aber ihre Verbindung, also die Benutzung dieses Mittels

246 *BGH* NJW 1988, 2599, 2600 f. unter Ziff. I 1.
247 *BGH* NJW 1988, 2599, 2601 unter Ziff. I 1.
248 *BGH* NJW 1988, 2599, 2601 unter Ziff. I 1.
249 *Faust* BGB AT § 22 Rn. 14.

zu diesem Zweck. Dies bedarf stets einer umfassenden Würdigung aller Umstände des Einzelfalls. Dabei ist von der Sicht des Drohenden auszugehen. Nimmt er in vertretbarer Beurteilung der Lage an, dass sein Vorgehen rechtmäßig ist, entfällt die Widerrechtlichkeit.[250]

4. Subjektiver Tatbestand

Der Drohende muss den Willen haben, den anderen Teil zur Abgabe einer Willenserklärung durch Drohung zu bestimmen. Der Drohende muss sich bewusst gewesen sein, dass sein Verhalten die Willenserklärung des anderen Teils beeinflussen kann und den Zweck verfolgen, eine Willenserklärung mit etwa dem Inhalt herbeizuführen, wie sie tatsächlich abgegeben wird.[251] Wie bei § 123 Abs. 1 Var. 1 (Täuschungsvariante) ist ein Schädigungsvorsatz des Drohenden nicht erforderlich. **424**

5. Ausschluss des Anfechtungsrechts

Hinsichtlich des Ausschlusses bzw. der Beschränkung des Anfechtungsrechts nach § 242 bzw. § 124 gilt das oben zur Täuschungsvariante Gesagte sinngemäß. **425**

6. Konkurrenzen

a) Anfechtung nach § 119

Liegen zugleich die Voraussetzungen für eine Anfechtung nach § 119 vor, kann der Erklärende wählen, welches Anfechtungsrecht er ausüben will. Dies ist immer eine Frage der Auslegung der Anfechtungserklärung, §§ 133, 157. **426**

b) Verhältnis zu § 138

Die Anfechtbarkeit eines Rechtsgeschäfts nach § 123 ist eine Sonderregel, die in ihrem Anwendungsbereich eine Nichtigkeit nach § 138 ausschließt.[252] § 138 ist daher nur anwendbar, wenn weitere Umstände hinzutreten, die über die unzulässige Willensbeeinflussung durch arglistige Täuschung oder widerrechtliche Drohung hinausgehen. **427**

c) Gewährleistungsansprüche

Gewährleistungsansprüche nach Kauf-, Werkvertrags- oder Mietrecht schließen die Anfechtung gemäß § 123 nicht aus. **428**

Hinweis

Eine Konkurrenzsituation zwischen der Anfechtung und den Gewährleistungsregeln besteht immer nur dann, soweit es um die Anfechtung wegen Irrtums über eine verkehrswesentliche Eigenschaft des Vertragsgegenstandes (§ 119 Abs. 2) geht!

---

250 Urteil des *BGH* vom 19.4.2005 (Az X ZR 15/04) unter Ziff. II 5 = NJW 2005, 2766.
251 *Faust* BGB AT § 22 Rn. 18.
252 Urteil des *BGH* vom 17.1.2008 (Az: III ZR 239/06) unter Ziff. II 2 = NJW 2008, 982.

d) Haftung aus Culpa in Contrahendo (§§ 280 Abs. 1, 311 Abs. 2, 241 Abs. 2)

429 Die Täuschung und Drohung begründet in der Regel zugleich eine Haftung aus cic.

Der Getäuschte (bzw. Bedrohte) kann nach § 249 Abs. 1 verlangen, so gestellt zu werden, wie er ohne die durch Täuschung bzw. Drohung veranlasste Willenserklärung *und damit ohne das Rechtsgeschäft* stünde.

Beispiele Rückabwicklung eines geschlossenen Vertrages, Ersatz von Notarkosten, Grunderwerbssteuern, Fahrtkosten, Portokosten ■

Man beschreibt diese Positionen auch mit dem Begriff **„negatives Interesse"**. „Negativ" deshalb, weil die Person so gestellt wird, wie sie **ohne das Rechtsgeschäft** stünde.

e) Haftung aus unerlaubter Handlung

430 Neben dem Anfechtungsrecht aus § 123 besteht regelmäßig auch ein Schadensersatzanspruch aus unerlaubter Handlung (§ 823 Abs. 2 i.V.m. §§ 253, 263, 240 StGB bzw. § 826 BGB). Diese Ansprüche decken sich inhaltlich mit dem Anspruch aus cic.

7. Inhaber des Anfechtungsrechts

431 Das durch Erfüllung eines Anfechtungstatbestandes gewährte Gestaltungsrecht, ein Rechtsgeschäft wieder vernichten zu können, steht grundsätzlich demjenigen zu, der die Erklärung selbst abgegeben hat. Das ergibt sich aus der Formulierung in den §§ 119, 123. Wurde die Erklärung von einem Vertreter mit Vertretungsmacht abgegeben, ist hingegen nur der Vertretene anfechtungsberechtigt. Gleiches gilt im Fall einer Vertretung ohne Vertretungsmacht bei einer Genehmigung nach § 177.[253]

Hinweis

Die Zuordnung des Anfechtungsrechts zum wirksam Vertretenen ergibt sich aus § 166 Abs. 1, dessen Regel bei einem Anfechtungsrecht des berechtigten Vertreters sinnlos wäre. Nach § 166 Abs. 1 kann der Vertretene anfechten, wenn der Vertreter der Täuschung bzw. dem Irrtum unterlag.

IX. Die Bestätigung (§ 144)

432 Nach § 144 ist die Anfechtung ausgeschlossen, wenn das anfechtbare Rechtsgeschäft von dem Anfechtungsberechtigten bestätigt wird. Die Bestätigung bedarf dabei keiner Form, selbst nicht der für das anfechtbare Rechtsgeschäft bestimmten Form (§ 144 Abs. 2). In der Sache handelt es sich bei der Bestätigung um einen Verzicht auf das Anfechtungsrecht. Die Bestätigung ist eine **nicht-empfangsbedürftige Willenserklärung und braucht daher nicht gegenüber dem Anfechtungsgegner erklärt werden**. Erforderlich ist ein Verhalten, das den Willen offenbart, trotz der Anfechtbarkeit an dem Rechtsgeschäft festhalten zu wollen.[254]

253 Palandt-*Ellenberger* § 143 Rn. 4.

254 BGHZ 110, 222; *BGH* NJW-RR 1992, 779; Palandt-*Ellenberger* § 144 Rn. 2.

Da die Bestätigungserklärung nicht empfangsbedürftig ist, muss das Erklärungsbewusstsein (hier also „Bestätigungsbewusstsein“) tatsächlich vorliegen.[255] Dazu muss der Bestätigende **die Anfechtbarkeit tatsächlich kennen.**[256] 433

Beispiel Als Bestätigung können angesehen werden:

Verfügung über den Vertragsgegenstand, die freiwillige Erfüllung oder die Annahme der Gegenleistung, sofern der handelnden Person die Anfechtbarkeit des Rechtsgeschäfts und damit die bestätigende Wirkung seiner Handlung bewusst ist.

Als Bestätigung reichen hingegen von vornherein nicht:

Erklärung des Rücktritts, der Kündigung oder die Geltendmachung von Gewährleistungsansprüchen wegen Mängeln. ■

X. Schadensersatz aus § 122

Schadensersatzanspruch aus § 122 Abs. 1 434

PRÜFUNGSSCHEMA

I. Anspruchsentstehung

1. Willenserklärung nach § 118 nichtig **oder**
   Rechtsgeschäft wegen Anfechtung einer Willenserklärung nach §§ 119, 120 nichtig (§ 142 Abs. 1)
2. Anspruchsberechtigung
   a) bei empfangsbedürftiger Willenserklärung: Empfänger
   b) bei nicht empfangsbedürftigen Willenserklärungen: jeder Dritter
3. (Kein) Ausschluss nach § 122 Abs. 2 wegen
   Kenntnis oder fahrlässige Unkenntnis („Kennenmüssen“) des Grundes für Nichtigkeit nach § 118 bzw. für Anfechtbarkeit nach §§ 119, 120
4. Vertrauensschaden i.S.d. § 122 Abs. 1
5. Art und Umfang des Schadensersatzes
   a) Allgemeine Regeln, soweit nicht durch § 122 verdrängt
      Anwendbarkeit des § 254 Abs. 1 Rn. 447
   b) Kappungsgrenze des § 122 Abs. 1 a.E. in Höhe des positiven Interesses

II. Rechtsvernichtende Einwendungen (allgemeine Regeln)

III. Durchsetzbarkeit

1. Fälligkeit
2. Einreden

255 Siehe dazu im Skript „BGB AT I“ unter Rn 284.

256 Palandt-*Ellenberger* § 144 Rn. 2.

1. Einführung

435 Die Schadensersatzhaftung aus § 122 folgt der Anfechtung[257] als gesetzliches Schuldverhältnis nach und wird wegen des engen Sachzusammenhangs daher hier behandelt. § 122 verpflichtet den Erklärenden, dessen Willenserklärung nach §§ 118 nichtig oder aufgrund der §§ 119, 120 angefochten wurde, mit dem Ersatz desjenigen Schadens, den der andere dadurch erleidet, dass er auf die Gültigkeit der Erklärung vertraut hat.

Diese Schadensersatzhaftung ist der Ausgleich dafür, dass der Erklärende in den Fällen der §§ 118–120 seine „missglückte" Erklärung nicht gegen sich gelten lassen muss, obwohl ein anderer bereits auf die Wirksamkeit des mit der Erklärung verbundenen Rechtsgeschäfts vertraut hat.

Die Haftung beruht nicht auf einem pflichtwidrigen Verhalten, da der Erklärende in allen Varianten, an die § 122 anknüpft, rechtmäßig gehandelt hat. Auf ein Verschulden kommt es deshalb nicht an.[258] Es handelt sich um einen Fall der verschuldensunabhängigen Vertrauenshaftung.[259]

Da Verschulden (und Mitverschulden!) somit keine maßgeblichen Zurechnungskategorien sind, beschränken spezielle Tatbestände (nämlich § 122 Abs. 2 sowie die „Kappungsgrenze" in § 122 Abs. 1 a.E.) die Haftung, um unbillige Ergebnisse zu vermeiden.

436 Die Haftung nach § 122 Abs. 1 schließt eine **Haftung aus c.i.c. (§§ 280 Abs. 1, 311 Abs. 2, 241 Abs. 2) nicht aus.**[260] Beide Tatbestände stehen nebeneinander und jeder Haftungstatbestand folgt vielmehr seinen eigenen Regeln. Anders als § 122 setzt die Haftung wegen c.i.c. aus §§ 280 Abs. 1, 311 Abs. 2, 241 Abs. 2 eine zu vertretende Pflichtverletzung voraus. Die Haftungsbegrenzung des § 122 Abs. 1 gilt hier nicht und § 254 Abs. 1 findet Anwendung.[261]

2. Anspruchsentstehung

a) Nichtige Willenserklärung nach § 118 oder Nichtigkeit wegen Anfechtung nach §§ 119, 120 (§ 142 Abs. 1)

437 Der Schadensersatzanspruch aus § 122 setzt zunächst eine nach § 118 nichtige Willenserklärung[262] oder eine Nichtigkeit des Rechtsgeschäfts gem. § 142 Abs. 1 wegen Anfechtung nach § 119 bzw. § 120 voraus.[263]

257 Die erste Variante (Nichtigkeit nach § 118) ist im Tatbestand neben der Anfechtung erwähnt, spielt aber keine wesentliche Rolle.
258 *Leenen* BGB AT vor § 15 Rn. 3.
259 MüKo-*Armbrüster* § 119 Rn. 1.
260 Palandt-*Ellenberger* § 122 Rn. 3; *Faust* BGB AT § 23 Rn. 15; MüKo-*Armbrüster* § 119 Rn. 13.
261 Palandt-*Ellenberger* § 122 Rn. 6; Faust BGB AT § 23 Rn. 15; MüKo-*Armbrüster* § 119 Rn. 13.
262 Siehe dazu im Skript „BGB AT I" unter Rn. 227.
263 Siehe dazu oben unter Rn. 352 ff.

Hinweis

§ 122 spricht von einer nach §§ 119, 120 „angefochtenen Willenserklärung" und nicht von einem „nichtigen Rechtsgeschäft". Wir haben uns bereits oben unter Rn. 322 ff. mit der unterschiedlichen Terminologie in den Anfechtungstatbeständen einerseits und § 142 andererseits beschäftigt. Die §§ 119, 120, 123 beziehen die Anfechtung auf „die Willenserklärung", während § 142 Abs. 1 die Nichtigkeit „des Rechtsgeschäfts" anordnet.

Die Anfechtung einer Willenserklärung führt zur Nichtigkeit des Rechtsgeschäfts. Haftungsvoraussetzung des § 122 ist die „erfolgreiche" Anfechtung und damit also die Nichtigkeit des mit der anfechtbaren Willenserklärung hervorgebrachten Rechtsgeschäfts gem. § 142 Abs. 1.[264]

Die Einzelheiten zur Nichtigkeit nach § 118 und zur Anfechtung nach §§ 119 bzw. 120 brauchen wir hier nicht noch einmal zu wiederholen. In einer Klausur wird es meistens so sein, dass diese Themen ebenfalls schon behandelt wurden, nämlich im Rahmen vertraglicher Ansprüche, die zuvor zu prüfen waren. Sie können an dieser Stelle dann ebenfalls auf Ihre früheren Ausführungen verweisen.

Der Anspruch aus § 122 setzt weiter voraus, dass die Willenserklärung bzw. das angefochtene **438** Rechtsgeschäft **nicht aus anderen Gründen unwirksam ist** (etwa nach § 105 Abs. 1 oder nach §§ 125, 134, 138, 177).[265] Andernfalls wäre die Schadensersatzpflicht nicht gerechtfertigt.

b) Anspruchsberechtigung und -verpflichtung

Anspruchsberechtigter ist nach der Formulierung des § 123 Abs. 1 **bei empfangsbedürftigen Willenserklärungen der Empfänger der Erklärung** und bei **nicht empfangsbedürftigen Willenserklärungen jeder Dritter**. Damit ist noch nicht gemeint, dass jede dieser Personen auch tatsächlich Schadensersatz verlangen kann. Dies setzt des Weiteren ja noch einen entsprechenden Vertrauensschaden voraus (dazu sogleich). **439**

Zum Schadensersatz verpflichtet ist nach dem Wortlaut des § 122 **„der Erklärende"**, also **440** derjenige, dessen Erklärung gemäß §§ 118 nichtig oder nach §§ 119, 120 anfechtbar ist. Im Fall der **wirksamen Vertretung** ist allerdings nicht der Vertreter, sondern der **Vertretene zum Ersatz verpflichtet**.[266] Erklären lässt sich dies damit, dass in diesem Fall das Verhalten des Vertreters für und gegen den Vertretenen wirkt und ihm damit auch das Risiko zuzuweisen ist, wenn sich das rechtsgeschäftliche Handeln des Vertreters als fehlerhaft erweist.

c) (Kein) Ausschluss nach § 122 Abs. 2

Nach § 122 Abs. 2 ist der Anspruch ausgeschlossen, wenn der Anspruchsberechtigte **den** **441** **Grund** der Nichtigkeit bzw. der Anfechtbarkeit (nach § 119 bzw. § 120) kannte oder infolge von Fahrlässigkeit nicht kannte (= „kennen musste").

264 *Leenen* BGB AT § 15 Rn. 2.

265 *Leenen* BGB AT § 15 Rn. 4, der diesen Punkt als „mangelnde Kausalität" bezeichnet.

266 Palandt-*Ellenberger* § 122 Rn. 3; bei Vertretung ohne Vertretungsmacht kann ein ersatzfähiger Vertrauensschaden i.S.d. § 122 mangels Kausalität nicht bestehen; der Vertreter haftet dann aber aus § 179.

Hinweis

§ 122 Abs. 2 müssen Sie sich unbedingt merken. Er enthält die gesetzliche Definition des an verschiedenen Stellen im Zivilrecht[267] auftauchenden Begriffs „Kennenmüssen" als Unkenntnis infolge von Fahrlässigkeit.

Der Begriff der „Fahrlässigkeit" ist wiederum im Gesetz in § 276 Abs. 2 definiert als das Außerachtlassen der im Verkehr erforderlichen Sorgfalt.

§ 122 Abs. 2 lässt den Anspruch vollständig entfallen und ordnet nicht etwa eine bloße Kürzung an. Der Grund dafür besteht darin, dass in diesen Fällen kein schutzwürdiges Vertrauen entstehen konnte, das eine Haftung des Erklärenden rechtfertigt.[268]

442 Bei der Anfechtung nach § 119 Abs. 1 bzw. § 120 bleiben für den Ausschluss nach § 122 Abs. 2 weniger Fälle übrig als es auf den ersten Blick scheinen mag. Das erkennt man, wenn man sich noch einmal die vorgelagerte Bedeutung der Auslegung nach den §§ 133, 157 vor Augen führt:

Hat der Erklärungsempfänger den **Irrtum i.S.d. § 119 Abs. 1 (oder § 120)** und den wahren Willen des Erklärenden **bei Abgabe erkannt bzw. hätte er ihn anbei sorgfältiger Vorgehensweise erkannt**, gilt die Erklärung von Anfang an **nach den allgemeinen Auslegungsregeln gem. §§ 133, 157 mit dem richtigen Inhalt.**[269] In diesen Fällen liegt gar kein Irrtum vor, der zur Anfechtung nach §§ 119 Abs. 1, 120 berechtigen würde.

Beispiel Bei Abgabe seines schriftlichen Angebotes verschreibt sich der Verkäufer beim Kaufpreis. Der Käufer kennt den richtigen Preis und weiß, dass der Verkäufer sich verschrieben hat. Hier gilt das Angebot von Anfang an mit den richtigen Preis (Fall der falsa demonstratio). Es liegt kein Fall des § 119 Abs. 1 vor. Eine Anfechtung ist ausgeschlossen, eine Haftung nach § 122 Abs. 1 kann nicht entstehen. ■

Im Falle der Anfechtung nach §§ 119 Abs. 1, 120 bleiben somit solche Fälle übrig, bei denen der **Tatbestand des § 122 Abs. 2 erst nachträglich, also nach Wirksamwerden der Willenserklärung durch Zugang beim Empfänger[270], verwirklicht wird.**[271]

Hinweis

Bei der Anfechtung nach § 119 Abs. 2 stellt sich die Abgrenzungsfrage zwischen Auslegung und § 122 Abs. 2 nicht. Denn das fehlerhafte Motiv des Erklärenden, wird nicht selbst zum Inhalt seiner Erklärung. Durch Auslegung der Erklärung kann der Motivfehler also nicht beseitigt werden.

267 Z.B. §§ 123 Abs. 2 S. 1, 166 Abs. 1, 254 Abs. 2, 434 Abs. 1 S. 2 oder § 15 Abs. 2 HGB.

268 *Leenen* BGB AT § 15 Rn. 7.

269 Siehe dazu im „Skript BGB AT I" Rn. 192 ff.

270 Bei nicht empfangsbedürftige Willenserklärungen wäre dies der Zeitpunkt der Abgabe, vgl. Skript „BGB AT I" I unter Rn. 124

271 *Faust* BGB AT § 23 Rn. 13.

d) Vertrauensschaden i.S.d. § 122 Abs. 1

Nach der üblichen zivilrechtlichen Systematik wird der ersatzfähige Schaden mit Hilfe der in § 249 Abs. 1 vorausgesetzten Differenzhypothese ermittelt.[272] Danach ist zu fragen, wie der Ersatzberechtigte stünde, wenn der zum Ersatz verpflichtende Umstand nicht eingetreten wäre. Der „zum Ersatz verpflichtende Umstand" ist in § 122 Abs. 1 die Nichtigkeit der Willenserklärung nach § 118 bzw. ihre Anfechtung aufgrund der §§ 119, 120. Konsequenterweise wäre also zu fragen, wie der Ersatzberechtigte stünde, wenn die Willenserklärung nicht nach § 118 nichtig bzw. nicht nach den §§ 119, 120 angefochten wäre. Gerade die Betrachtung der Anfechtungsvariante zeigt, dass ein so konstruierter Schadensersatzanspruch unsinnig wäre. Denn das Gesetz ließe das Anfechtungsrecht nach §§ 119, 120 leerlaufen. Zwar könnte formal angefochten werden, jedoch hätte dieses Recht wegen der Schadensersatzpflicht aus § 122 keine praktische Wirkung – die Wirkung der Anfechtung müsste ja nach § 122 sogleich wieder rückgängig gemacht werden. Deshalb findet sich in § 122 Abs. 1 eine von § 249 Abs. 1 abweichende Vorgabe zur Ermittlung des ersatzfähigen Schadens.[273] **443**

Nach § 122 Abs. 1 kann der Ersatzberechtigte den Schaden ersetzt verlangen, den er dadurch erleidet, „dass er auf die Gültigkeit der Erklärung vertraut". Man spricht deshalb von „Vertrauensschaden" oder auch vom so genannten „negativen Interesse".[274] **444**

JURIQ-Klausurtipp

Gehen Sie bei der Schadensermittlung in der Klausur immer strikt vom Wortlaut des §§ 122 Abs. 1 aus. Vermeiden Sie nach Möglichkeit das Wort „negatives Interesse", da es letztendlich nichtssagend ist und keine Subsumtion konkreter Schadenspositionen erlaubt. Im Gesetz finden Sie den Ausdruck „negatives Interesse" nicht.

Mit diesem Begriff will man nur deutlich machen, dass der Ersatzfähige hier eben nicht so gestellt wird, wie er bei (positiver) Wirksamkeit und Vollzug des fehlerhaften Rechtsgeschäfts stünde.

Im Sinne der Differenzhypothese ist also zu fragen, **wie der Ersatzberechtigte im Vergleich zur jetzigen Lage stünde, wenn er nicht auf die Wirksamkeit der Willenserklärung bzw. die Wirksamkeit des Rechtsgeschäfts vertraut hätte.**[275]

Der Anspruch kann danach die verschiedensten Schadenspositionen umfassen, zum Beispiel: **445**

- **Aufwendungen anlässlich des Vertragsschlusses**

Beispiel Notarkosten für die notarielle Beurkundung des später angefochtenen Vertrages ■

---

272 Vgl. dazu im Skript „Schuldrecht AT I" Rn. 340 ff.

273 *Leenen* BGB AT § 15 Rn. 13; a.A. *Faust* BGB AT § 23 Rn. 14, der den zum Ersatz verpflichtenden Umstand in der (nichtigen bzw. angefochtenen) Erklärung als solcher erblickt und damit die Schadensermittlung gem. § 122 Abs. 1 mit § 249 Abs. 1 harmonisiert.

274 Palandt-*Ellenberger* § 122 Rn. 4; MüKo-*Armbrüster* § 122 Rn. 17.

275 *Leenen* BGB AT § 15 Rn. 14; MüKo-*Armbrüster* § 122 Rn. 17.

- **Aufwendungen im Rahmen der Vertragserfüllung**

Beispiel Hat ein Vertragspartner nach Vertragsschluss, aber vor Anfechtung seine Leistung bereits erbracht, kann er diese nach § 122 Abs. 1 ersetzt verlangen. So kann beispielsweise der Käufer, der den Kaufpreis vor Anfechtung durch den Verkäufer bereits gezahlt hat, diesen nach § 122 Abs. 1 ersetzt verlangen. § 122 Abs. 1 steht insoweit in Konkurrenz mit § 812 Abs. 1 S. 1 Var. 1 und bietet den Vorteil, dass kein Entreicherungseinwand aus § 818 Abs. 3 geltend gemacht werden kann.[276] ■

- **Entgangener Gewinn aus einem anderen Geschäft**

Aus § 122 Abs. 1 kann **nicht der entgangene Gewinn aus dem angefochtenen Geschäft verlangt werden**. Schließlich handelt es sich dabei gerade nicht um einen Vertrauensschaden. Es ist aber denkbar, dass im Vertrauen auf die Wirksamkeit eines Vertrages **ein anderes Geschäft geschlossen wurde, dessen Gewinn dem Ersatzberechtigten nun entgeht**.

Beispiel K bestellt bei V eine Graphik des Künstlers A, die in 150 Exemplaren existiert. Der Preis inklusive Anfertigung eines passenden Rahmens ist günstig und beträgt 1000 € statt der sonst Markt üblichen 1200 €.

K verkauft die Graphik mit Rahmen noch vor Lieferung an den D für 1500 €. Ebenfalls vor Lieferung ficht V den Kaufvertrag wegen eines Irrtums nach § 119 Abs. 2 wirksam an.[277] Die anderen Galeristen haben ihre Preise für dasselbe Bild mit Rahmen nunmehr auf 1500 € erhöht. Der Vertrauensschaden des K beträgt 300 €: Hätte er nicht auf die Wirksamkeit des Vertrages mit V vertraut, hätte er Bild und Rahmen zu diesem Zeitpunkt auf dem Markt anderweitig für 1200 € angeschafft und durch den Verkauf eine Gewinnmarge von 300 € erzielt.

Abwandlung: Wäre die Serie der 150 Exemplare im Übrigen ausverkauft gewesen oder hätte es sich bei dem Bild um ein Unikat gehandelt, bestünde kein ersatzfähiger Schaden: Hätte K nämlich in dieser Variante nicht auf den Kaufvertrag mit V vertraut, hätte er das Gemälde auch nicht anderweitig beschaffen und dann auch nicht für 1500 € an den D veräußern können. ■

e) Art und Umfang des Schadensersatzes

446 Art und Umfang des Schadenersatzes richten sich nach allgemeinen Grundsätzen, soweit sie nicht von den speziellen Regelungen in § 122 verdrängt sind.

Es gilt also der Grundsatz der Naturalrestitution, wonach hier der Zustand herzustellen ist, der bestehen würde, wenn der Ersatzberechtigte nicht auf die Gültigkeit der Erklärung vertraut hätte. Da es regelmäßig und den Ersatz von Kosten geht, richtet sich der Anspruch meistens auf Geldzahlung.

---

276 *Leenen* BGB AT § 15 Rn. 17; MüKo-*Armbrüster* § 122 Rn. 18.

277 Der Irrtum darf sich allerdings nicht auf einen mangelbegründenden Umstand bezogen haben, da die Anfechtung nach § 119 Abs. 2 ansonsten ausgeschlossen ist, vgl. Rn. 397.

Bei der Anwendung des § 254 Abs. 1 ist zu unterscheiden: 447

In den Fällen des § 122 Abs. 2 entscheidet sich das Gesetz gegen eine flexible Kürzung des Anspruches und ordnet einen vollständigen Haftungsausschluss an. **§ 122 Abs. 2 schließt als vorrangiger Spezialtatbestand in den dort genannten Fällen die Anwendung des §§ 254 Abs. 1 aus.**[278]

Damit ist allerdings nicht gesagt, dass jede Mitverursachung der Haftungsvoraussetzungen des § 122 Abs. 1 durch den Geschädigten irrelevant sei.[279] **Hat der Geschädigte den Grund für die Anfechtung nach §§ 119, 120 schuldlos**[280] **mitverursacht, kommt eine Anspruchskürzung nach § 254 Abs. 1 in Betracht.**[281]

Beispiel B beauftragt den Schreiner U mit der Restauration einer alten Truhe. Während der telefonischen Vertragsverhandlungen hatte U nach dem Material gefragt. B geht schuldlos von gebeizter Eiche aus und teilte dies dem U so mit. Daraufhin machte U dem B einen günstigen Preis. B bringt dem U seine Truhe mit einem angemieteten Kleinlaster. U stellt nach ersten Untersuchungen fest, dass die Truhe in Wahrheit aus Mahagoni ist, was den Preis erheblich verteuert. U ficht seine Erklärung nach § 119 Abs. 2 an. B ist nicht bereit, die Truhe zu dem höheren Preis aufarbeiten zu lassen und möchte die ihm entstandenen Transportkosten ersetzt haben.

Hier kommt eine Kürzung des Anspruches aus § 122 Abs. 1 nach § 254 Abs. 1 in Betracht. ■

Das Problem stellt sich nicht in Hinblick auf eine Kürzung des Anspruches wegen Verletzung der Schadensminderungspflicht des Geschädigten nach § 254 Abs. 2. Diese Vorschrift bleibt uneingeschränkt anwendbar.[282]

f) Kappungsgrenze des § 122 Abs. 1 a.E.

§ 122 Abs. 1 ordnet am Ende ausdrücklich eine Obergrenze für die Schadensersatzhaftung an. 448
Diese wird begrenzt auf das Interesse, welches der Anspruchsberechtigte *„an der Gültigkeit der Erklärung hat."*

Damit ist das sog. **„positive Interesse"** beschrieben. Der Ersatzberechtigte soll nicht besser gestellt werden, als er stünde, wenn das, worauf er vertraut hat, wahr wäre: nämlich die Gültigkeit der Erklärung und des mit ihr verbundenen Rechtsgeschäfts. Die Vorschrift begrenzt also die Höhe des ersetzbaren Vertrauensschadens durch die Höhe des positiven Interesses.

Beispiel Wandeln wir unseren „Bilderfall" noch einmal ab:

K bestellt bei V eine Graphik des Künstlers A, die in 150 Exemplaren existiert. Der Preis inklusive Anfertigung eines passenden Rahmens beträgt 1300 € und liegt um 100 € über dem Marktpreis.

K verkauft die Graphik mit Rahmen noch vor Lieferung an den D für 1500 €. Ebenfalls vor Lieferung ficht V den Kaufvertrag wegen eines Irrtums nach § 119 Abs. 2 wirksam an. Die

278 Palandt-*Ellenberger* § 122 Rn. 5; MüKo-*Armbrüster* § 122 Rn. 20; *Leenen* BGB AT § 15 Rn. 24.
279 *BGH* NJW 1969, 1380.
280 Im Falle einer schuld*haften* Mitverursachung liegt regelmäßig ein Fall des §§ 122 Abs. 2 vor!
281 Palandt-*Ellenberger* § 122 Rn. 5; MüKo-*Armbrüster* § 122 Rn. 23; *Leenen* BGB AT § 15 Rn. 24.
282 Palandt-*Ellenberger* § 122 Rn. 5; MüKo-*Armbrüster* § 122 Rn. 20.

anderen Galeristen haben Ihre Preise nunmehr auf 1500 € erhöht. Der Vertrauensschaden des K beträgt 300 €: Hätte er nicht auf die Wirksamkeit des Vertrages mit V vertraut, hätte er Bild und Rahmen zu diesem Zeitpunkt auf dem Markt anderweitig für 1200 € angeschafft und durch den Verkauf eine Gewinnmarge von 300 € erzielt.

Ersatzfähig sind wegen der Begrenzung des Schadensersatzes nach § 122 Abs. 1 a.E. aber nur 200 €, weil K bei Wirksamkeit des mit V geschlossenen Vertrages nur diese Marge erzielt hätte. ■

3. Weitere Prüfung

449 Die Prüfung der weiteren Anspruchsstationen, also der rechtsvernichtenden Einwendungen und der Durchsetzbarkeit, richtet sich nach den allgemeinen Regeln. Der Anspruch ist nach § 271 Abs. 1 sofort fällig und verjährt regelmäßig in drei Jahren nach §§ 195, 199 Abs. 1.

4. Analoge Anwendung?

450 Eine analoge Anwendung des § 122 wird häufig diskutiert, namentlich bei der ohne Erklärungsbewusstsein abgegeben Willenserklärung und bei der „abhanden gekommenen Willenserklärung."

Bei der **ohne Erklärungsbewusstsein abgegebenen Willenserklärung** besteht nach der oben unter Rn. 356 dargestellten Auffassung kein Grund für eine Analogie. Denn es besteht nach überwiegender Ansicht ein Anfechtungsrecht direkt aus § 119 Abs. 1, sodass auch § 122 unmittelbar anzuwenden ist.[283]

Bei der **„abhanden gekommenen", also ohne Willen des Erklärenden in den Verkehr gelangten Willenserklärung**[284], vertritt die Rechtsprechung und ein Teil der Literatur die Auffassung, es liege gar keine Willenserklärung vor.[285] Nach anderer Ansicht liegt ein dem fehlenden Erklärungsbewusstsein vergleichbarer Fall vor, so dass eine Willenserklärung zu bejahen ist, wenn der Urheber der Erklärung fahrlässig handelte und damit rechnen musste, der Empfänger werde die Erklärung als verbindlich ihm gegenüber abgegeben ansehen. Die Willenserklärung könne aber analog § 119 Abs. 1 Hs. 1 Var. 2 angefochten werden.[286]

Wer den Tatbestand einer Willenserklärung ganz ablehnt, sollte auf eine analoge Anwendung des § 122 konsequenterweise verzichten und kann allenfalls in besonders gelagerten Fällen bei Verschulden des vermeintlich Erklärenden eine Haftung aus c.i.c. bejahen.[287] Bejaht man hingegen den Tatbestand einer Willenserklärung und eine analoge Anwendung des § 119 Abs. 1, ist die analoge Anwendung des § 122 die richtige Folge.[288] Denn es wäre widersprüchlich, wenn man die wertungsmäßige Parallele zum Fall des fehlenden Erklärungsbewusstseins an dieser Stelle nicht vollzöge.

283 *Leenen* BGB AT § 15 Rn. 26.

284 Siehe dazu im Skript „BGB AT I" Rn. 119 ff.

285 *BGH* Urteil vom 8.3.2006 (Az: IV ZR 145/05) unter Ziff. II 2 und IV 1 = NJW-RR 2006, 847 ff. m.w.N.; *Bork* Allgemeiner Teil des BGB Rn 615.

286 Palandt-Ellenberger § 130 Rn. 4; *Leenen* BGB AT § 6 Rn. 70 ff.

287 In diese Richtung *BGH* a.a.O.

288 Palandt-*Ellenberger* § 122 Rn. 2 a.E.

In sonstigen Fällen sollte eine analoge Anwendung des § 122 aufgrund seiner Ausnahmestellung als verschuldensunabhängige Vertrauenshaftung abgelehnt werden. Denn der Gesetzgeber hat gerade darauf verzichtet, eine allgemeine Vertrauenshaftung desjenigen zu schaffen, aus dessen Sphäre eine vermeintlich wirksame Willenserklärungen stammt.[289] 451

Online-Wissens-Check

Was versteht man unter Arglist i.S.d. § 123 Abs. 1 BGB?

Überprüfen Sie jetzt online Ihr Wissen zu den in diesem Abschnitt erarbeiteten Themen. Unter **www.juracademy.de/skripte/login** steht Ihnen ein Online-Wissens-Check speziell zu diesem Skript zur Verfügung, den Sie kostenlos nutzen können. Den Zugangscode hierzu finden Sie auf der Codeseite.

289 Palandt-*Ellenberger* § 122 Rn. 2; *Leenen* BGB AT § 15 Rn. 26 f.

4. Teil
(Teil-)Verwirklichung eines unwirksamen Rechtsgeschäfts

452 Ein unwirksames Rechtsgeschäft führt die mit ihm erstrebten Rechtsfolgen nicht herbei. Die folgenden Regeln beschäftigen sich damit, wie der Wille der Parteien eines endgültig unwirksamen Rechtsgeschäfts zumindest teilweise verwirklicht werden kann, ohne das Rechtsgeschäft erneut – mit den notwendigen Änderungen – vornehmen zu müssen. Diese Regeln sind kraft Gesetzes, vom Richter also von Amts wegen, bei jedem Rechtsgeschäft zu beachten.

A. Aufrechterhaltung eines wirksamen Teils, § 139

453 § 139 beschäftigt sich mit dem Fall, dass nur ein Teil eines Rechtsgeschäfts nichtig ist. In § 139 stellt der Gesetzgeber eine **Vermutungsregel** auf, wonach ein Rechtsgeschäft **im Zweifel insgesamt nichtig** ist, wenn eines seiner Teile unwirksam ist. Die Vermutung ist aber **widerleglich**. Denn § 139 weist am Ende sogleich darauf hin, dass das restliche Rechtsgeschäft wirksam bleibt, wenn anzunehmen ist, dass es auch ohne den nichtigen Teil vorgenommen worden wäre.

I. Subsidiarität des § 139

1. Verdrängende Spezialnorm

454 Eine Anwendbarkeit des § 139 scheidet aus, wenn das Problem der im Einzelfall bestehenden teilweisen Unwirksamkeit bereits anderweitig durch eine speziellere Norm geregelt ist.

Beispiel Eine dem § 139 vorgehende Sonderregel stellt § 306 Abs. 1 bei Verwendung Allgemeiner Geschäftsbedingungen auf: Ist eine Allgemeine Geschäftsbedingung nicht Vertragsbestandteil geworden oder unwirksam, bleibt der Vertrag im Übrigen wirksam. Der Vertrag ist also gerade nicht „im Zweifel unwirksam", wie es bei Anwendung des § 139 anzunehmen wäre. Nur unter den Voraussetzungen des § 306 Abs. 3 kommt eine Gesamtnichtigkeit in Betracht. Um die durch Wegfall der Allgemeinen Geschäftsbedingung entstandene Lücke zu schließen, kommen nach § 306 Abs. 2 jetzt die für das Rechtsgeschäft bereitstehenden (dispositiven) gesetzlichen Vorschriften zum Zuge.

Weitere Spezialnormen sind § 494 (bei Fehlen der in § 494 Abs. 1 Var. 2 genannten Angaben), § 2085 (Unwirksamkeit einzelner testamentarischer Verfügungen), § 2195 (Unwirksamkeit einer Auflage), § 2298 (Unwirksamkeit einer vertragsmäßigen Verfügung im Erbvertrag). ■

2. Verdrängende Auslegung einer anderen Norm

455 Auch die Auslegung einer anderen Norm kann zur Verdrängung des § 139 führen. Das ist dann der Fall, wenn sich aus Sinn und Zweck einer Verbotsnorm ergibt, dass die vom Verbot nicht unmittelbar betroffenen Teile eines Rechtsgeschäfts in jedem Fall wirksam bleiben sollen, auch wenn das Geschäft bei Kenntnis der Teilnichtigkeit nicht zustande gekommen wäre.[1] Derartige Verbotsnormen haben die Aufgabe, eine der Parteien eines Vertrages vor

1 Palandt-*Ellenberger* § 139 Rn. 18.

bestimmten nachteiligen Klauseln zu schützen und ihr das Vertragsverhältnis ohne diese Nachteile zu erhalten.

Beispiel 1 Vereinbaren die Parteien entgegen § 276 Abs. 3 einen Haftungsausschluss auch bei Vorsatz des Schuldners, soll nur der Haftungsausschluss unwirksam sein und nicht der gesamte Vertrag. Würde man über § 139 zur Nichtigkeit des gesamten Vertrages gelangen, würde genau das erreicht, was § 276 Abs. 3 gerade verhindern will: die Befreiung des anderen Teils von seiner vertraglichen Haftung für Vorsatz.[2] ■

Beispiel 2 In einem Wohnraummietvertrag werden das Minderungsrecht des Mieters entgegen § 536 Abs. 4 und das Sonderkündigungsrecht bei Mieterhöhung trotz § 561 Abs. 2 ausgeschlossen. Die genannten Verbotsnormen wollen einen Schutz des Wohnraummieters erreichen und dessen Position im Mietverhältnis verbessern. Diesen Zweck kann man nur dadurch erreichen, dass lediglich die betreffende Ausschlussklausel unwirksam ist, aber nicht der ganze Vertrag – § 139 findet keine Anwendung. Käme man nämlich über § 139 zur Gesamtnichtigkeit des Mietvertrages, wäre der Mieter völlig schutzlos. Er hätte kein Recht zum Besitz und müsste die Wohnung sofort verlassen. ■

Beispiel 3 Vermieter V vermietet dem M Wohnraum zu einer Wuchermiete. Er nutzt dabei bewusst eine Zwangslage des M aus. Die Anwendung des § 138 Abs. 2 führt hier nur zur Korrektur der Mietpreisregelung und nicht zur Gesamtnichtigkeit des gesamten Vertrages. § 139 wird verdrängt. Andernfalls verlöre der Mieter sein Nutzungsrecht an seiner Wohnung, was als unbillig und deshalb als „überschießende" Wirkung angesehen wird. Der Mieter soll die Wohnung nutzen dürfen, aber eben nur zu einem angemessenen Mietzins.[3]

Entsprechendes gilt bei Arbeitsverhältnissen mit wucherischen „Hungerlöhnen".[4] ■

3. Verdrängende Vereinbarung

Die Auslegungsregel des § 139 ist dispositiv und kann daher durch eine Vereinbarung verdrängt werden.[5] Dies geschieht in der Praxis durch sog. **„salvatorische Klauseln"**,[6] bei denen in der Regel eine sog. „Erhaltungsklausel" mit einer sog. „Ersetzungsklausel" kombiniert wird. Mit der Erhaltungsklausel wird die Vermutung des § 139 in ihr Gegenteil verkehrt. 456

Beispiel Erhaltungsklausel „Sollten einzelne Bestimmungen dieses Vertrags ganz oder teilweise unwirksam sind, berührt dies die Wirksamkeit der übrigen Bestimmungen nicht." ■

Bei Verwendung einer salvatorischen Erhaltungsklausel ist der Vertrag bei Nichtigkeit eines Teils im Zweifel wirksam. Die Nichtigkeit des gesamten Vertrages tritt nur dann ein, wenn die Aufrechterhaltung des Restgeschäfts trotz der salvatorischen Klausel im Einzelfall durch den durch Vertragsauslegung zu ermittelnden Parteiwillen nicht mehr getragen wird. Dies kommt insbesondere in Betracht, wenn nicht nur eine Nebenabrede, sondern eine wesentliche Vertragsbestimmung unwirksam ist und durch die Teilnichtigkeit der Gesamtcharakter des Vertrages verändert würde.[7] Die Darlegungs- und Beweislast trifft nun denjenigen, der entgegen der getroffenen Vereinbarung den Vertrag als Ganzen für unwirksam hält.[8]

---

2 Siehe dazu auch im Skript „Schuldrecht AT II" Rn. 73 ff.
3 Siehe dazu im Skript „Schuldrecht BT II Rn. 31 ff, dort auch zu anderen Mietverhältnissen.
4 Palandt-*Ellenberger* § 139 Rn. 18.
5 Palandt-*Ellenberger* Rn 17.
6 Vom Lateinischen „salvator" = der Retter, der Heiler.
7 Urteil des *BGH* vom 15.3.2010 (Az: II ZR 84/09) = NJW 2010, 1660 f.
8 Urteil des *BGH* vom 4.2.2010 (Az: IX ZR 18/09) = NJW 2010, 1364 ff.

Beispiel Markeninhaber M gewährt dem L eine gebührenpflichtige Lizenz zur Nutzung seiner Marke unter vielfältigen „Beschränkungen und Auflagen". Die Beschränkungen und Auflagen erweisen sich mehrheitlich wegen Knebelungseffekten als sittenwidrig. Auch bei Vereinbarung einer salvatorischen Erhaltungsklausel ist eine Gesamtnichtigkeit des Vertrages nach § 138 Abs. 1 anzunehmen, da eine Teilnichtigkeit nur der Beschränkungen und Auflagen zu einer völlig unbeschränkten Lizenz führen würde. Dazu war L aber unter gar keinen Umständen bereit. Im Ergebnis kann L keine Lizenzgebühren verlangen und M darf die Marke nicht nutzen. ■

457 Mit einer Ersetzungsklausel wollen die Parteien noch die Folgen einer Teilnichtigkeit regeln und eine möglichst günstige Ersatzregelung erreichen.

Beispiel Ersetzungsklausel „Sollte eine Bestimmung dieses Vertrages ganz oder teilweise unwirksam sein, ist diese Bestimmung durch eine solche zu ersetzen, die dem wirtschaftlich mit der unwirksamen Klausel Gewollten in zulässiger Weise am Nächsten kommt." ■

II. Teilnichtigkeit eines einheitlichen Rechtsgeschäfts

1. Nichtigkeit

458 § 139 spricht von der „Nichtigkeit" eines Rechtsgeschäfts. Der Begriff der „Nichtigkeit" ist dabei weit auszulegen. Das Rechtsgeschäft kann schwebend oder endgültig unwirksam sein; der Grund für die Unwirksamkeit ist unerheblich.[9]

2. Betroffenheit eines Teils eines ganzen Rechtsgeschäfts

459 Die Bestimmung setzt die Nichtigkeit „des Teils eines ganzen" Rechtsgeschäfts voraus.

Der „Teil eines Ganzen" ist zunächst immer dann betroffen, wenn eine Teilregelung innerhalb eines einzigen Rechtsgeschäfts unwirksam ist. Von „einem einzigen Rechtsgeschäft" können wir unproblematisch dann sprechen, wenn das Rechtsgeschäft einem bestimmten gesetzlichen Typ entspricht.

Beispiele Darlehensvertrag mit Vereinbarung eines Wucherzinses (§ 138 Abs. 2); Kaufvertrag über Grundstück, dessen Bezeichnung nicht richtig beurkundet wurde (§§ 125 S. 1, 311b Abs. 1 S. 1). ■

460 Die Vertragspartner können aber auch mehrere Rechtsgeschäfte, die jeweils auch für sich allein existieren könnten, zu einem einheitlichen Geschäft i.S.d. § 139 verbinden.[10] Entscheidend ist, ob die – möglicherweise sogar äußerlich getrennten – Geschäfte **nach dem Willen der Parteien miteinander stehen und fallen sollen.**[11] Das ist durch Auslegung zu entscheiden. Eine nur äußerliche Verbindung in einem Dokument oder ein rein wirtschaftlicher Zusammenhang bringen einen solchen Willen für sich allein noch nicht zum Ausdruck, bilden aber ein Indiz.[12]

---

9 *BGH* in BGHZ 53, 315, 318; Palandt-*Ellenberger* § 139 Rn. 2.
10 Palandt-*Ellenberger* § 139 Rn. 5 f.
11 Urteil des BGH vom 24.10.2006 (Az: XI ZR 216/05) = NJW-RR 2007, 395 f.
12 Palandt-*Ellenberger* § 139 Rn. 5.

Beispiel Mobilfunkbetreiber M verkauft dem Kunden K ein neues Handy für 1 €, weil K zugleich einen Vertrag über die Nutzung des Mobilfunknetzes mit M schließt. Erweist sich der Mobilfunkvertrag als unwirksam, hat dies nach § 139 im Zweifel zugleich die Unwirksamkeit des Kaufvertrages über das Handy zur Folge.[13] ■

Ob **Verpflichtungs- und Erfüllungsgeschäft** zu einem einheitlichen Rechtsgeschäft i.S.d. § 139 verbunden werden können, ist im Hinblick auf das Trennungs- und Abstraktionsprinzip umstritten. **461**

Einigkeit besteht noch darüber, dass die Parteien die Wirkungen des Erfüllungsgeschäfts (z.B. Übereignung nach § 929 S. 1 oder Abtretung nach § 398) durch Vereinbarung unter die Bedingung (§ 158) der Wirksamkeit des Verpflichtungsgeschäfts stellen können.[14] Eine Unwirksamkeit des Verpflichtungsgeschäfts führt dann zur Wirkungslosigkeit des Erfüllungsgeschäfts. Aus der grundsätzlichen Möglichkeit einer solchen Bedingung folgert die h.M., dass die Verbindung von Verpflichtungs- und Erfüllungsgeschäft zu einem einheitlichen Rechtsgeschäft i.S.d. § 139 jedenfalls dann in Betracht kommen kann, wenn das **Erfüllungsgeschäft nicht bedingungsfeindlich** ist.[15]

Beispiel Grundstückskaufvertrag und Auflassung können nicht zu einem einheitlichen Geschäft nach § 139 zusammengefasst werden, da die Auflassung nach § 925 Abs. 2 bedingungsfeindlich ist und in ihrem Schicksal daher nicht vom Bestand eines anderen Rechtsgeschäfts abhängen darf. ■

Außerdem ist eine Anwendung des § 139 im Hinblick auf dessen subsidiären Charakter durch solche Vorschriften ausgeschlossen, die eine **Heilung von Formmängeln** des Verpflichtungsgeschäfts durch Vornahme des Erfüllungsgeschäfts vorsehen.

Beispiel V verspricht dem B mündlich, ihm eine DVD zu schenken. B nimmt dieses Versprechen dankend an. Später übereignet V dem B die DVD. Zwar war der Schenkungsvertrag wegen Fommangels des Schenkungsversprechens zunächst nach §§ 125 S. 1, 518 Abs. 1 unwirksam. Diese Unwirksamkeit kann aber nicht über § 139 zur Unwirksamkeit der Übereignung führen. Das Gesetz ordnet nämlich genau umgekehrt an, dass die Übereignung den Formmangel des Schenkungsvertrages heilt und damit den Schenkungsvertrag ebenfalls wirksam werden lässt. ■

Wegen der grundsätzlichen Geltung des Trennungs-und Abstraktionsprinzips sind bei der Verbindung von Verpflichtungs- und Erfüllungsgeschäft zu einem einheitlichen Rechtsgeschäft i.S. von § 139 besonders hohe Anforderungen an die Ermittlung des erforderlichen Einheitlichkeitswillens zu stellen. Die Zusammenfassung von Verpflichtungs- und Erfüllungsgeschäft in einer Urkunde genügen nicht.[16] Fehlt es an darüber hinausgehenden besonderen Umständen, die ausnahmsweise die Annahme eines Verbindungswillens Rechtsgeschäfts der Parteien rechtfertigen könnten, bleibt es bei der grundsätzlichen Selbstständigkeit von Verpflichtungs- und Erfüllungsgeschäft.

13 Palandt-*Ellenberger* § 139 Rn. 6.
14 *BGH* NJW 1988, 2364 unter Ziff. II 1c.
15 *BGH* NJW 1991, 917 f. unter Ziff. II 1b; Palandt-*Ellenberger* § 139 Rn. 7–9; *Faust* BGB AT § 12 Rn. 6; a.A. *Medicus/Petersen* Allgemeiner Teil des BGB Rn. 241.
16 *BGH* NJW-RR 1989, 519; Palandt-*Ellenberger* § 139 Rn. 8.

JURIQ Klausurtipp

Im Zweifel wenden Sie bei Unwirksamkeit von Verpflichtungs- oder Erfüllungsgeschäft § 139 nicht an, sondern behandeln beide Geschäfte unter Verweis auf das Trennungs- und Abstraktionsprinzip separat und unabhängig voneinander.

Es bleiben damit nur wenige Sonderfälle übrig, die regelmäßig dadurch gekennzeichnet sind, dass sich Verpflichtungs- und Erfüllungsgeschäfts nur juristisch, aber inhaltlich kaum noch von einander unterscheiden.

Beispiel Verbraucher A erklärt sich mündlich durch Vereinbarung mit der Gläubiger Bank AG (G) bereit, die Darlehensschuld des Verbrauchers S zu übernehmen (= Verpflichtungsgeschäft und zugleich Rechtsgrund i.S.d. § 812 für die geleistete Schuldübernahme). Die zur Erfüllung vorgenommene Schuldübernahme nach § 414 („A übernimmt hiermit die Schuld des S") erweist sich analog § 494 Abs. 1 als nichtig.[17] Wer das Verpflichtungsgeschäft zwischen A und G („A verpflichtet sich, die Schuld des S zu übernehmen") nicht ebenfalls an der Form analog §§ 492, 494 Abs. 1 scheitern lassen will, gelangt über § 139 zu diesem Ergebnis. ■

III. Folgen

462 Die Auslegungsregel des § 139 begründet eine Vermutung für die Unwirksamkeit des gesamten Rechtsgeschäfts, wenn nicht ausnahmsweise anzunehmen ist, das das Rechtsgeschäft auch ohne den unwirksamen Teil vorgenommen worden wären. Diese Ausnahme setzt voraus, dass das Rechtsgeschäft **teilbar ist** und dass das, was nach Abtrennung des nichtigen Teils verbleibt, für sich allein gesehen noch dem von den Beteiligten gewollten **Gesamtcharakter des ursprünglichen Rechtsgeschäfts** entspricht.[18]

Dabei ist auf den **hypothetischen (mutmaßlichen) Willen** der Beteiligten **im Zeitpunkt der Vornahme des Geschäfts** abzustellen.[19]

Beispiel Bei einem Kaufvertrag wird unter Verstoß gegen § 138 Abs. 2 ein wucherischer Kaufpreis vereinbart. Nach Abtrennung des unwirksamen Teils (Kaufpreis) entfiele eine Leistungspflicht und der verbleibende Teil bestünde nur als einseitige Verpflichtung mit dem Inhalt des § 433 Abs. 1. Eine Aufrechterhaltung in diesem Umfang kommt nicht in Betracht, da hierdurch der von den Beteiligten gewollte Gesamtcharakter des Geschäfts (Austauschvertrag und keine Schenkung) nicht mehr gewahrt wäre. Die nach § 138 Abs. 2 nichtige Preisvereinbarung zieht also die gesamte Nichtigkeit des Vertrages nach sich. ■

463 Bei **beiderseitigem Bewusstsein der Teilunwirksamkeit** bleibt für die Anwendung des § 139 Vorschrift kein Raum. Eine bewusste Einigung auf eine nichtige Vertragsbestimmung kann wegen § 117 Abs. 1 nicht zustande kommen. Die Vereinbarung besteht dann nur aus den

17 Siehe dazu im Skript „Schuldrecht BT II" Rn. 455 f.

18 *BGH* Urteil vom 17.10.2008 (Az: V ZR 14/08) unter Tz. 12 ff. = NJW 2009, 1135, 1137; Palandt-*Ellenberger* § 139 Rn. 10 ff.

19 *BGH* a.a.O.; Palandt-*Ellenberger* § 139 Rn. 14.

übrigen, nicht zum Schein, sondern mit Rechtsbindungswillen getroffenen Abreden. Es kommt dann nur ein insgesamt wirksames Rechtsgeschäft zustande.[20]

Das **insgeheime Bewusstsein der Teilnichtigkeit** ist nach § 116 unbeachtlich.

Ausnahmsweise kann die Geltendmachung der Gesamtnichtigkeit wegen **Rechtsmissbrauchs (§ 242)** unbeachtlich sein.[21] Das kommt etwa dann in Betracht, wenn die Gesamtnichtigkeit **eines bereits abgewickelten Geschäfts** aus der Nichtigkeit einer einzelnen Vertragsabrede hergeleitet werden soll, die bei der Durchführung des Vertrags entgegen der ursprünglichen Erwartung bedeutungslos geblieben ist.[22] **464**

B. Umdeutung (§ 140)

I. Funktion

Sinn und Zweck der Umdeutung nach § 140 ist es, die Absicht der handelnden Personen, einen bestimmten wirtschaftlichen Erfolg zu erreichen, auch dann zu verwirklichen, wenn das von ihnen gewählte rechtliche Mittel unwirksam ist, ein anderes zulässiges Mittel jedoch, das ihrem hypothetischen Willen entspricht, den angestrebten wirtschaftlichen Erfolg herbeizuführen vermag.[23] **465**

Die Umdeutung tritt kraft Gesetzes ein und muss vom Richter vom Amts wegen beachtet werden.[24] **466**

Beispiel Mieter M kündigt dem Vermieter V den unbefristeten Wohnraummietvertrag fristlos. Es besteht jedoch kein wichtiger Grund i.S.d. §§ 543, 569, der den M zur fristlosen Kündigung berechtigt hätte. Darf die fristlose Kündigung in eine ordentliche Kündigung umgedeutet werden?

II. Objektive Voraussetzungen

1. Nichtigkeit des Rechtsgeschäfts

Das – ausgelegte Rechtsgeschäft – muss nichtig, also endgültig unwirksam sein, wobei alle Unwirksamkeitsgründe in Betracht kommen. Wichtig ist, dass methodisch zunächst der Inhalt des Rechtsgeschäfts durch Auslegung ermittelt wird. Die Auslegung geht der Umdeutung also vor. Erst wenn durch Anwendung der Auslegungsregeln die Unwirksamkeit des Rechtsgeschäfts festgestellt wird, kommt die Umdeutung als nächster Schritt in Betracht.[25] **467**

Im *Beispiel* müsste also erst geprüft werden, ob V die Erklärung des M zumindest als hilfsweise erklärte ordentliche Kündigung verstehen muss, §§ 133, 157. Dafür müssen aber Anhaltspunkte bestehen, die in der Beispielsschilderung nicht ersichtlich sind.

---

20 *BGH* in BGHZ 45, 376, 379.
21 Palandt-*Ellenberger* § 139 Rn. 16.
22 *BGH* in BGHZ 112, 288, 296 = NJW 1990, 105, 107.
23 *BGH* NJW 1998, 896.
24 Palandt-Ellenberger § 140 Rn. 1.
25 Palandt-*Ellenberger* § 140 Rn. 4.

2. Erfüllung der Wirksamkeitsvoraussetzungen eines Ersatzgeschäfts

468 Das nichtige Rechtsgeschäft muss sämtliche Wirksamkeitsvoraussetzungen des Ersatzgeschäfts aufweisen. Fehlende Voraussetzungen können über § 140 nicht fingiert werden.[26]

Im *Beispiel* kommt eine Umdeutung nur in Betracht, wenn es sich um ein unbefristetes Mietverhältnis handelt (vgl. § 542) und dem V die Kündigungserklärung des M in Schriftform (§ 568) zugegangen ist (§ 130 Abs. 1 S. 1).

3. Keine weiterreichenden Wirkungen des Ersatzgeschäfts

469 Das Ersatzgeschäft darf keine Rechtsfolgen herbeiführen, die weiterreichen als diejenigen, die durch das nichtige Rechtsgeschäft im Falle seiner Wirksamkeit erzielt worden wären. Die Wirkungen des Ersatzgeschäfts sind durch die Wirkungen des ursprünglichen Rechtsgeschäfts begrenzt.[27] Das Ersatzgeschäft darf in die Positionen der beteiligten Personen nicht stärker eingreifen und sie nicht in stärkerem Maße verkürzen. Das Ersatzgeschäft muss dem nichtigen Rechtsgeschäft rechtlich allerdings nicht ähnlich oder gar als „Minus" in ihm enthalten sein.[28]

Im *Beispiel* würde die fristlose Kündigung zur sofortigen Beendigung des Mietverhältnisses führen (§ 542 Abs. 1), während die ordentliche Kündigung zwar auch zur Beendigung des Mietverhältnisses führt, aber eben erst nach Ablauf der Kündigungsfrist gem. § 573c Abs. 1 S. 1. Durch die Umdeutung würden also keine schäferen Rechtsfolgen begründet.

III. Subjektive Voraussetzungen

470 Da die Umdeutung helfen soll, dem privatautonomen Gestaltungswillen der handelnden Personen über das Vehikel eines Ersatzgeschäfts zumindest teilweise zum Erfolg zu verhelfen, muss das Ersatzgeschäft dem mutmaßlichen Willen der handelnden Personen entsprechen, § 140 Hs. 2.

Im *Beispiel* kommt es also darauf an, ob M den Mietvertrag in jedem Fall beenden wollte. Dies ist regelmäßig zu bejahen, da M den Mietvertrag ja sogar sofort beenden wollte und nicht ersichtlich ist warum er bei Nichtigkeit seiner fristlosen Kündigung doch wieder am Mietvertrag festhalten möchte.

C. Bestätigung (§ 141)

471 Während die Bestätigung nach § 144 ein an sich wirksames, aber anfechtbares Rechtsgeschäft betrifft, bezieht sich die Bestätigung nach § 141 auf ein bereits nichtiges Rechtsgeschäft. Die Bestätigung wirkt nicht zurück – dies würde ja den Nichtigkeitsgründen widersprechen –, sondern nur für die Zukunft.[29] Dies ergibt sich aus § 141 Abs. 2, wonach den Parteien bei Bestätigung eines unwirksamen Vertrages lediglich ein schuldrechtlicher Anspruch

26 Palandt-*Ellenberger* § 140 Rn. 5.
27 Palandt-*Ellenberger* § 140 Rn. 6.
28 Palandt-*Ellenberger* § 140 Rn. 5.
29 *Faust* BGB AT § 14 Rn. 1.

aus der Bestätigung zusteht, sich so zu stellen, als sei der Vertrag von Anfang an wirksam gewesen. Die Parteien können bei der Bestätigung diese Ansprüche ausschließen, so dass die Bestätigung dann keinerlei Rückbezug mehr aufweist.

I. Tatbestand

Jedes nichtige Rechtsgeschäft kann unter Vermeidung der Nichtigkeitsgründe neu vorgenommen werden. Das folgt aus dem Grundsatz der Privatautonomie – die Parteien „verbrauchen" ihre Gestaltungsfreiheit nicht durch einen missglückten Versuch. § 141 will dies nicht klarstellen, sondern eine **Erleichterung** schaffen. Er erlaubt es denjenigen Personen, die ein nichtiges Rechtsgeschäft vorgenommen haben, die Rechtsfolgen des nichtigen Rechtsgeschäfts nicht durch eine Wiederholung des gesamten Rechtsgeschäfts, sondern durch eine deutlich einfachere „Bestätigung" herbeizuführen. **472**

Dazu genügt jedes Verhalten, das zum Ausdruck bringt, das nichtige Rechtsgeschäft werde als gültig behandelt im Sinne eines „Es bleibt dabei!".[30] **473**

Die Parteien können die Bestätigung auch mit einer teilweisen Korrektur verbinden im Sinnes eines: „Es gilt nun dies und im Übrigen soll es beim alten Vertrag bleiben!"[31]

Beispiel Verkäufer V schließt mit S einen Grundstückskaufvertrag, wobei S im Namen des Käufers K handelt. S verfügt nicht über ausreichende Vertretungsmacht. K, dem der Kaufpreis zu hoch ist, verweigert die Genehmigung. Wenn V bereit ist, den Vertrag auch zu einem niedrigeren Preis abzuschließen, bestehen für K folgende Möglichkeiten:

Er kann den Vertrag erneut mit dem niedrigeren Preis in notarieller Form mit V abschließen. Er kann sich aber auch damit begnügen, sich mit V auf den Preis zu einigen und den zwischen S und V geschlossenen Vertrag im Übrigen einfach nur bestätigen. Der Vertrag müsste dann nicht in allen Einzelheiten neu beurkundet werden. ■

II. Wegfall des Nichtigkeitsgrundes

Natürlich ist eine Bestätigung ihrerseits nur wirksam, wenn der jeweilige Nichtigkeitsgrund zwischenzeitlich entfallen ist. Im Falle der Formnichtigkeit muss die Bestätigung also in der vorgesehenen Form vorgenommen werden. Die Bestätigung unterliegt nach herrschender Meinung selbst dann dem für das nichtige Rechtsgeschäft vorgesehenen Formerfordernis, wenn das nichtige Rechtsgeschäft in der richtigen Form vorgenommen wurde und aus anderen Gründen unwirksam gewesen ist.[32] **474**

Beispiel Die Bestätigung eines unwirksamen Grundstücksvertrages unterliegt also stets dem Beurkundungsgebot aus § 311b Abs. 1 S. 1. ■

War das Rechtsgeschäft wegen §§ 134, 138 nichtig, muss die Bestätigung eingeschränkt so erfolgen, dass die Tatbestände nunmehr nicht erfüllt sind.[33]

30 *BGH* NJW 1999, 3704, 3705 unter Ziff. III 2b bb; *Faust* BGB AT§ 14 Rn. 2.

31 *BGH* NJW 1999, 3704, 3705 unter Ziff. III 2b bb.

32 *BGH* NJW 1985, 2579, 2580 unter Ziff. II 2a; a.A. *Medicus/Petersen* Allgemeiner Teil des BGB Rn. 532.

33 Palandt-*Ellenberger* § 141 Rn. 4; *Medicus/Petersen* Allgemeiner Teil des BGB Rn. 532.

Sachverzeichnis

Die Zahlen verweisen auf die Randnummern.